本书系国家社科基金资助项目"教育机会分配的公平性问题研究"（10XJY005）最终研究成果。

获得海南师范大学2017年度学术著作出版资助项目（ZZ1702）资助，是海南师范大学教育学学科建设系列成果之一。

教育机会分配的公平性问题研究

JIAOYU JIHUI FENPEI DE GONGPINGXING WENTI YANJIU

沈有禄　著

人民出版社

·目　　录·

1

第二篇 问卷调查篇

第三章 关于教育机会、教育机会公平是什么的认识

第三篇　实证研究篇

第七章　义务教育阶段教育机会分配公平性问题分析 …………………………………………… 185

·图 表 目 录·

序

大家都说:"教育公平是社会公平的基础。"党的十九大报告中,也把推进教育公平放到十分重要的位置。十八大以来,党和国家为了改善中西部薄弱地区的教育,投入了大量资金,采取了许多措施,把教育扶贫作为精准扶贫的重要内容。中西部地区的教育有了较大的变化。但是,由于我国幅员广阔,地区经济发展很不均衡,因此教育发展也极不均衡。要做到地区间、城乡间的教育均衡发展还需要随着我国经济社会的发展而逐步实现。

实现教育公平,是一个非常复杂的问题。教育公平可以分为:教育机会的公平、教育过程的公平、教育结果的公平。教育机会的公平,一般指在学龄义务教育阶段都有学可上。这是最起码的公平。但是做到这一点也极不容易,我国走了20年的时间,而地区间的办学条件和质量仍然存在着差距。如果提到义务教育阶段后的教育机会公平的话,就更复杂了,就有如作者所说的教育机会分配问题。为什么一部分孩子上普通高中,一部分上职业高中?一部分升入高等学校,一部分与高校无缘?一般可以说是学生能力所决定的,是选拔考试所决定的。但是难道没有别的因素吗?为什么农村孩子能上大学的少呢?这里面就有复杂的教育机会分配问题。也就是说,教育机会公平,法律只规定,不分性别、民族、种族都享有义务教育的权利。但非义务教育阶段,却是有条件的教育机会公平。这里面有经济因素、地域因素、文化因素、人口因素、

1

政策因素等等。《教育规划纲要》规定我国在 2020 年就要实现高中阶段的普及,如何做到每个学生都能上得起高中,有受高等教育的机会,即在义务教育阶段后如何获得机会的公平,就需要进行周密的研究。总体来讲,教育机会分配也有一个公平问题。

　　沈有禄长期从事教育研究,本专著选择了教育机会分配的公平性问题研究,我觉得非常有现实意义。他把书稿发到我邮箱,洋洋几十万字。但是我年事已高,视力欠佳,不能通读全书,只看全书目录和略为翻阅了一下。全书三大篇,有理论篇、实践篇,还有当地调查数据,内容非常丰富。作者请我写几句,我只好就他的题目写点我的想法。是为序。

2017 年 11 月 29 日

第一篇

理 论 篇

第一章　公平的理论与概念

第一节　与公平相关的几个概念
——正义、公平、平等

一、正义

"正义"（justice）一词的使用由来已久。在亚里士多德（Aristotle）的伦理学中,它主要用来评价人的行为。然而,在近现代的西方思想家那里,"正义"的概念越来越多地被专门用做评价社会制度的一种道德标准,被看作社会制度的首要价值①。一旦涉及公平、正义问题,有两类概念会经常被使用到:第一类是正义、公正、公平、公道、公义;第二类是自由、平等、权利、功利、博爱、和谐、稳定、效率、安全、繁荣、富强、幸福等。第一类概念大致是"正义"的同义词或近义词;第二类则属于常常被用来说明"正义"内容的描述词②。

正是由于正义被描述为评价社会制度分配其基本价值的重要准则,其产生源于社会分配的现实需要,是人们在关于社会基本价值分配时由于基本价值的稀缺性,而需要在各种分配状态与结果

---

① 何怀宏:《公平的正义:解读罗尔斯〈正义论〉》,山东人民出版社 2002 年版,第 10 页。

② 何怀宏:《公平的正义:解读罗尔斯〈正义论〉》,山东人民出版社 2002 年版,第 42—44 页。

中形成大家一致公认的标准而缔结的一种社会与心理契约。在休谟看来,公平、正义成为必要的客观条件是物质资源的缺乏。"正义起源于人的自私和有限的慷慨,以及自然为人类需要所提供的资源之不足。"①而正义作为服务社会关系的一种人为设计,完全是为了适应人们交往的便利和生存的必需而确立的,以此来评判人们间的政治、社会、经济、文化等关系的标准或规则②。正义的观念除了受特定社会的外在的秩序规则的影响,更受各个时代重要哲学家、思想家和那个时代的公众普遍期待和践行的社会基本价值观念的影响。正如麦金泰尔(MacIntyre)所认为的那样,"对正义的理解绝不只是一种对外部客观秩序或规则的了解,而且更重要的是对其背后所隐含的人之主体内在因素的了解。正义的秩序是由人来制定并由人去践行的,它只是人借以欲设宇宙秩序之本性的一种方式"③。

正义观念通过各种意识形式的折光表达对某种社会关系的追求,总是体现着一定社会集团的利益、理想、信念的追求。这种追求随着社会关系、社会形态的更替而发展、变化。每一阶级、每一社会形态都有自己的权益要求与社会理想。任何正义观点,都是为一定阶级的政治、经济制度理想化服务的。由于社会地位、利益与理想不同,各个阶级的正义观不可能完全一致,从来就没有超阶级、超社会的永恒的正义观。所以,正义观发展的历史,实际上就

---

① 慈继伟:《正义的两面》,生活·读书·新知三联书店2001年版,第67页。
② [英]休谟:《道德原则研究》,曾晓平译,商务印书馆2001年版,第39页。
③ [美]阿拉斯戴尔·麦金泰尔:《谁之正义?何种合理性?》,万俊人等译,当代中国出版社1996年版,译者序言第15—16页。

是社会发展史的观念体现①。

历史上，不同的伦理学家、政治哲学家对正义的观念及其所关注的重点有所不同，有关注社会结构的，有关注个人的，也有关注美德的。如美国伦理学家和政治哲学家约翰·罗尔斯（John Rawls）把正义理论的重心确定为社会正义问题，认为正义的基本主题就是社会的基本结构。与罗尔斯不同，哈佛大学哲学教授罗伯特·诺齐克（Robert Nozick）把个人作为正义理论的重心，认为正义的首要问题不是权利的社会分配，而是个人权利的保障。与罗尔斯和诺齐克不同，美国当代哲学家阿拉斯戴尔·麦金泰尔（Alasdair C.MacIntyre）把人类的美德与实践的合理性作为正义理论的重心，认为正义在根本上是对人类美德的追寻②。

古希腊著名哲学家、思想家亚里士多德就提出了最经典的正义的两种形式——分配正义与矫正正义。在亚里士多德看来，矫正性的正义具有尽可能恢复被某种或某些不正义的行动所部分毁坏了的那种正义秩序的作用。而分配的正义则在于遵守那种规定着受矫正正义保护的对社会基本价值分配的秩序之原则③。而分配的正义"至少包括四个项目，因为，相关于公正的事的人是两个，相关的事物是两份。而且，这两个人之间的这两份事物之间，要有相同的平等。因为，两个人相互是怎样的比例，两份事物间要有怎样的比例。所以，正义在于成比例，分配的正义要基于某种配

---

① 胡海波:《正义的追寻——人类发展的理想境界》，东北师范大学出版社1997年版，第69页。

② 胡海波:《正义的追寻——人类发展的理想境界》，东北师范大学出版社1997年版，第7—8页。

③ [美]阿拉斯戴尔·麦金泰尔:《谁之正义? 何种合理性?》，万俊人等译，当代中国出版社1996年版，第148页。

得(应得)。正义就是合比例的平等①"。而比例平等的正义原则
要求:(1)某种待遇在一种特定的场合是恰当的,那么在与这种待
遇相关的特定方面是相等的所有情况,必须受到平等的对待;(2)
在与这种待遇相关的特定方面是不相等的所有情况,必须受到不
平等的对待;(3)待遇的相对不平等必须与情况的相对不同成比
例。为了使这一原则能得以运用,必须有某种涉及人的场合,在这
种场合中,适当的某种待遇是可变的,即,在这里待遇可以是平等
的或不平等的②。

后世研究正义的伦理学家无不传承了亚里士多德的分配正义
与矫正正义的两分法对正义进行定义的思想精髓。当代著名伦理
学家罗尔斯就提出了分配正义的两个原则,第一个原则要求平等
地分配基本的权利和义务;第二个原则则认为社会和经济的不平
等(例如财富和权力的不平等)只要其结果能给每一个人,尤其是
那些最少受惠的社会成员带来补偿利益,他们就是正义的③。这
两个原则是按照先后次序安排的,第一个原则优先于第二个原则。
这一次序意味着:对第一个原则所要求的平等自由制度的违反不
可能因较大的社会经济利益而得到辩护或补偿。财富和收入的分
配及权力的等级制,必须同时符合平等公民的自由和机会的自由。
这两个原则可以表述为:所有社会价值——自由和机会、收入和财
富、自尊和基础——都要平等地分配,除非对其中的一种价值或所

---

① [古希腊]亚里士多德:《尼各马可伦理学》,苗力田译,中国社会科学出版社
1990 年版,第 134—136 页。

② [英]A.J.M.米尔恩:《人的权利与人的多样性——人权哲学》,夏勇等译,中
国大百科全书出版社 1995 年版,第 59 页。

③ [美]约翰·罗尔斯:《正义论》,何怀宏等译,中国社会科学出版社 1988 年
版,第 14 页。

有价值的一种不平等分配合乎每个人的利益①。

　　然而,在罗伯特·诺齐克看来,社会制度的首要问题不是罗尔斯所谓社会权利的正义分配问题,而应该是个人权利的自由保障问题,他用持有正义代替罗尔斯的分配正义②。诺齐克的基本理论原则不是基于契约论之上的正义论,而是基于人权论之上的"资格理论"和"最低限度的国家"理论,强调人们是否有资格(权利)获得某项持有物。在他看来,正义的首要主题不是权利的社会分配,而是个人权利的保障③。诺齐克的权利(资格)正义论也被称为"持有正义论",持有正义的理论的一般纲要是:如果一个人按获取和转让的正义原则,或者按矫正不正义的原则(这种不正义是由前两个原则确认的)对其持有是有权利的,那么,他的持有就是正义的。如果每个人的持有都是正义的,那么持有的总体(分配)就是正义的。把这些纲要转变为一个具体的理论,就是持有正义的三原则,即持有的获取原则、持有的转让原则和矫正对前两个原则的侵犯的原则的细节④。与罗尔斯的分配正义偏重于社会基本结构和权利分配的宏观机制相比,诺齐克的持有正义更注重个人权利的资格和对这种资格的保护,是一种资格正义,而非分配正义⑤。

---

① [美]约翰·罗尔斯:《正义论》,何怀宏等译,中国社会科学出版社 1988 年版,第 61—62 页。

② 何建华:《经济正义论》,上海人民出版社 2004 年版,第 12 页。

③ 胡海波:《正义的追寻——人类发展的理想境界》,东北师范大学出版社 1997 年版,第 112 页。

④ [美]罗伯特·诺齐克:《无政府、国家与乌托邦》,何怀宏等译,中国社会科学出版社 1991 年版,第 159 页。

⑤ 胡海波:《正义的追寻——人类发展的理想境界》,东北师范大学出版社 1997 年版,第 113 页。

无论是罗尔斯的作为对社会制度及权利的分配正义,还是诺齐克的权利的持有(资格)正义,都是把现代社会制定的道德规则与道德程序作为伦理学的主题,都只是从外在于人的规则、程序来解决正义问题,而不是从内在于人的能力与内在品质来解决正义问题①。麦金泰尔不满于罗尔斯等人的这种轻视美德或道德品格、转而把道德规则当作伦理学的全部探究任务或道德论证的唯一可能方式的做法。麦金泰尔认为在美德与法则之间还有另一种关键性的联系,只有拥有德性的、良好品质的人才能更好地去执行和管理调整人们社会伦理关系的善的社会法则。而这种管理和执行社会伦理的善,是种良好的德性,是一种获得性人类品质,这种德性的拥有和践行,使我们能够更好地去践行社会正义,从而获得个人与社会更多的内在利益②。在麦金泰尔看来,伦理学除了研究制定规则或准则的学问外,它首要的任务就是要告诉人们如何认识自己社会的生活目的,并为实现一种善生活的内在目的而培植自我的内在品格和美德③。因此就实现社会正义而言,尤其要求那些管理和执行正义的人本身就具有良好的内在品质④。故正义不仅是外在于人的规则和秩序,而且更重要的是人的一种内在能力、品质或美德;要解决正义问题,根本的途径在于培养人的正义能力、品质,以达于正义之美德⑤。

---

① 何建华:《经济正义论》,上海人民出版社 2004 年版,第 14 页。
② [美]阿拉斯戴尔·麦金泰尔:《德性之后》,龚群等译,中国社会科学出版社 1995 年版,第 241 页。
③ [美]阿拉斯戴尔·麦金泰尔:《谁之正义? 何种合理性?》,万俊人等译,当代中国出版社 1996 年版,译者序言第 9 页。
④ [美]阿拉斯戴尔·麦金泰尔:《谁之正义? 何种合理性?》,万俊人等译,当代中国出版社 1996 年版,第 54 页。
⑤ 何建华:《经济正义论》,上海人民出版社 2004 年版,第 15 页。

透视其历史脉络，无疑我们将发现对正义的论述有一种趋势，那就是从对某种价值（善及何种善）的分配的方式、依据、保证等的模式化论述转向更完善与全面而开放的非模式化的论述，从对某种善的分配原则的一元式的考量到对多种善、多种原则的多元式考量，即从一元主义到多元主义。并且无论后来的人们进行怎样的思考与发展，最终都还是在很大程度上传承和复归了亚里士多德的古典主义。即正义理论或原则涉及的无非是在什么范围（物质领域抑或政治与经济等整个社会领域）内（where），及在什么人与什么人之间（to whom）的利益（包括权力、自由、言论、社会政治经济地位及其财产、利益等）（to what）关系的分配或调整原则（需要、应得或努力及功绩、平等抑或其他），以及调整和分配这些利益及矫正原初的不平等（出身、社会政治、经济地位等偶然运气因素）及矫正分配过程与程序及分配所遵循的准则（宪法制度、各种政策法规、规章制度、协议等）及对分配结果的不平等而进行的矫正行为（修宪、再分配、税收、补偿等）（how）的考量与实践①。

二、公平

公平总是同特定的社会关系紧密相连的，是一个社会性概念，作为一种普遍的社会现象和社会心态，存在于社会的各个领域和层面②，是对某种社会关系进行规范和评价的基本尺度③。公平是对社会基本关系的一种主观价值判断，属于人们的主观偏好和价值判断范畴，每个人可能有每个人的公平观、公正观，而在不同

---

① 谯欣怡、沈有禄：《正义理论的历史回顾：模式化抑或多元主义》，《延边大学学报（社会科学版）》2011 年第 2 期。
② 夏文斌：《走向正义之路》，黑龙江教育出版社 2000 年版，第 32 页。
③ 夏文斌：《走向正义之路》，黑龙江教育出版社 2000 年版，第 37 页。

的社会制度、经济体系或不同的经济发展阶段,占统治地位的公平观,在制度和体制当中体现出的公平观,都是不同的,而之所以不同,也是因为它是受不同的意识形态、宗教伦理、社会思潮、哲学理论等所影响的①。所以公平又是一个相对的社会历史范畴,公平总是相对于某一特定的尺度而言才有意义,相对于某一尺度而言是公平的,相对于另一尺度而言就可能不公平了②。同时,公平不仅仅是一种对社会关系的相对的价值判断,公平也具有其客观的事实属性,具有不能脱离事实的客观性,因此公平也是一种事实判断③。

从公平的基本词义来看,公平有公和平两方面的含义:所谓公即有公正、正义、公道之义;所谓平就是指平等、平衡,它要求处理各种关系必须遵循对等原则和平衡原则④。公平,在古希腊时期曾被称为各种德行的总汇,现在理解和把握公正概念时最基本的含义有:一是贡献与获得相等,二是权利和义务相等⑤。总体上讲,公平具有如下层次性:(1)政治层面上的公平,指国家和社会应当制定相应的法律和规则,保证每一个社会成员都有平等的机会参与社会政治活动,即政治权利的平等、规则的平等,在法律面前人人平等。(2)经济层面上的公平,指在经济交往活动过程中,

---

① 樊纲:《平等、公平与经济发展》,载姚洋主编:《转轨中国:审视社会公正和平等》,中国人民大学出版社 2004 年版,第 612 页。

② 万光侠:《效率与公平——法律价值的人学分析》,人民出版社 2000 年版,第 116 页。

③ 万光侠:《效率与公平——法律价值的人学分析》,人民出版社 2000 年版,第 119 页。

④ 夏文斌:《走向正义之路》,黑龙江教育出版社 2000 年版,第 165 页。

⑤ 张书琛等:《社会主义市场经济中的社会公正问题》,广东人民出版社 2002 年版,第 23 页。

贯彻平等竞争、等价交换、机会均等、收入分配平等以及对竞争规则、机会与收入分配不平等的补偿矫正平等等。（3）伦理层面上的公平,指在价值观上倡导一种人格和尊严的独立平等和个人生存价值的平等①。（4）心理层面上的公平,此时公平是指一种主观感觉、心理平衡,由每一个人作主观评价②。这种心理相对主义的公平要求人们必须不仅确定分配报酬模式的公平,还要求各种政治权利的享有平等、经济利益竞争与获得机会的平等上的结构性安排要与人的心理感受与价值判断相适应③,即由于每个人的心理感受的差异性,公平也允许适当的差距存在。但是就权利与经济利益分配公平的结果来讲,公平又是一个客观的范畴,是人类长期以来普遍追求的一种基本价值,是人类社会生活的一个基本目的而非手段④。

在理解公平时,除了上述几个横向维度或层次,就具体的政治权利与经济利益以及其他社会基本价值的分配与占有(获得)而言,从纵向的角度来讲,还可以有分配及占有(获得)的起点、过程、结果与影响的平等及对起点、过程、结果与影响的不平等上的补偿与矫正的平等。即从起点位置的公平准则出发,我们追求的是保证合理的公平参与机会的各种制度要对所有人都一视同仁,可以采取各种做法以允许全体成员有同等的参与机会。如一个佃农的孩子同一个亿万富翁的孩子去竞选总统,所建立的各种制度

① 夏文斌:《走向正义之路》,黑龙江教育出版社 2000 年版,第 52—62 页。
② 万光侠:《效率与公平——法律价值的人学分析》,人民出版社 2000 年版,第 113—114 页。
③ [美]威廉·帕·克莱默:《理念与公正——心理学、相对主义和政治》,周征环等译,东方出版社 1996 年版,第 105—106 页。
④ 万光侠:《效率与公平——法律价值的人学分析》,人民出版社 2000 年版,第 117 页。

要保证佃农的孩子不被公开地从竞争中排除出去,享有同样的竞争规则①。在过程中的公平主要关注各种规则、制度执行中的各主体在各种权利、利益及基本价值的分配与占有(获得)程序上大家享有同等的对待与权利;在结果与影响层面上的公平要关注分配与占有(获得)的结果这一客观事实,在结果这一数量上差距不大,在人们的心理公平忍受范围之内。最后就是对在起点(及起点之前的规则的制定方面)上、过程中、结果与影响上的各种不平等现象进行修正,以弥补和矫正之前造成的不平等,最终达到人们普遍接受的一种比较平等的、差距不过于悬殊的分配与占有(获得)结果。

三、平等

公平与平等在理论和实践中都是相互联系的,可以说,平等是公平的核心前提,没有平等就不存在公平,公平内在地包含着平等,但并不等于平等。平等可以说是一个二维概念,它是指在实践交往关系中,自身与他人相互比较的一种结果;而公平却是一个三维甚至是多维的概念,它内在包涵着一种道德规范和价值判断②。就中国人传统的思维习惯来说,我们讲"平等""平均"多于讲公平,提倡平均主义是中国的一个古老传统③。我们可以按其含义接近的程度,大致把"平等"分为两种含义系列的平等:一种含义是权利平等、身份平等、机会平等、起点平等、形式平等、前途考虑

① [美]詹姆斯·M.布坎南:《自由、市场与国家——80年代的政治经济学》,平新乔等译,上海三联书店1988年版,第194—195页。
② 夏文斌:《走向正义之路》,黑龙江教育出版社2000年版,第166页。
③ 雷弢:《反思公平:社会学者对社会的警告》,中国妇女出版社1989年版,第19页。

的平等;另一种含义是状态平等、条件平等、结果平等、终点平等、实质平等、手段考虑的平等①。也就是前一种为在一定的社会规则、制度规范下的社会关系中人们享有或获得各种社会基本权利与价值(利益)的机会与起点上的形式平等,后一种为在前述基本价值与权利的获得与分配上的条件与结果上的实质平等。

　　所有调整现代社会关系伦理的正义理论都是建立在所有的个体都是平等的基础上的,这种平等,在经济学家阿马蒂亚·森(Amartya Sen)看来,首先是"对什么的平等"的问题②,因此,就进入各种社会关系的机会(起点)平等而言,这些社会关系包括政治关系、经济关系、文化关系等。就政治关系中的机会平等而言,有基本权利的平等,如政治参与权、言论自由权等基本权利的平等,正如罗纳德·德沃金(Ronald Dworkin)认为的那样,平等是人们的一种基本权利,平等也首先是权利的平等,然后才是其他方面的平等③。这里,权利的平等原则有两种含义:第一是对于进入社会关系中的制度规则中所有的人都具有平等的权利与责任;第二是人们都享有进入这些特定规则与关系的权利,即平等的机会或平等的自由,以及对这些特定权利进行公正维持的权利④。在政治关系中的机会平等强调的是每个人作为一个独立的生命个体,在

①　何怀宏:《公平的正义:解读罗尔斯〈正义论〉》,山东人民出版社 2002 年版,第 44 页。

②　Denis Meuret, "School Equity as a Matter of Justice", *In Pursuit of Equity in Education*: *Using International Indicators to Compare Equity Policies*, Walo Hutmacher, Douglas Cochrane and Norberto Bottani (eds.), Dordrecht/Boston/London: Kluwer Academic Publishers, 2001, p. 94.

③　何怀宏:《公平的正义:解读罗尔斯〈正义论〉》,山东人民出版社 2002 年版,第 231—232 页。

④　[英]伦纳德·霍布豪斯:《社会正义要素》,孔兆政译,吉林人民出版社 2006 年版,第 72—73 页。

人格上、在尊严上享有完全、绝对的人人平等的权利与机会。因一个人的权利依附于他的人格,从属于人格的需要,每个自然人所具有的人格使人获得了拥有权利的资格①。从罗纳德·德沃金的"资源平等"观来看,就是我们所追求的政治权利的平等是人格和非人格资源本身的平等②。这时,在起点上表现为基本权利的法律面前的人人平等,在结果上表现为人们享有的各项权利的实现与保障上的平等。

然而,"平等"又是一个相对概念,具体会涉及:什么人之间的平等? 在什么问题上的平等? 在何种程度上的平等③? 在经济关系中的机会平等主要是人们享有平等地参与经济生活与经济利益竞争的机会。这时,在起点上表现为公平竞争与参与的机会,在结果上表现为具体经济利益上的分配与占有(获得)的相对平等。此时,平等就是以统一的尺度划定基准线以及围绕这个基准线而上下波动的相对合理的区间,是包含着和保持着一定差距的平等④。即除了在政治权利、经济竞争机会上享有的绝对平等外,以及在经济利益分配上的相对平等外,此外还有一种对待平等的方法,这种方法以差别为出发点,将平等视为一种必要的调整,这种"平等"主义不是绝对量的平等,而是根据人们所拥有的不同个人特质(如出身、性别、民族、等级与职位、财产状况、身体残障与否

① [英]伦纳德·霍布豪斯:《社会正义要素》,孔兆政译,吉林人民出版社2006年版,第78页。

② [美]罗纳德·德沃金:《至上的美德——平等的理论与实践》,冯克利译,江苏人民出版社2003年版,第350页。

③ [英]安东尼·吉登斯:《第三条道路——社会民主主义的复兴》,郑戈译,北京大学出版社2000年版,第43页。

④ 张书琛等:《社会主义市场经济中的社会公正问题》,广东人民出版社2002年版,第11—12页。

等)对职位、名誉、身份、钱财或人类所意欲的任何目的物分配的比例平等(equality of proportion)①。但是这种差距也不能太大,是在人们的心理容忍范围之内,还是有一个客观的标准来衡量平等的,因此,平等(equality),无论是在收入平等的意义上,还是在机会均等的意义上,应该是一个相对客观的、能够用某种客观尺度加以衡量的概念②。

综上所述,起点平等是考察平等问题的一个重要方面,所谓机会平等或者权利平等是起点平等③。起点的平等一般指在社会基本权利的享有上不因为个人特质不同而区别对待,而是要求给予相同的同等对待,享有同样大小的权利,以及参与社会基本政治、经济、文化活动上的机会的完全平等,完全平等的参与机会、公平竞争。这种基本权利的完全平等是文明社会及其发展所具有的一个基本特征④。在这些所有的基本权利中,法律面前人人平等应当是第一位的,要最低程度地实现这一权利就需要花费资源为穷人的法律面前基本权利平等的实现提供保护⑤。要实现真正意义上的起点平等(平等参与)就要求在起点位置上所有竞争者拥有平等能力,显然处于同一起跑线上坐在小汽车上与坐在马车上的

---

① 〔英〕伦纳德·霍布豪斯:《社会正义要素》,孔兆政译,吉林人民出版社2006年版,第73—74页。

② 樊纲:《平等、公平与经济发展》,载姚洋主编:《转轨中国:审视社会公正和平等》,中国人民大学出版社2004年版,第612页。

③ 张曙光:《经济学(家)如何讲公平》,载姚洋主编:《转轨中国:审视社会公正和平等》,中国人民大学出版社2004年版,第642页。

④ 〔英〕伦纳德·霍布豪斯:《社会正义要素》,孔兆政译,吉林人民出版社2006年版,第89页。

⑤ 〔美〕阿瑟·奥肯:《平等与效率——重大的权衡》,王忠民等译,四川人民出版社1988年版,第27页。

人是不具有相同的平等参与能力的①。这就要求给予每个人一个最低限度的教育、健康和福利条件作为出发点,以便个体能发展他们的潜能和能力②。

　　而作为结果的平等或目标的平等则是在作为起点的(参与的)机会的平等得以保障的前提下,允许人们在经济的、文化的利益方面的分配或获得上的适当差距,以及对具有特别个人特质的人在政治基本权利的保障上的区别于正常人的特殊对待,也就是亚里士多德的"比例的平等"。霍布豪斯(Hobhouse)认为比例平等是非基本权利分配原则。比例平等要求从人们的差别出发,把平等作为一种调节,即以各人在某方面之差别为依据而给予相应的差别待遇。因此,所谓非基本权利比例平等,实际上是一种权利的不平等,但这种权利不平等的比例,与每个人的具体特质的不平等的比例是完全平等的,即非基本权利的比例平等具有补偿与矫正平等的意涵③。

第二节　机会平等与分配公平

一、机会平等

　　机会平等实际上是一种含混不清的概念,至少包含三种互有区别的平等:首先,表现为对人的无歧视的平等对待,这种平等对

---

① ［美］詹姆斯·M.布坎南:《自由、市场与国家——80年代的政治经济学》,平新乔等译,上海三联书店1988年版,第203页。

② ［澳大利亚］安德鲁·文森特:《现代政治意识形态》,袁久红等译,江苏人民出版社2005年版,第168页。

③ 王海明:《公正、平等、人道——社会治理的道德原则体系》,北京大学出版社2000年版,第54页。

待是源于个人的人格上的特质而不是其所拥有的职位(地位)及财富等非人格特质;其次,机会平等指在竞争社会职位(地位)、财富的机会对所有人是同等开放的,个人凭其才能与努力去竞争获得;更高层次、更彻底的机会平等需要对资源进行广泛的平分①。即前述第一种意义上的机会平等指的是享有基本权利的平等,这种基本权利的平等只需鉴于每个人的人格就享有的机会,是无需其他任何条件的,即只要是个人在社会基本权利的享有上是完全平等的,至少在法律意义上是平等,也就是政治平等。第二种意义的机会平等属于起点的平等,第三种则是结果的平等。

道格拉斯·雷(Douglas Rae)认为,机会平等有两种不同的含义:一是基于前途考虑的机会平等,主要是考虑人们在获取地位和职务上享有相同的机会;二是基于手段考虑的机会平等,要考虑人们对于各种机会的平等手段②。前一种平等强调的是任何地位和机会都不是封闭的,都没有身份的限制,所有人都有平等的权利去达到它们,然而这种平等并不考虑人们实际上是否同等地拥有达到它们的手段和资源,这是形式上的机会平等。而基于手段的机会平等则不仅考虑人们对于各种机会的平等权利,而且考虑人们对于各种机会的平等手段,并要努力保证每个人都拥有利用这些机会的手段、工具、资源或能力③。基于前途考虑的机会平等也就

---

① [美]亚历克斯·卡利尼克斯:《平等》,徐朝友译,江苏人民出版社 2003 年版,第 46—47 页。

② 何怀宏:《公平的正义:解读罗尔斯〈正义论〉》,山东人民出版社 2002 年版,第 109—110 页。

③ 万光侠:《效率与公平——法律价值的人学分析》,人民出版社 2000 年版,第 247 页。

是竞争非基本权利的目标的机会平等,主要是获得职务和地位、权力和财富的机会平等,这种机会平等可以归结为"职务和地位唯才德是举而向所有人开放",它是形式的、表层的机会平等。基于手段考虑的机会平等也就是"发展潜能的机会平等",它是竞争非基本权利的手段的机会平等,主要是受教育的机会平等,这种机会平等可以归结为"每个人的才德都有平等的机会发挥",它是实质的、深层的机会平等①。

综上所述,机会平等正如萨托利指出的那样,机会平等包括平等利用的机会平等和表现为起点平等的机会平等。平等利用就是在进取或升迁方面没有歧视,为平等的能力提供平等的利用机会,而起点平等则关注的恰恰是如何平等地发展个人潜力,平等利用也可理解为过程平等、规则平等②。此外,平等利用的机会平等还要关注人们在达成其非竞争性权利及经济利益的过程中及起点前所拥有的手段、能力与资源,也就是要关注平等利用的条件。因为条件作为活动的前提也可被看作是起点,作为条件的起点指个人内在的素质和能力及所拥有的实现目标的资源与手段、能力等③。即机会平等是包括了在基本权利上无需考虑个人特质的所有人享有同等的权利,以及在非基本权利及经济利益的获得与占有上的作为实现这一目标上可资利用的规则平等与过程平等,以及在进入这些目标前所具有的起点上的平等机会,以及为实现这些目标

---

① 王海明:《公正、平等、人道——社会治理的道德原则体系》,北京大学出版社 2000 年版,第 98 页。
② 万光侠:《效率与公平——法律价值的人学分析》,人民出版社 2000 年版,第 247 页。
③ 万光侠:《效率与公平——法律价值的人学分析》,人民出版社 2000 年版,第 249 页。

所需要具备的潜力而要求的个人在起点前及过程中所具有的基本的资源、手段、工具与能力的平等。

二、分配公平

一听到"分配"这个词，大多数人都会想到由某个体系或机制使用某个原则或标准来提供某些东西①。分配公平的观念与占有有关，也与是(being)和做(doing)有关；与消费有关，也与生产有关；与土地、资本以及个人财产有关，也与身份和地位有关。不同的分配需要不同的政治安排来实施，不同的意识形态来证明。分配内容包括成员资格、权力、荣誉、宗教权威、神恩、亲属关系与爱、知识、财富、身体安全、工作与休闲、奖励与惩罚以及一些更狭义和更实际的物品——食物、住所、衣服、交通、医疗、各种商品，还有人们收集的所有稀奇古怪的东西，并且，物品的这种多样性与多样化的分配程序、机构和标准相匹配②。这个分配性的制度安排是多样化的，不存在单一的一种控制所有分配的决策机构与分配标准，功绩、资格、出生和血统、友谊、需求、自由交换、政治忠诚、民主决策等都可以作为分配的标准，每一标准都想竞争成为占主导地位的分配标准，但有时却又混淆着并存于一个分配制度中③。

从上述的分配内容所属的范畴，可以将分配公平的维度大致

---

① ［美］罗伯特·诺齐克：《无政府、国家与乌托邦》，何怀宏等译，中国社会科学出版社1991年版，第155页。

② ［美］迈克尔·沃尔泽：《正义诸领域：为多元主义与平等一辩》，褚松燕译，译林出版社2002年版，第1—2页。

③ ［美］迈克尔·沃尔泽：《正义诸领域：为多元主义与平等一辩》，褚松燕译，译林出版社2002年版，第2—3页。

分为政治分配公平、经济分配公平与伦理分配公平。政治上的分配公平主要是指每个人都应当有平等的政治地位和社会地位,保证每个人享有平等的机会参与社会政治经济生活①。经济上的分配公平指每个人享有同等的参与(进入)社会经济活动的机会,以及在经济活动过程中享有同等的竞争规则与程序,在经济活动之后,能根据每个人的贡献获得与其相匹配的经济利益②。而伦理上的分配公正则是指人们对其所处社会制度与社会关系中关于社会基本价值(如自由、平等、权力、权利、成员资格、尊严、荣誉、财富等)的分配存在大家普遍接受的原则,并且这个原则与其分配的基本价值是相匹配的,分配的尺度是合乎大家的心理不平等的忍受范围内的。

总之,分配公平是一个综合性概念,不仅仅局限于经济领域,它还涉及财富的占有、收入的分配、成员资格及权力与权利的获得、声望和社会地位的状况、享受教育的机会、职业的选择等等,涉及全部社会资源和社会福利的分配。但是,分配公平更重要的是指发展机会的平等,人们获得发展机会(如教育、就业)的权利不应当受到家庭背景、性别、种族、身份和资本占有情况的影响,发展机会的平等是分配公平的重要保证③。这就需要对处境不利的群体给予补偿与矫正,处境不利群体一般是由于其先天的某些不足以及分配制度的不公平造成的受害者,而且那些处于社会最底层者最有可能是最严重的不公平的受害者(或其后代),因此,他们应从那些不公平中得益的人那里得到赔偿,因而矫正的分配公平就是以便最大限度地提高这一社会中最后处在最不利状况的那个

① 何建华:《经济正义论》,上海人民出版社 2004 年版,第 339 页。
② 何建华:《经济正义论》,上海人民出版社 2004 年版,第 338 页。
③ 何建华:《经济正义论》,上海人民出版社 2004 年版,第 361 页。

群体的地位及社会政治经济利益分配的份额①。通过补偿与矫正不利处境群体在政治、经济等权益的竞争中所具有起点条件及所用驾驭的工具、手段与资源来保障他们与其他人获得同等的发展机会。

---

① ［美］罗伯特·诺齐克:《无政府、国家与乌托邦》,何怀宏等译,中国社会科学出版社 1991 年版,第 233 页。

第二章 教育机会、教育机会分配公平

第一节 教育机会、教育机会平等的概念及其测度

一、关于教育机会的概念

瑞典教育学家胡森（Torsten Husen）认为，在分析教育面前机会平等这一观念时，重要的不仅是要界说"平等"，还要界说"机会"①。而属于"机会"这一范畴的变量，在胡森看来有以下几类：

（1）第一组变量含学校外部的各种物质因素，即学生家庭经济状况、学习开支总额、学校地理位置和上学的交通工具。

（2）第二组变量包括学校的各种物质设施，即学校建筑物总的质量、实验室、图书馆和教科书，等等。

（3）第三组变量是指家庭背景中某些心理因素，其中主要包括家长对子女在学习方面的期望，家庭对掌握知识所持有的总的态度，以及家庭为子女提供的独立自主的口头表述

---

① ［瑞典］托尔斯顿·胡森：《平等——学校和社会政策的目标》，载张人杰主编：《国外教育社会学基本文选（修订版）》，华东师范大学出版社 2009 年版，第 159 页。

等习惯。

（4）第四组变量是指学校背景中某些心理因素：教师的能力、教师对学生的态度、教师希望学生所取得的成绩以及学生所具有的学习动机。

（5）第五组变量叙述的乃是国际学业成绩评估协会在关于数学学习的研究报告中提到的"学习机会"。"学习机会"一词，在此仅指狭义的学校情境中所固有的机会，也就是说，仅仅是指教学条件，诸如在课程表中规定用于一个主题或一门学科的时间，教师实际的教学时数，以及教师要求学生完成的课外作业的数量①。

即教育机会不仅仅表现为在进入学校就读的机会，也包括所进入学校的办学条件、师资及提供的课程等学习资源及其机会、学生的家庭背景及社会提供的各种支持条件、家长及学校教师对学生的心理期望与对待、学生在教育过程中受到的评价与对待、学生在前一阶段教育结束后升入后一阶段教育的机会，更广意义上的教育机会还包括教育结束后的就业前景与社会流动前景等。本研究采用广义上的教育机会概念。

二、关于教育机会平等的概念

（一）关于教育机会平等的最著名的定义——科尔曼的教育机会平等观

关于"教育机会平等"最著名的定义当属科尔曼（James S.

---

① ［瑞典］托尔斯顿·胡森：《平等——学校和社会政策的目标》，载张人杰主编：《国外教育社会学基本文选（修订版）》，华东师范大学出版社 2009 年版，第 162 页。

Coleman)的通过均等的对立面"不平等"的描述与定义来界定教育机会平等。在提交给1964年的《公民权利法案》的立法委任权的教育委员会的报告《教育机会均等》(科尔曼等,1966)中对校长、教师的调查,通过问他们关于学生及学校的努力来致力于理解学校教育资源的变化以及它们对学生的成绩的影响来了解教育不公平的状况①。

科尔曼的调查是受1964年的公民权利法案的委托,要求教育委员会评估美国在种族与其他群体间的"教育机会均等的缺乏"。调查结果显示出五类不平等现象:

第一类的不平等可以以社区对学校的投入不同加以定义,如在生均经费、学校设备、图书馆、教师的质量以及其他类似的数量上的不平等。

第二类的不平等可以定义为,学校的种族组成、对最高法院判定的隔离教育是不公平的遵从与否。以前一种定义,通过隔离造成的不均等问题已经被排除了,但是以后一种定义,只要学校教育系统中存在不同的种族构成,这种不均等就一直存在。

第三类的不平等包括学校内的许多无形的因素及可以直接追溯到社区的投入因素。这些无形的因素包括教师的道德水平、教师对学生的期望、学生个人的学习兴趣水平或者其他一些因素。任何这类因素都能对给定学校的学生造成影响。

---

① Robert Berne, Leanna Stiefel, "Concepts of School Finance Equity: 1970 to the Present", in *Equity and Adequacy in Education Finance: Issues and Perspectives*, Helen F. Ladd, Rosemary Chalk and Janet S. Hansen (eds.), Washington, D.C.: National Academy Press, 1999, pp. 7–14.

然而这种定义并没有给出建议在何时停止或这些因素与学校质量有何种程度的相关性。

第四类的不平等可以定义为,学校对具有同样背景和能力的学生的影响。在这一定义中,教育机会均等指的是假定给予个人同样的投入要产生结果的均等。在这一定义看来,不均等可能是产生于学校投入或者种族构成或者是其他上述的无形因素上的差异。

第五类的不平等可以定义为,学校对具有不同背景与不同能力的个人的影响。在这一定义里,教育机会的均等是假设给予个体不同的投入产生的平等。这种不均等最明显的例子就是来自非英语家庭的儿童,如西班牙人、纳瓦霍人(美国最大的印第安部落)。其他的例子是那些低成就的来自语言表达贫乏的家庭的孩子。这一极端形式的界说意味着,只有当少数民族、少数宗教派别与占有支配地位的民族、占有支配地位的宗教群体获得相同的教育结果(成就与态度)时,才实现教育机会平等①。

该调查所显示的对均等的定义可以分为两类。前三种定义关注的投入资源:首先是那些由学校管理行为带到学校的资源(如学校设施、课程、教师);其次是由学生带到学校的资源,学生所代表的教育背景对学校也有贡献作用;最后是无形因素,如所有因素的相互作用产生的“道德”因素。第四类与第五类的定义是关于学校影响的。因此这五类定义可以分为对学校投入的关注及两类

---

① James S.Coleman,*Equality and Achievement in Education*,Boulder,San Francisco and London:Westview Press,1990,pp.20-26.

对学校影响的关注。当报告公布时,并没有给出五种不同的测度平等的测量方式;但它确实是以上面所提及的两分法来测度的①。

科尔曼认为教育机会平等的概念经历了四次演变。第一个演变阶段主张所有的儿童必须在同样的学校学习同样的课程,即人人有学可上,且接受相同的课程;第二个演变阶段是认为不同的儿童会有不同的职业前景,机会平等必须向每种类型的学生提供不同的课程,即对不同成长期望与倾向的人提供不同的课程,以便为他们将来的升学或就业提供不同的准备;第三个阶段的转变要求教育机会平等观念内的目标必须与学校教育的结果相联系,也就是理解教育机会平等观念要以教育效果或结果为基础,以及对此前的"隔离但平等"的纠正而倡导的种族合校的教育机会平等观;第四个阶段始于教育机会平等教育调查处的成立,这项调查中明显地不存在单一的教育机会平等观念,而是为各种不同的机会平等观念提供有关信息②。

科尔曼的教育机会平等观几乎在一开始就有注重均等的特殊意义,教育机会平等在他看来有以下几层意义:(1)向人们提供达到某一规定水平的免费教育,也就是所有的人都享有接受一定水平教育的机会,免费的受教育者构成了劳动力的主要输入口;(2)为所有不同社会背景的儿童提供普通课程,对接受中等教育及以上的人提供不同前景与倾向的课程以为他们在中等教育阶段开始的分流提供帮助;(3)由于学生背景的不同,其进入学校的机会也

---

① James S. Coleman, *Equality and Achievement in Education*, Boulder, San Francisco and London: Westview Press, 1990, p. 26.

② [美]詹姆斯·科尔曼:《教育机会均等的观念》,载张人杰主编:《国外教育社会学基本文选(修订版)》,华东师范大学出版社 2009 年版,第 152—155 页。

有差异,因此要通过各种补偿与纠正措施为不同社会背景的儿童提供进入同样学校的机会;(4)由于学校的办学投入依赖于政府及学校所在社区的税收,因此要在规定地区范围内提供均等机会,至少在公立学校系统内要保证平等的受教育机会①。

(二)关于教育机会平等的其他著名定义

早期的西方学者对教育机会平等的研究最初起源于政治哲学和社会伦理领域,主要把教育平等作为一项社会权利,以及围绕教育过程中各种影响因素及其关系等方面的研究。关于"教育机会均等"概念的内涵一直众说纷纭,歧义颇多。安德森、胡森等的观点在教育机会平等概念的界定上也是具有重要价值的。

美国芝加哥大学安德森(C.A.Anderson)认为,"所谓教育机会平等,不外四种含义:(1)指提供给每个人同量的教育,能力相同的青年,不论其性别、种族、地区、社会阶级等的差异,均具有相等的机会,接受非强迫性的教育,以及不同阶层的青年均具有相等的机会以获取学术的能力;(2)指学校教育的提供,足使每一儿童达到既定的标准;(3)指教育机会的提供,足使每一个体充分发展其潜能;(4)指提供继续教育的机会,直至学生学习结果符合某种常模者。"②

胡森在分析教育机会平等时提出了一种新的、更为激进的受教育机会平等新观念。这种新观念的基本理想是:受教育机会平等不仅仅是过程的平等,而且必须在一定程度上维持结果的平等,将同等能力的儿童受教育程度的差别,以及不同能力的儿童受教

---

① [美]詹姆斯·科尔曼:《教育机会均等的观念》,载张人杰主编:《国外教育社会学基本文选(修订版)》,华东师范大学出版社 2009 年版,第 149 页。

② 马早明:《西方"教育机会均等"研究述评》,《教育导刊》2001 年第 15—16 期。

育程度的差别,保持在一定的范围内;由于人们的能力天生有差别,造成更大的差别,从效益的角度,政治实践有责任保证这种差别不会严重到威胁社会稳定的程度,从道义的角度,政治实践有责任对弱者和失败者给予一定程度的救助。胡森认为教育面前机会平等并不是指机会的同一性,而是指向每个儿童提供使个人在入学时存在的天赋得以发展的各种机会,要为所有儿童提供在社会差异上区别对待的平等机会①。即胡森的教育机会平等观念中的"平等"具有三层含义:第一,"平等"首先可以指个体的起点;第二,"平等"也可以指中介性的阶段;第三,"平等"还可以指最后目标,或者是指这三方面的综合②。

霍(K.R.Howe)认为,教育机会平等原则是机会平等原则的一部分,而教育机会平等就是只要个体具有获得某种教育的平等机会,教育结果的不平等在道德上是允许的③。

南格尔(Nagel)把教育机会平等分为"消极的机会平等"和"积极的机会平等"两种类型。消极的机会平等是非干涉主义:确定机会是否平等主要是看在接收公共教育方面有没有正式的(特别是法律的)障碍,基于诸如种族、性别、语言等与教育无关的道德标准,阻止个人或群体接受公共教育。积极的机会平等是干涉主义的:它要求公共教育超越正式的平等规定,采取积极的措施消

---

① [瑞典]托尔斯顿·胡森:《平等——学校和社会政策的目标》,载张人杰主编:《国外教育社会学基本文选(修订版)》,华东师范大学出版社 2009 年版,第178—179 页。

② [瑞典]托尔斯顿·胡森:《平等——学校和社会政策的目标》,载张人杰主编:《国外教育社会学基本文选(修订版)》,华东师范大学出版社 2009 年版,第159 页。

③ 杨莹:《教育机会均等——教育社会学的探索》,台北师大书苑有限公司1995 年版,第154 页。

除造成不同环境下的学校儿童固有的不平等,特别是社会不利因素相关联的差别。积极的机会平等特别是要干涉在道德上允许的不平等的原因,干涉的主要方法是建立基金,以帮助不利地位的儿童获得平等的教育机会,特别是由于种族、天赋的原因不能获得平等结果的儿童①。

此外,麦克马洪(McMahon)还把教育机会平等分为三类,即"(1)水平平等,指相同者受相同对待。(2)垂直平等,指不同者受不同对待。(3)代际平等,指确保上一代人的不平等现象不至于全然延续下去"②。

总之,在评估教育机会均等的具体标准与方法上,亨利·列文用4个标准来界定过教育机会的均等③:

(1)接受教育机会的均等。即要为所有学童提供相似的教育设施,至少到他们参加工作的年龄。到达这一年龄后进一步的教育参与,则取决于他们以前的学习成绩、能力表现与职业意向。

(2)教育参与的均等。即不同社会经济背景、性别与种族的组别,是否有相同比例的人数,得到同样的教育机会;他们无论是在教育的数量上还是质量上,是否都得到了相等的教育参与。

(3)教育结果的均等。即不同社会经济背景、性别与种

---

①　袁振国:《论中国教育政策的转变:对我国重点中学平等与效益的个案研究》,广东教育出版社1999年版,第61—63页。

②　翁文艳:《教育公平的多元分析》,《教育发展研究》2001年第3期。

③　陆根书:《高等教育机会均等与社会平等:高等教育扩展的影响》,《高等教育研究》1998年第4期。

族的组别,是否都有一定数量和比例的人能够获得相同的教育成就或达到相同的教育程度。

(4)教育影响生活前景机会的均等。当教育制度介入社会制度时,即教育制度能够补偿父母亲财富、收入、教育、政治力量、社会关系、文化等方面的差异,使这些因素不会影响成年子女在财富、收入、教育、政治力量和社会关系等方面的机会。

而更为激进的观点,认为教育机会均等的最深刻目标是达到整个"人生机会的均等",认为教育机会的不均等根本上起源于社会政治、经济的不均等,故教育制度公平本身的改革不能实现人生机会的均等,而需要政府及全社会在政治制度、经济制度、文化制度、文化环境、价值观念等意识领域的整体性的公平改革,才可能实现教育机会均等在教育制度层面上的公平保障,从教育系统内部与外部社会一起形成合力来实现教育机会均等①。

(三)本研究界定的教育机会平等概念

在此,我们定义教育机会平等为教育权利的平等及实现教育权利平等的各种保障上的平等,以及在享有教育权利过程中的对待平等和接受教育后的前景的平等。即教育机会平等不仅是进入教育系统的机会平等,在教育系统中也要受到平等的对待,保证来自不同阶层的学生有大致相当的学业成绩,也要保证他们受教育后有相似的成就前景。因此,教育机会平等=入学机会的平等+教育分流(学术课程与职业课程的倾向与选择的自由)平等+教育过

---

① 吴德刚:《中国全民教育研究——兼论教育机会平等问题》,教育科学出版社 2011 年版,第57—58 页。

程中对待的平等+作为保障的教育资源分配的平等(包括补偿弱势群体的垂直平等)+教育成就(包括过程中与教育结束后的结果与影响)的大致平等。无论是哪个阶段的教育机会平等,都需要教育投入来保障,而教育投入的平等始终贯穿于教育的各个阶段和各个方面,从学生入学前的学校基础建设、课程资源的充足与否、教师的数量与质量、各种名目的教育经费投入、教师及家长对学生的期望与对待等。而这种教育投入在具有不同特质的学生身上又表现出多样性,因此教育机会平等还包括对处境不利学生在获得同等的教育发展机会上的在保障条件与资源上的补偿与矫正平等。此外,可能平等地受教育的机会,这只是实现教育公平的必要条件,而不是它的充足条件,因此教育机会的平等除了起点及过程中的平等的机会外还必须包括同样成功的机会①。本研究界定的"教育机会公平"与"教育机会平等"在内涵与实质意义上是一样的,可以视为等同。

三、教育机会平等概念的分类

积极意义上的机会平等指的是所有学生应该拥有获得成功的平等的机会,在实际可观察到的成功只取决于某些个人特征,如动机、期望、努力以及在某种程度上来说的能力。消极意义上的机会平等指的是个人所获得的成功不依赖于个人控制之外的环境因素,如家庭的财政状况、地理位置、民族或种族的身份、性别以及残障。"成功"也有多种方式的定义,包括在学校期间获得资源(通常是以美元来衡量)的能力,获得高级水平课程的机会,考试的成

---

① 联合国教科文组织教育发展委员会:《学会生存:教育世界的今天和明天》,教育科学出版社1996年版,第101页。

绩以及终生的成就①。

怀兹定义了超过10种以上的教育机会平等概念，其中许多现在仍在使用。其中最有预见性的定义就是他的最低——成就的定义，这更有点像现在的充足性定义："教育机会平等的最低——成就定义声称资源应该分配给每一个学生直到他取得某一特定水平的成就。"②即教育机会平等在资源投入上要充足到能保障每个学生取得既定的成就，而这种对每个学生的资源投入保障可能是不平等的，即含有垂直平等的意义，不同的人给予不同的对待。

四、教育机会平等的核心原则

教育机会平等的实质是在决定教育机会的分配与实现教育机会的教育资源保障的分配上的相同的人给予同样的对待（水平公平），在考虑到某些先天的不利因素的影响，需要对处于弱势地位的人给予按不同人给予不同对待（主要是给弱势群体更多的教育资源补偿，即垂直公平），只有这样才能实现某种意义上的教育机会平等。即如贝尔勒（Berne）和斯蒂埃菲尔（Stiefel）指出的，水平公平（横向公平）、垂直公平（纵向公平）、机会平等是分析决定如何确定教育权利与教育资源的分配是否公平的主要原则。

---

① Robert Berne, Leanna Stiefel, "Concepts of School Finance Equity: 1970 to the Present", in *Equity and Adequacy in Education Finance: Issues and Perspectives*, Helen F. Ladd, Rosemary Chalk and Janet S. Hansen (eds.), Washington, D.C.: National Academy Press, 1999, p. 13.

② Robert Berne, Leanna Stiefel, "Concepts of School Finance Equity: 1970 to the Present", in *Equity and Adequacy in Education Finance: Issues and Perspectives*, Helen F. Ladd, Rosemary Chalk and Janet S. Hansen (eds.), Washington, D.C.: National Academy Press, 1999, pp. 15–16.

（一）水平公平

水平公平要求对那些地位平等的人给予平等对待。水平公平，作为一种学生的概念，具体指的是处境相同的学生应该受到同等的对待。使用该概念的挑战之一就是怎样定义"处境相同"。当分析投入时，研究者通常定义普通教育，处在危险中的（或教育上处于不利地位的），以及接受特殊教育的学生，将他们作为单独分开需要考虑的群体。没有人认为产出（如取得的成绩分数或毕业率）应该所有学生都一样（完完全全的水平公平）。另一方面，我们不使用那些有差别的群体如处于危险中或残障的学生来判断产出的差异。一个水平公平的教育体系将对相同的学生给予公平的对待并且确保他们在教育资源及获得类似的成就水平上的经历类似。水平公平要求很少或没有在机会、资源分配及结果方面的差距——没有差距意味着完美公平①。

（二）垂直公平

垂直公平，具体指的是处境不同的学生应该给予不同的对待。垂直公平意识到学生并不是完全一样的，认为为特殊群体或地区提供特别的资源（如特殊支持职员或者额外的教育资源）来取得相似的结果（如完成学业）的教育系统是公平的。个人及群体的特征使得有必要按性别、民族/种族与社会地位、地区或学校管理单元、其他的地方特征如家庭收入以及贫困水平等的不同而加以区别对待。然而，在某些情况下基于上述不同特征而加以区别对待对使教育系统更公平是很有必要的。例如，如果极度贫困的地

---

① Robert Berne，Leanna Stiefel，"Concepts of School Finance Equity：1970 to the Present"，in *Equity and Adequacy in Education Finance：Issues and Perspectives*，Helen F.Ladd，Rosemary Chalk and Janet S.Hansen（eds.），Washington，D.C.：National Academy Press，1999，pp. 18-20.

区一般在取得教育成就方面也比较差,对这些地区增加资源能使地区间的教育结果更加公平而整体上能提高教育公平。垂直公平标准不应该应用于测度机会及过程或结果的情况,因为通过这些测度指标来测量在各单元之间没有区别①。

（三）机会平等

机会平等,是以所有的儿童都应该有均等的成功机会概念为基础的,以像动机和努力这样的个人特征为基础的成功(Berne 和 Stiefel)。教育机会平等在以学生特征或居住地为基础的教育成功上应该是没有区别的。但是要使教育机会平等,学生应该有获得资源的机会来使他们处于"公平的起跑线"上,并且"应该建立起能允许所有学生都具有'成功'机会的条件"(Berne 和 Stiefel)。教育机会平等一般强调两个主要问题:一个是那些居住于富裕地区的儿童是不是拥有更多的教育机会或教育资源? 另一个是那些居住于城市的儿童是否比农村的儿童拥有更多的教育机会或教育资源? 这时,机会平等要受垂直公平原则的保障才能实现,在两种情况下特定目标群体(如贫穷或不利地位的儿童、残疾儿童)与公平的目标(如小学入学率、生师比)之间是有联系的,残障儿童可能花费以生均经费来计算的两个学生的经费,而不是以水平公平为基础的一个学生的生均经费。此外,教育机会平等还可以通过考察学生家庭收入与政府花在孩子身上的经费数量之间的相关性来测定,此时,教育机会平等可以通过考察学校或社区中贫困孩子的比例与该学校或社区中的平均生均经费或者与加权平均的生均

① Robert Berne,Leanna Stiefel,"Concepts of School Finance Equity:1970 to the Present",in *Equity and Adequacy in Education Finance:Issues and Perspectives*,Helen F.Ladd,Rosemary Chalk and Janet S.Hansen(eds.),Washington,D.C.:National Academy Press,1999,pp.20-21.

经费的关联来测定,也就是教育机会平等含有教育资源投入中的
财政(财富)中立原则,即每个学生的公共教育经费开支上的差异
不能与本学区的富裕程度相关①。

五、教育机会平等(公平)的测度

(一)教育机会公平的测度——测度谁? 测度什么?

1.教育机会公平测度的对象

当讨论教育机会公平概念时,涉及四类群体。这四个可能的
群体是"接受"教育的儿童,可能从对教育的付费中获得收益的成
年人或家庭,做教育决策的如学区、州政府等政治单元,以及提供
受雇的教师及其他职员②。

当儿童是定义教育机会公平的主体时,儿童间也存在很多差
异,比如他们是否把讲英语作为第二语言,是否只是具有一般的还
是严重的残障,是否无学习能力,是否贫穷或是少数民族,所有这
些都变得重要。不同群体可获得的资源经常是公平首要关注的议
题,尽管有时重点在于强调机会的公平,但是现在越来越关注要使
儿童达到某一可接受的(足够的)成绩水平而花在各个群体学生
身上的成本。从学校财政的角度来看,纳税人认为如果能确保在
一定的税率下分给每个学生的经费是一样的,而不是因他们生活

---

① Joel D. Sherman, Jeffrey M. Poirier, *Educational equity and public policy*:
comparing results from 16 countries, Montreal: UNESCO Institute for Statistics,
2007, pp. 24-25.

② Robert Berne, Leanna Stiefel, *The Measurement of Equity in School Finance with
an Expenditure Disparity Measure*, Document prepared for the U.S.Office of Edu-
cation, Department of Health, Education, and Welfare Under Education Commis-
sion of the States Contract No: 22-78-13030. Graduate School of Publich Ad-
ministration New York University, 1978, p. 31.

的地区不同而不同,那么这样的制度就是公平的。另一方面,从公共财政的角度来看,纳税人认为要么是基于能力支付或者基于受益原则的纳税制度是公平的。从教育提供的主体来看,州政府、学区、学校、依据社会经济或其他特征划分的学生群体都是我们分析学校财政公平的分析单元。

另外,还要讨论那些具有特殊利益的选择性群体。来自低收入家庭、少数民族以及残障学生经常是该情景最关注的群体,同时也关注那些低财富或低收入的纳税人。从20世纪70年代以来的所有法庭案例都是特别关注财产贫穷的学区的。对后者的强调已被证明是存在问题的,因为在某些情况下贫穷学区与贫穷学生的相关性并不是很高①。

2.教育机会公平测度的内容——对什么的公平

所有关于这方面的研究几乎都集中在对教育的起点、过程、结果及其影响所涉及的各主体、各主体的各种资源占有量及其质量、各主体的产出,以及它们之间的相互关系的不同理解与证实上。

一般来讲,要理解教育机会公平的不同方式就是考察教育"生产"的不同阶段所强调的重点。教育机会公平的一些定义关注的是投入——劳动力、设备、资本——无论是以资本的形式出现还是以实物的形式出现。这一定义就是要知道这些投入哪些是被公平地分配了,而哪些又没有被公平地分配。有些时候关于该定义的争论最终都主张以美元来衡量的投入应该是学校财政公平关注的核心。在另外一些情况下,教育机会公平的概念又超出了投

---

① Robert Berne, Leanna Stiefel, "Concepts of School Finance Equity: 1970 to the Present", in *Equity and Adequacy in Education Finance: Issues and Perspectives*, Helen F.Ladd, Rosemary Chalk and Janet S.Hansen (eds.), Washington, D.C.: National Academy Press, 1999, pp. 10–12.

人,而是关注教育生产过程的某些东西,例如课堂上发生了些什么? 学生们上什么样的课程? 或者是关注的教育机会公平的过程能产生的教育迹象。最近,关注点开始转向产出部分(如学校生产什么? 成就或毕业生的种类)以及结果(如终生的成就、收入以及健康状况)是怎样随着学校的行为而变化的。对结果的关注无疑会引出这样的问题,为了达到某种期望的产出或分配水平需要何种水平及哪些具体的投入与过程[1]。

格雷赛伊(Grisay)认为教育机会平等的测度要关注以下问题:(1)机会的公平或机会的均等:是否所有的个人(或个人的群体)拥有同样的机会参与教育某种水平的学习? (2)在学习环境方面的公平或手段的均等:是否所有的人都享有同等的学习条件? 这个问题通常意味着:是否具有残障的个人或群体也从学习环境中收益而能与处于优势地位的个体或群体获得同等水平的教育、培训、教师的关心、入学率、学校基础设施的数量与质量、教学工具。(3)生产中的公平或成绩(结果)的均等:是否学生都掌握了同等程度的教育系统规定的诸如知识、技能等目标? 尤其是,那些来自不同社会背景的个人是否在一定时期的学习、培训下取得相同的技能? 或者是否所有个人都能在他们离开学校时独立于其家庭背景获得相同的有质量的学位(如证书)? 这是以矫正正义为基础的成就的均等的关心(Crahay,2000),是伴随着希望减小强者与弱者之间在教学行动上从开始到结束时的学术成就的差距的努力的(Bressoux,1993)。(4)实现或结果可利用性的公平:一旦离

---

[1] Robert Berne,Leanna Stiefel, "Concepts of School Finance Equity:1970 to the Present",in *Equity and Adequacy in Education Finance:Issues and Perspectives*, Helen F.Ladd,Rosemary Chalk and Janet S.Hansen (eds.),Washington,D.C.: National Academy Press,1999,pp. 11-12.

开教育系统,是否个体或个人群体拥有同样的运用他们获得的技能来实现他们个人或群体的社会目标及使其技能有效①?

(二)教育机会公平测度的对象与目标

将上述教育机会公平测度的对象与内容概括起来,也就是教育机会公平测度要关注的对象与目标。贝尔勒和斯蒂埃菲尔确定了输入、输出以及结果三个维度,他们认为要测度教育机会公平,首先要分析教育机会公平的目标与对象,表2—1列出了能应用目前的测度框架的公平目标对象的例子②。

表2—1 教育机会公平的目标与对象

机会公平关注的对象		机会公平的目标对象		
学生特征	地区特征	起点的机会/过程	资源	结果
性别	种类（如省、自治市）	招生比例/率	平均班规模	测试成绩
社会经济地位	城市化	入学比例/率	课程可能性	毕业率
民族/种族	财富	升学比例/率	生均经费	收入
残障状态	—	复读比例/率	生师比	职业状况
—	—	—	学校设施的质量	—
—	—	—	教科书的质量	—
—	—	—	教师教育水平	—
—	—	—	教师经历及学位	—

---

① Marc Demeuse, Marcel Crahay and Christian Monseur, "Efficiency and equity", in *In Pursuit of Equity in Education：Using International Indicators to Compare Equity Policies*, Walo Hutmacher, Douglas Cochrane and Norberto Bottani (eds.), Dordrecht/Boston/London：Kluwer Academic Publishers, 2001, p. 70.

② Joel D. Sherman, Jeffrey M. Poirie, *Educational equity and public policy：comparing results from 16 countries*, Montreal：UNESCO Institute for Statistics, 2007, pp. 22-23.

由表 2—1 可知,教育机会公平测度要关注的对象有学生和地区两个维度,学生这一维度主要是关注其身份特征,如性别、民族、残障状态及其家庭社会经济地位等,这一维度主要是考虑学生的个人特质,除了对每个个体的水平公平的考虑外,还要根据这一维度包含的个人特质而加以区别对待,即要注重实现不同个人特质的学生的垂直公平;而地区这一维度主要是关注地区的类型(如省、自治市、学区等)、城市化及地区的财富状况等,这一维度主要是涉及提供教育机会的外部条件,关注对学校办学条件的财富中立原则,即所有接受教育的学生不应因其所在地区的经济状况而有所不同,强调的也是水平公平。

就教育机会公平这一目标的测度,需要关注这一目标所涉及的在起点上、过程中、结果上及实现这一目标所需要的资源的测度。在教育机会起点上以及持续的接受教育过程中的公平目标主要是涉及入学的具体情况,如招生人数(比例)、入学人数(比例)、升学比例、复读比例等;在结果上的公平目标则主要是关注学生成就与影响方面的因素,如成绩、毕业率、就业前景、收入前景等;在实现教育机会公平的资源投入与保障上主要关注的是班级的规模、课程资源状况、经费状况、学校的办学条件、教科书的质量、教师的质量及水平等因素;关于教育机会的过程公平目标的测度还应该关注在受教育过程中社会、教师、家长对教育及学生的期望、心理支持、对待与帮助等因素。

此外,丹尼斯·缪瑞特(Denis Meuret)认为教育机会公平的测度还必须对教育制度(系统)进行测度,以及测度先于教育系统的教育不公平及影响学习过程的因素本身也是很重要的,因为在他看来在教育系统分配的利益中,这些利益的公平分配必须是个人或者国家民主生活的基本权力,最重要的是那些低于最低门槛值的个体及群体不允许被排除在外①。所以无论是在对教育制度及先于教育制度的其他系统的公平性的测度,还是对于教育机会的起点、过程、结果、资源上的公平测度都要关注那些低于最低门槛的个体及群体的受教育机会的保护,需要从资源投入及期待、关怀与对待上都加以补偿性投入,来保障他们获得公平的教育发展机会。

（三）教育机会公平测度的实质

概括起来说,就是教育机会公平测度实质上关注的是涉及教育问题及利益的相关各方(学生、纳税人或家庭、各个层级的政府管理机构、学校教育提供方的学校及其教师与其他工作人员)在教育的起点(主要是指受教育机会均等与否)、过程、结果、影响四个阶段上的各种资源及对待与各方的参与及其期望(家长、教师对学生的期望)与影响(家庭收入、社会经济文化政治背景或政策对学生所受到的教育的质量及数量的影响,教育对社会流动、个人收入等方面的影响)以及对不平等制度的容忍性等方面的分配(对待)平等与否的测度,以及在测度教育机会公平时所遵循的原则(机会均等、水平公平、垂直公平、财政中立、充足性),以及它们在个体间、群体间和低于最低限度值门槛的个体(群体)三个维度上的相适应联系的问题的回答的测度。即"四个主体"在"四个阶段"中在"五项原则"的指导下在"三个维度"中的具体应用(用具体的不平等测度指标来测度各种差异及其影响因素彼此间的相关

---

① Denis Meuret, "A System of Equity Indicators for Educational System", in *In Pursuit of Equity in Education*: *Using International Indicators to Compare Equity Policies*, Walo Hutmacher, Douglas Cochrane and Norberto Bottani (eds.), Dordrecht/Boston/London: Kluwer Academic Publishers, 2001, pp. 137-147.

性)与测度数据的具体结果。①

　　如在进入学校教育系统前,包括对教育影响最重要的政治、社会经济、文化因素(背景)的测度,也包括最基本的学校基础设施的配置情况。在教育过程中主要是针对个体及不同群体(种族或民族)之间的学习成就(成绩)的不同及其可容忍程度,也包括学校内教职工对学生的心理期待,学校外家长对孩子的期望及他们参与学校教育的程度以及他们的教育、社会经济条件对学生学习的影响等因素的测度。在学校教育结束后主要是对学生获得的各种职业证书及就业(率)前景、社会流动率及成人识字率等的测度,也包括对教育结果对社会及个人产生的不公平的影响的测度。还有一项非常重要的测度是包括对进入学校系统前、受教育过程中的各种保证教育公平的资源投入的测度。因为,从某个方面来说,教育资源配置的公平(垂直公平,即不同的人给予不同的对待,差别原则的容忍与应用)是保证某种程度上的教育机会及过程与结果及前景公平(水平公平,即同样的人给予同样的对待)的基础。正如 1967 年美国人权委员会发表了一篇报告《公立学校的种族隔离》,指出:"充足的教育资源虽然不是达到教育机会公平的充分条件,至少是必要的条件。"②因此,"教育资源在学生中间平均分配,是受教育机会平等的一个必要标准。"③

---

① 沈有禄、谯欣怡:《欧盟教育制度公平测度指导原则简述》,《比较教育研究》2009 年第 10 期。

② 高建民:《美国基础教育财政发展史研究》,河北大学 2004 年博士学位论文,第 74 页。

③ 马凤岐:《教育政治学》,人民教育出版社 2002 年版,第 191 页。

第二节　教育机会分配公平

一、教育机会分配的主体

从上述对教育机会的界定来看,第一类为学生提供规定质量的教育,这主要是政府通过各级各类学校教育机构来提供,因此就这一意义上的教育机会来讲,教育机会分配的最主要的主体是政府,社会力量如企业、基金会、慈善机构等也会生产非政府举办的教育机构而提供的受教育机会。

就为受教育提供资源等投入而言,政府也是提供的最主要的主体,社会力量是一个次要的主体;家庭在为受教育也要支付学费、生活费、交通费等方面而言,虽然谈不上是一个完全的主体,但是在那些存在自由择校及家庭承担绝大部分教育成本的教育领域,家庭也是从作为资源投入保障受教育机会这个意义上是教育机会的一个分配主体。

从社会、学校、教师、家长对学生接受教育的期望、心理支持与对待这个层面的教育机会意义而言,社会、学校、教师、家长就是作为期望与对待的教育机会的分配主体。社会对教育的整体心理态度,反映了其对教育的重视程度,决定了教育在国家及家庭生活中处于什么样的优先位置。学校、教师对学生的期望,以及在课堂上对学生的如座位排序、提问、分组管理等对待方式决定了学生在他们心目中的位置,也决定了学生在学习过程中获得怎么样的对待。家长对学生的期望与对待也是决定了学生在家庭环境中所能得到的支持力度的大小。

从在受教育过程中学生受到学校、教师、家长的对待与评价而言,学校、教师、家长就是作为教育过程中的对待与评价的教育机会的分配主体。学校、教师在学生的考试成绩、德行评语、综合素质等方面的评分与评价对学生受教育过程中成长与感受起着至关重要的作用。家长对学生的评价也在一定程度上影响着学生的心理成长状态与学习质量。

从作为升入高一级学校就读的机会而言,政府、学校是升学意义上的教育机会分配的主体。当然在竞争性升学中,学生的勤奋、智慧而导致的成绩是升学的主要依据,那么学生就是竞争性升学意义上的教育机会分配主体之一,此时,政府、学校仍然是最主要的分配主体,决定了分配升学机会的多少与层次等。

从作为接受教育后的就业前景与社会流动前景而言的教育机会其分配主体是政府、企业及学校,持续发展的经济提供源源不断的就业机会,在政府政策的引导下产业结构的调整与学校专业设置之间的匹配为毕业生就业市场的平衡提供了保障。

总体上来讲,教育机会分配的主体最主要的是政府,其次是社会(主要是企业、行业协会、慈善机构、基金会等),然后是学校、教师、家庭及学生个人。政府提供了公立学校系统内的受教育机会的入口端(学位数及其层级)及其资源投入,也提供了支持教育协调可持续发展的政策及政治氛围。社会在一方面可以直接提供受教育机会(如民办学校、私立学校等解决了部分受教育机会问题),一方面也为整个教育系统内的受教育机会提供资金上的支持,另一方面也为受教育机会的出口端提供就业机会。学校、教师提供了受教育机会过程中的对学生的各种期待、对待与评价。家长从经济上决定了受教育机会的可持续性及选择性。学生个人从智商及努力程度上决定了其所能获得的受教育机会的层次、种类、质量及将来的就业与社会流动前景。

二、教育机会分配的方式

从作为教育机会的核心内容——接受规定质量的各级各类教育来讲,教育机会的分配方式主要是依据各级各类教育的产品属性来决定。

萨缪尔森(Paul A.Samuelson)认为,教育属于公共产品,尤其是基础教育其具有显著的外部性,应该由政府来提供生产这种公共产品①。尤其是义务教育具有纯公共产品的属性,决定了政府应平等地为所有公民提供这一基本公共品服务,主要是因为义务教育既是一个国家民族文化素质的基础,也是一个国家民主进程的基础,其公共收益远大于私人收益,义务教育阶段涉及的主要是劳动人民子女受教育的问题,免费提供义务教育,有助于广大劳动人民的子女有均等接受教育的机会,而均等的教育机会又能缩小收入分配的差距并实现社会公平②。

弗里德曼(Milton Friedman)则认为由于公共产品的生产和分配可以分离,既可以由政府生产并分配,也可以由私人(市场)生产,政府购买来分配。在弗里德曼看来,如果政府想要资助某些项目,既可以通过资助生产者,也可以资助消费者。他认为资助生产者是一种错误的行为,因为这种自上而下的体制会产生非常低的效率,而更好的方式是资助消费者,而教育券正是基于这样的理念而提出来的。政府可以为家长提供一张可兑换的教育券,学生家长可以用这张教育券去任何被政府认证的学校中购买教育服务,通过这种资助学生父母教育券来购买教育服务的方式来提供最低

---

① [美]保罗·萨缪尔森、威廉·诺德豪斯:《经济学(第16版)》,萧琛等译,华夏出版社1999年版,第267页。
② 范先佐:《教育投资体制改革的理论与实践问题研究》,华中师范大学出版社2003年版,第224页。

水平的教育。父母可以用这笔钱或者额外补助的钱来根据自己的选择自由地从任何被政府认证的学校购买教育服务,而这些学校可以是由私人团体、宗教团体、政府单位或者是任何其他的不同类型的机构来运行的。政府的责任就是要确保这些学校能够提供最低限度的教育服务,包括提供最低限度的通识教育课程以及营养和卫生标准①。

但是无论是政府提供还是市场提供,都容易产生彼此不能解决的某些弊端,如完全的政府提供,可能造成垄断及教育质量不高等政府失灵的地方,而完全由市场提供则容易产生如公共产品价格过高及供给不足等市场失灵的地方。因此,出现了对大政府主义及新自由主义的折中的观点,安东尼·吉登斯(Anthony Giddens)提出了第三条道路/部门的观点,寻找个人与社会之间的一种新型关系,政府可以同公民社会中的机构结成伙伴关系,遵循"以最小的代价获取最大的收益"的生态学原则,提高政府机构的工作效率,通过激发地方的主动性而实现社区复兴、第三部门介入公共生活与公共产品的提供/生产与购买②。在教育机会的分配中即鼓励第三部分如中介组织、基金会、NGO、公民组织等第三部门来生产或购买教育服务,以弥补政府与市场分配教育机会的失灵。

我国经济学家厉以宁认为,根据不同类型的教育服务所具有的公共产品与私人产品性质的不同而分别由政府及私人来提供,对义务教育、特殊教育、广播教育、电视教育、国家公务员教育这类

① Friedman, M., *Capitalism and Freedom*, Chicago: The University of Chicago Press, 1962, p. 120.

② [英]安东尼·吉登斯:《第三条道路及其批评》,孙相东译,中共中央党校出版社 2002 年版,第 83 页。

具有纯公共产品性质的教育服务应由政府来提供；政府投资建立的各类高等学校、中等专业学校、高级中学、职业技术学校的教育，政府提供经费的各类成人教育，政府提供经费的学前教育，政府提供经费的其他形式的教育，这类基本上具有公共产品性的教育服务也应由政府来提供；对准公共产品性质与准私人产品性质的教育服务政府可以提供部分资金；而像家庭教育、学徒教育、补习培训班等这类纯私人产品性质的教育服务应由私人（市场）提供①。

　　总之，常见的教育机会分配方式有政府通过行政计划调节模式和市场通过价格机制调节模式。（1）政府配置方式。计划配置教育机会及其保障资源时，政府通过行政系统层层下达的指令性计划指标，国家教育主管部门、学校系统必须严格地贯彻执行这些指令性计划配置。（2）市场调节方式。市场配置时，主要是保障在公立教育系统内无法满足部分学生家长对优质教育的需求部分，以及在部分大城市中因流动子女过多而公立学校系统无法完全接受的情况下而产生的农民工子弟学校等教育需求。市场调节方式能刺激学校，促进竞争，办学多元化，但由于依靠价格机制调节，也容易造成过分迷恋市场的短期需求，只注重短期内能快速产生经济效益的教育机会的供给，而更多具有较多公益性的机会的短缺②。另外，有学者认为教育机会及其保障资源的配置有四种方式，即计划手段、市场机制、混合机制、习惯力量。而习惯力量有可能成为教育机会及其保障资源最优配置的最佳力量，也有可能是阻碍社会创新变革的巨大阻力，因为习惯与不习惯都是长期积

---

① 厉以宁：《关于教育产品的性质和对教育的经营》，《教育发展研究》1999年第10期。

② 杨葆焜、范先佐：《教育经济学新论》，江苏教育出版社1995年版，第144—147页。

累形成的痕迹①。我们可以认为这种习惯性力量的配置方式也就是以习俗或其他在公共权力与市场力量之外的非正式力量的配置方式,更多的可能是我们所谓的关系、人情、网络等社会资本范畴及心理习惯上的配置方式。

教育机会及其保障资源的配置主体与方式的选择不是随意的,它是由教育产品的根本属性所决定的,公共产品属性强的如义务教育、军事教育、特殊教育、基础学科教育都应该最主要是由政府来提供,当然也可以由市场来生产而政府购买服务的方式来提供;公共产品属性不太强的如高等教育、职业技术教育、应用学科的教育可以部分由市场来提供。无论是哪个阶段、哪种类型的教育都具有公益性,再加上为了保证教育机会的持续及均衡的供给,归根结底,教育机会及其资源保障的分配最主要还是由政府计划的方式来配置。市场起着辅助的配置方式,主要是配置学校系统外的教育培训、课外补习,以及提供部分选择性的及少量优质的受教育机会。

三、教育机会分配的原则

作为一个社会成员(公民)在其所处时代应具备的最低程度的教育(义务教育)的分配是按照资格与应得原则进行分配的,即只要你是这个社会、国家的公民,作为一个成员,你自然就有资格获得最基本的教育,而且正因为你拥有成员的资格,也就应该获得义务教育的受教育机会,是你应得的,这其实就是教育机会分配的水平公平原则,或政治权利平等原则。

在非义务教育阶段的教育机会的分配原则,更多的是由功绩、

---

①　王玉崑:《教育经济学(第二版)》,华文出版社 2005 年版,第 178—182 页。

努力来决定的。由于非义务教育机会的获得具有竞争性,不是对所有成员都同等完全平等开放的,而是需要有升学成绩的要求,个人的天赋不同、后天的努力程度不同就可以获得不同的受教育机会,因此功绩、努力就成了非义务教育的受教育机会的分配原则。

对于特殊教育、军事教育、初等及中等职业教育,其受教育机会主要是按照国家的特殊需要原则进行分配的。如初等及中等职业教育是为了满足国家农业生产与工业制造所需要的职业技术人才,而在逐步免费向所有公民提供的,可以认为是基于国家的特殊需要而进行的分配。

就单纯的作为接受某一规定质量的教育意义上的教育机会而言,除了上述的基于资格与应得(水平公平原则)、功绩与努力、特殊需要的分配原则外,还涉及在整个社会范围内为了照顾不利个体与群体而进行的补偿与矫正的分配,也就是给予不同的人不同的对待,使他们获得与常模参照的人同样的教育发展机会,如对农村地区、少数民族的受教育机会的特殊分配政策,以保障他们与常模参照人具有相同比例的受教育机会。

就作为条件保障的资源投入意义上的教育机会而言,对公民受教育机会的保障的投入既要符合水平公平——所有公民都应该获得同等份额的条件保障,也要照顾具有特殊个人特质的公民予以特别的投入(垂直公平原则),以弥补他们在起点前及过程中的条件保障的不平等。

作为受教育过程中的期望、对待、评价意义上的教育机会而言,其分配原则主要涉及主体的良心、道德与公平原则。我们期望这些主体从良心上不去歧视每一个学生,把每个学生都当自己的孩子一样,比较道德地、公平地对待每一个学生,包括其培养过程中的各种对待方式及对他们的评价。

作为受教育后的就业与社会流动前景意义上的教育机会的分配而言,毕业生的专业供给与劳动力市场的岗位需求间的均衡性、社会稳定、社会向上流动是其分配的主要原则。

四、教育机会分配的公平性

教育机会分配的公平性主要表现在:

(1)作为接受某一规定质量及水平的教育机会而言,其分配的公平性就在于这种机会对所有人公开,无论其性别、种族、宗教信仰、地域、家庭财富状况等有何不同,只要是一个国家的公民就凭其公民资格应该平等地享有这方面的权利与机会,即在受教育权利及机会上的水平平等,不因阶层等因素的差异而不同。

(2)作为受教育保障条件的课程、办学条件、师资力量等资源与投入意义上的教育机会而言,其分配的公平性在于:(a)同样的人受到同样的资源投入保障,即每个人都应该享有在政府教育投入与社会教育资助等方面的平等待遇,享有一样的资源投入与保障份额;(b)不同的人(主要是关注民族、地域、家庭经济与文化状况方面处于弱势地位的人)又应按其所具有的在起点前、过程中的不同个人特质而得到不同的资源投入保障,以补偿处于不利地位、落后地区的群体与个人,从而保障甚至增加他们获得同样发展的可能性,即在资源投入保障上的垂直公平;(c)保证不同地区的人的受教育的资源保障不因其所在地区的财富、经济发展状况的不同而不同,即投入资源保障的财富中立原则。

(3)作为升学意义上的教育机会的分配公平在于,既要保证人们的先天天赋聪明与后天努力的结果(考试成绩)的尊重,在升学机会上根据成绩、努力来主导分配,也要保障弱势群体与个人的升学机会,保证他们在比例上不落后与常模参照人。

(4)作为受教育过程中的期望、对待与评价意义上的教育机会的分配而言,其公平性在于学生在学校中、课堂上、家庭中受到同等的期望、对待和评价,不因教师的喜好倾向、不因家庭子女的多少、不因学生的家庭背景等的不同而受到不同对待,诸如在课程的开设、课堂提问、座位的调换与排座、考试及操行的评价、成功成长的期望等方面要得到同等的对待。

(5)作为受教育出口端及其影响(就业与社会流动前景)意义上的教育机会的分配而言,其公平性在于每个学生享有公平的进入劳动力市场的权利与获得工作的机会,不因学生的性别、身体残障状态、家庭背景的不同而明显不同,学生也应享有在攀爬社会阶梯上同等的向上流动的机会,也不能因其个人特质的差异而存在明显差距,即要打破教育在社会阶层固化、代际传承方面作用,使其成为社会流动的筛选器。因教育系统作为筛选机器很明显地有利于较高社会经济地位家庭出身的人,所以教育仍然是导致社会经济不平等并使社会经济不平等结构化的机制之一,这主要是由于教育制度的一些特征比如教育模式以及教育选拔规则等造成的①。因此教育机会分配的公平还要在于从教育制度及其他社会制度上入手,改革那些不公平的制度,创造有利于公平接受教育、公平就业和流动的制度环境与社会氛围。

---

① 李春玲:《社会政治变迁与教育机会不平等——家庭背景及制度因素对教育获得的影响》,载李培林等主编:《中国社会分层》,社会科学文献出版社2004年版,第395页。

第二篇

问卷调查篇

第三章 关于教育机会、教育机会公平是什么的认识

第一节 此次问卷调查的样本整体描述

一、样本中学校及学生数在省份间的分布情况

笔者选择了经济发达的广东、江苏、浙江作为东部地区的代表省份,安徽、江西、河南为中部地区(从经济发展水平上的划分而非完全地理意义上的划分)的代表省份,陕西、四川、贵州为西部地区的代表省份,全国共抽样 9 个省份做除小学(怕其阅读与理解能力有限而影响问卷填写效果而被排除)外的其他所有学段的学生作为调查对象,根据随机与方便原则在上述 9 个省份的各类学校进行取样。一般是每个学段原则上至少选择两所学校,每个学段最后回收的有效样本(人口学变量及回答问题部分有三个及以上未选择的视为无效问卷)确保在 150—200 份之间,中职中专及高职大专取样在200 份左右,上下不超过 30 份,因研究生占各学段学生的比例较少,故取样也稍微少些。具体回收的有效样本如表 3—1 所示。

表 3—1 样本中学校及学生数在省份间的分布

省份	学校数							学生数						
	合计	初中	高中	中职中专	高职大专	本科	研究生	合计	初中	高中	中职中专	高职大专	本科	研究生
广东	16	3	3	3	3	2	2	1108	178	189	227	229	153	132
江苏	19	3	3	2	5	3	3	1162	176	188	205	204	228	161

省份	学校数							学生数						
	合计	初中	高中	中职中专	高职大专	本科	研究生	合计	初中	高中	中职中专	高职大专	本科	研究生
浙江	13	2	2	2	2	2	3	1097	171	195	175	178	211	167
安徽	14	2	2	3	3	2	2	1127	218	162	227	228	157	135
江西	13	3	2	2	2	2	2	1139	210	224	221	187	157	140
河南	14	2	2	3	2	2	3	1145	182	188	223	203	199	150
陕西	14	3	3	2	2	2	2	1178	221	220	193	196	209	139
四川	19	4	3	2	3	3	4	1135	163	226	210	201	180	155
贵州	16	3	3	2	4	2	2	1139	192	191	220	227	152	157
总计	138	25	23	22	25	20	23	10230	1711	1783	1901	1853	1646	1336

由表3—1可见，全部样本共调查9省138所各学段的学校，其中初中25所1711份、高中23所1783份、中职中专22所1901份、高职大专25所1853份、本科20所1646份、研究生23所1336份。

有效问卷在各省份各学段间的具体分布为：广东：16所各类学校共1108份有效问卷，其中初中3所178份、高中3所189份、中职中专3所227份、高职大专3所229份、本科2所153份、研究生2所132份。江苏：19所各类学校共1162份有效问卷，其中初中3所176份、高中3所188份、中职中专2所205份、高职大专5所204份、本科3所228份、研究生3所161份。浙江：13所各类学校共1097份有效问卷，其中初中2所171份、高中2所195份、中职中专2所175份、高职大专2所178份、本科2所211份、研究生2所167份。安徽：14所各类学校共1127份有效问卷，其中初中2所218份、高中2所162份、中职中专3所227份、高职大专3

所 228 份、本科 2 所 157 份、研究生 2 所 135 份。江西:13 所各类
学校共 1139 份有效问卷,其中初中 3 所 210 份、高中 2 所 224 份、
中职中专 2 所 221 份、高职大专 2 所 187 份、本科 2 所 157 份、研究
生 2 所 140 份。河南:14 所各类学校共 1145 份有效问卷,其中初
中 2 所 182 份、高中 2 所 188 份、中职中专 3 所 223 份、高职大专 2
所 203 份、本科 2 所 199 份、研究生 3 所 150 份。陕西:14 所各类
学校共 1178 份有效问卷,其中初中 3 所 221 份、高中 3 所 220 份、
中职中专 2 所 193 份、高职大专 2 所 196 份、本科 2 所 209 份、研究
生 2 所 139 份。四川:19 所各类学校共 1135 份有效问卷,其中初
中 4 所 163 份、高中 3 所 226 份、中职中专 3 所 210 份、高职大专 2
所 201 份、本科 3 所 180 份、研究生 4 所 155 份。贵州:16 所各类
学校共 1139 份有效问卷,其中初中 3 所 192 份、高中 3 所 191 份、
中职中专 2 所 220 份、高职大专 4 所 227 份、本科 2 所 152 份、研究
生 2 所 157 份。

二、样本在地区及省份间的分布情况

(一)样本在地区间的分布

表 3—2 反映了样本在地区间的分布情况。

表 3—2　样本在地区间的分布

地区	频数	百分比(%)
东部三省	3367	32.9
中部三省	3411	33.3
西部三省	3452	33.7
总计	10230	100.0

由表3—2可知,全部样本在地区间的分布为:东部三省3367份,占全部样本的32.9%;中部三省3411份,占33.3%;西部三省3452份,占33.7%,分布比较均匀。

(二)样本在省份间的分布

表3—3反映了样本在不同省份间的分布情况。

表3—3 各省各学段样本数占全部样本数的百分比

(单位:%)

省份	合计	初中	高中	中职中专	高职大专	本科	研究生
广东	10.83	10.40	10.60	11.94	12.36	9.30	9.88
江苏	11.36	10.29	10.54	10.78	11.01	13.85	12.05
浙江	10.72	9.99	10.94	9.21	9.61	12.82	12.50
安徽	11.02	12.74	9.09	11.94	12.30	9.54	10.10
江西	11.13	12.27	12.56	11.63	10.09	9.54	10.48
河南	11.19	10.64	10.54	11.73	10.96	12.09	11.23
陕西	11.52	12.92	12.34	10.15	10.58	12.70	10.40
四川	11.09	9.53	12.68	11.05	10.85	10.94	11.60
贵州	11.13	11.22	10.71	11.57	12.25	9.23	11.75
总计	100.00	100.00	100.00	100.00	100.00	100.00	100.00

由表3—3可知,全部样本在九省间的比例分别为广东10.8%、江苏11.4%、浙江10.7%、安徽11.0%、江西11.1%、河南11.2%、陕西11.5%、四川11.1%、贵州11.1%。各省各学段间样本的分布也比较均匀。

三、样本在性别及学段间的分布情况

(一)样本在性别间的分布

表3—4反映了样本在不同性别间的分布情况。

表 3—4 样本在性别间的分布

性别	频数	百分比(%)	有效百分比(%)
男	4769	46.6	46.7
女	5442	53.2	53.3
总计	10211	99.8	100.0
缺失值	19	0.2	——

由表 3—4 可见,样本在性别间的分布有点失衡,由于部分学段(如本科)的女生比例事实上比男生多一些,从一定程度上拉高了女生的比例,其他是取样误差造成的。全部样本中男生、女生所占比例分别为 46.7%、53.3%,未填写性别的有 19 份,占 0.2%。

(二)样本在学段间的分布

表 3—5 反映了样本在不同学段间的分布情况。

表 3—5 样本在学段间的分布

学段	频数	百分比(%)
初中生	1712	16.74
高中生	1782	17.42
大专生	1853	18.11
本科生	1647	16.10
研究生	1335	13.05
中职中专生	1901	18.58
总计	10230	100.00

由表 3—5 可见,全部样本中各学段学生所占比例分别为初中生 16.7%、高中生 17.4%、大专生 18.1%、本科生 16.1%、研究生 13.0%、中职中专生 18.6%,除研究生选择取样稍少些外,其他各学段分布大致均衡。

四、样本在家庭孩子排序及年龄间的分布情况

(一)样本在家庭孩子排序间的分布

表3—6反映了样本在不同家庭孩子排序间的分布情况。

表3—6 样本在家庭孩子排序间的分布

家庭孩子排序	频数	百分比(%)	有效百分比(%)
独生孩子	3518	34.4	35.7
老大	3161	30.9	32.1
老二(及以上)	3172	31.0	32.2
总计	9851	96.3	100.0
缺失值	379	3.7	—

由表3—6可知,全部样本中学生在其所在家庭孩子排序间的分布分别为独生子女有3518个,占全部样本的35.7%;家庭子女排序为老大的有3161个,占32.1%;家庭子女排序为老二(及以上)的有3172个,占32.2%;未显示家庭孩子排序的样本有379个,占3.7%。

(二)样本在年龄间的分布

表3—7反映了样本在不同年龄间的分布情况。

表3—7 样本在年龄间的分布

年龄(岁)	频数	百分比(%)	有效百分比(%)
12	184	1.8	1.9
13	324	3.2	3.3
14	497	4.9	5.0
15	710	6.9	7.1
16	1167	11.4	11.7

年龄(岁)	频数	百分比(%)	有效百分比(%)
17	1215	11.9	12.2
18	1022	10.0	10.3
19	773	7.6	7.8
20	1063	10.4	10.7
21	947	9.3	9.5
22	615	6.0	6.2
23	468	4.6	4.7
24	376	3.7	3.8
25	319	3.1	3.2
26	149	1.5	1.5
总计	9829	96.3	98.9
缺失值	298	2.9	

注:该表格未呈现频数在50以下的各年龄的学生数。

由表3—7可见,全部样本中16—18岁、20岁的学生所占比例均超过10.3%,分别为16岁的有1167个,占全部样本的11.7%;17岁的有1215个,占12.2%;18岁的有1022个,占10.3%;20岁的有1063个,占10.7%。16—18岁占比较高,是因为样本中含了中职中专生与普通高中生样本,其年龄一般均在16—18岁之间。

五、样本在父亲职业、母亲受教育程度、家庭年收入水平间的分布情况

(一)样本在父亲职业间的分布

表3—8反映了样本在不同父亲职业间的分布情况。

表 3—8　样本在父亲职业间的分布

父亲职业	频数	百分比(%)	有效百分比(%)
农民	2887	28.2	28.5
工人(含农民工)	2592	25.3	25.6
个体工商户	1880	18.4	18.6
雇员 10 人以下的企业主	452	4.4	4.5
雇员 10 人及以上的企业主	299	2.9	3.0
教师	402	3.9	4.0
机关企事业单位普通职员	1225	12.0	12.1
机关企事业单位副科级干部	157	1.5	1.6
机关企事业单位正科级干部	134	1.3	1.3
机关企事业单位副处级及以上干部	95	0.9	0.9
总计	10123	99.0	100.0
缺失值	107	1.0	

由表 3—8 可见,全部样本在父亲不同职业间的分布分别为:父亲职业为农民的有 2887 个,占全部样本的 28.5%;工人(农民工)有 2592 个,占 25.6%;个体工商户有 1880 个,占 18.6%;雇员 10 人以下的企业主有 452 个,占 4.5%;雇员 10 人及以上的企业主有 299 个,占 3.0%;教师有 402 个,占 4.0%;机关企事业单位的普通员工有 1225 个,占 12.1%;机关企事业单位的副科级干部有 157 个,占 1.6%;机关企事业单位的正科级干部有 134 个,占 1.3%;机关企事业单位的副处及以上级别干部有 95 个,占 0.9%;未显示父亲职业的个案有 107 个,占样本的 1.0%。

(二)样本在母亲受教育程度间的分布

表3—9反映了样本在不同母亲受教育程度间的分布情况。

表3—9 样本在母亲受教育程度间的分布

母亲受教育程度	频数	百分比(%)	有效百分比(%)
小学	2494	24.4	24.5
初中	3827	37.4	37.7
高中(中职中专)	2047	20.0	20.1
大专(高职高专)	739	7.2	7.3
本科	441	4.3	4.3
研究生(硕士、博士及以上)	76	0.7	0.7
文盲	536	5.2	5.3
总计	10160	99.3	100.0
缺失值	70	0.7	

由表3—9可知,全部样本中母亲不同受教育程度间的分布分别为:母亲学历为小学的有2494个,占全部样本的24.5%;学历为初中的有3827个,占37.7%;学历为高中(中职中专)的有2047个,占20.1%;学历为大专(高职高专)的有739个,占7.3%;学历为本科的有441个,占4.3%;学历为研究生的有76个,占0.7%;文盲有536个,占5.3%;未显示母亲受教育程度的个案有70个,占样本的0.7%。

(三)样本在家庭收入水平间的分布

表3—10反映了样本在不同家庭年收入水平间的分布情况。

表 3—10　样本在家庭年收入水平间的分布

家庭年收入水平	频数	百分比(%)	有效百分比(%)
1 万元以下	2426	23.7	24.3
1—3 万元之间	3039	29.7	30.4
3—5 万元之间	1936	18.9	19.4
5—8 万元之间	1267	12.4	12.7
8 万元及以上	1331	13.0	13.3
总计	9999	97.7	100.0
缺失值	231	2.3	

由表 3—10 可知,全部样本中不同家庭年收入水平间的分布情况分别为:家庭年收入为 1 万元以下的有 2426 个,占全部样本的 24.3%;1—3 万元之间的有 3039 个,占 30.4%;3—5 万元之间的有 1936 个,占 19.4%;5—8 万元之间的有 1267 个,占 12.7%;8 万元及以上的有 1331 个,占 13.3%;未显示家庭年收入水平的个案有 231 个,占样本的 2.3%。

六、样本在家庭住所、学校所在地间的分布情况

(一)样本在家庭住所间的分布

表 3—11 反映了样本在不同家庭住所间的分布情况。

表 3—11　样本在家庭住所间的分布

家庭住所	频数	百分比(%)	有效百分比(%)
农村	4704	46.0	46.4
乡镇	1441	14.1	14.2
县城	1719	16.8	17.0
地级市及以上	2276	22.2	22.4

家庭住所	频数	百分比(%)	有效百分比(%)
总计	10140	99.1	100.0
缺失值	90	0.9	

注:表格中"乡镇"指乡政府或镇政府所在地。

由表3—11可见,全部样本中不同家庭住所学生的分布情况分别为:家庭住所为农村的有4704个,占全部样本的46.4%;乡镇的有1441个,占14.2%;县城的有1719个,占17.0%;地级市及以上的有2276个,占22.4%;未显示家庭住所的个案有90个,占样本的0.9%。

(二)样本在学校所在地间的分布

表3—12反映了样本在不同学校所在地间的分布情况。

表3—12　样本在学校所在地间的分布

学校所在地	频数	百分比(%)
大城市(省会及以上)	2886	28.2
城区(地级市)	4789	46.8
县城	1397	13.7
城镇/乡镇	902	8.8
山区/农村	256	2.5
总计	10230	100.0

由表3—12可知,全部样本中不同学校所在地的学生分布情况分别为:学校所在地为大城市(省会及以上)的有2886个,占全部样本的28.2%;地级市(城区)的有4789个,占46.8%;县城的有1397个,占13.7%;城镇/乡镇的有902个,占8.8%;山区/农村

的有 256 个,占 2.5%。

第二节　关于教育机会是什么的认识

一、关于教育机会是什么的调查发现

在关于"您认为教育机会应该包括的是什么"的调查结果如
表 3—13 所示。

表 3—13　教育机会应该包括什么的调查结果统计表

问题	选项	频数	百分比（%）	排序
教育机会应该包括	有学可上	5985	58.5	2
	上学过程中的教师、经费、办学条件、管理政策等教育投入	6411	62.7	1
	上学过程中教师对学生的心理期望与对待	5026	49.1	5
	父母对您的期望及在学校上的支持、管理和帮助	4940	48.3	6
	念完本阶段的学校后升入高一级学校就读的机会	4505	44.0	7
	念完您想上的最高阶段教育后能进入比您父母现在职业社会地位高的岗位工作的机会	5689	55.6	3
	接受完您想上并具有支付能力的最高阶段教育后能挣得较高的收入,实现社会经济政治地位的向上流动的机会	5385	52.6	4

由表 3—13 可知,在关于教育机会应该包含什么的认识上,排
名第一位的是教育机会应该包括"上学过程中的教师、经费、办学

条件、管理政策等教育投入",选择此项的有6411人,占62.7%;排名第二位的是教育机会应该包括"有学可上",选择此项的有5985人,占58.5%;排名第三位的是教育机会应该包括"念完您想上的最高阶段教育后能进入比您父母现在职业社会地位高的岗位工作的机会",选择此项的有5689人,占55.6%;排名第四位的是教育机会应该包括"接受完您想上并具有支付能力的最高阶段教育后能挣得较高的收入,实现社会经济政治地位的向上流动的机会",选择此项的有5385人,占52.6%;排名第五位的是教育机会应该包括"上学过程中教师对学生的心理期望与对待",选择此项的有5026人,占49.1%;排名第六位的是教育机会应该包括"父母对您的期望及在学校上的支持、管理和帮助",选择此项的有4940人,占48.3%;排名第七位的是教育机会应该包括"念完本阶段的学校后升入高一级学校就读的机会",选择此项的有4505人,占44.0%。

可见,同学们在关于教育机会应该包括什么的认识上,"教育投入""受教育机会""受教育后的就业机会""受教育后的社会向上流动机会"这四项的认同率都超过了50%,最高的认同率达62.7%;认同率最低的是"父母对学生的期待"及"升学机会",不过都超过44%。

二、关于教育机会是什么的人口学变量差异分析

在"您认为教育机会应该包括的是什么"上分别用SPSS16.0进行人口学统计各变量的交叉列联表分析,再通过卡方检验,以发现人口学各变量上在教育机会是什么的认识上的差异,表3—14显示了教育机会是什么下各人口学变量的卡方检验值。

表3—14 对"您认为教育机会应该包括的是什么"的各人口学变量进行交叉列联表分析的卡方检验值（2-sided）

人口学变量	卡方值、Sig	有学可上（只要是个人就能到与其身体和智商相对应的学校读书）	上学过程中的如教师资源的配置及其他软硬件的教育资源投入如费设备学件管理政策等教育投入	上学过程中教师对学生的心理期望和课堂上如排座位及要学生回答问题时的对待及在考试成绩及期末评语上的对待	父母对您的学习及将来职业的期望和在对您学习上的管理、支持或帮助	念完本阶段的学校后有升入高一级学校就读的机会	念完您想上的最高阶段（含高中及中职中专、大专及高职高专、大学本科、研究生及以上）的学校后能进入比您父母现在职业更高的社会地位的职位去工作的机会	接受完您想上并具有支付能力的最高阶段教育后能挣得较高的收入，实现经济、政治地位的向上流动（升迁）的机会
地区	χ^2	36.173	22.870	20.568	36.753	6.766	2.605	3.102
	Sig	0.000	0.000	0.000	0.000	0.034	0.272	0.212
省份	χ^2	62.348	71.400	36.830	52.555	48.045	20.628	18.524
	Sig	0.000	0.000	0.000	0.000	0.000	0.008	0.018
性别	χ^2	4.604	8.645	33.760	27.742	16.950	9.970	13.577
	Sig	0.032	0.003	0.000	0.000	0.000	0.002	0.000
家庭子女排序	χ^2	13.267	7.696	9.827	2.663	19.001	4.343	12.130
	Sig	0.001	0.021	0.007	0.264	0.000	0.114	0.002
年龄	χ^2	67.546	1.195E2	1.065E2	1.408E2	62.666	94.731	43.574
	Sig	0.000	0.000	0.000	0.000	0.000	0.000	0.009
学段	χ^2	61.723	2.187E2	70.740	1.665E2	77.863	91.045	57.114
	Sig	0.000	0.000	0.000	0.000	0.000	0.000	0.000

人口学变量	卡方值、Sig	有可能学相书身智应上上（只要的体商学读的学校子）能到与其相应校读书）	上学过程中的如教师资源的配置及其他软硬件的资源投入如费、设备、学件、管理政策等教育投入	上学过程中教师对学生的心理期望和课堂上如排学生座位及要学生回答问题时的对待及在考试成绩及期末评语上的对待	父母对您的学习及将来职业的期望和在对您学习上的管理、支持或帮助	念完本阶段的学校后有升入高一级学校就读的机会	念完您想上的最高阶段（含高中及中职中专、大专及高职高专、大学本科、研究生及以上）的学校后能进入比您父母现在职业更高的社会地位的职位去工作的机会	接受完您想上并具有支付能力的最高阶段教育后能挣得较高的收入，实现社会、经济、政治地位的向上流动（升迁）的机会
家庭住所	χ^2	54.005	70.846	51.077	25.810	84.927	37.878	52.629
	Sig	0.000	0.000	0.000	0.000	0.000	0.000	0.000
父亲职业	χ^2	30.885	68.475	51.421	10.354	53.628	25.344	82.149
	Sig	0.000	0.000	0.000	0.323	0.000	0.003	0.000
母亲受教育水平	χ^2	5.552	37.633	16.979	4.526	32.079	18.293	41.868
	Sig	0.475	0.000	0.009	0.606	0.000	0.006	0.000
家庭年收入水平	χ^2	17.584	62.272	15.233	3.292	14.495	6.233	41.949
	Sig	0.001	0.000	0.004	0.510	0.006	0.182	0.000
学校所在地	χ^2	51.122	2.193E2	22.781	32.065	17.085	19.778	69.586
	Sig	0.000	0.000	0.000	0.000	0.002	0.001	0.000

注：表格中 Sig 值小于 0.1 即为各人口学变量下的各选项（子变量）间存在显著差异（此处未选择如心理学上的 0.05 水平上为显著差异，而只选择了在 0.1 水平上即为显著差异），χ^2 值中"E2"表示"$\times 10^2$"（以此类推，下同）各认识下对各人口学变量进行的交叉列联表分析的数据表格因数据太过于庞大，为节省版面此处不再呈现，仅在相关结果呈现中摘取需要的具体数据。

（一）教育机会是——"有学可上（只要是个人就能到与其身体和智商相对应的学校就读）"上的人口学变量差异分析

由表3—14可知，在认为教育机会应该包括"有学可上（只要是个人就能到与其身体和智商相对应的学校读书）"的认识上在地区间存在显著差异，东部三省62.7%（该比例为选择此选项的人数占该人口学变量特征的总人数的比例，即在选择表格数据比例呈现时从"cell"中选择了"row"，这样选择设定在比较不同人口学变量特征的人对于某一选项的认同/选择时具有一致的比较基础，以下全文皆同）明显高于（在比较中A"高于"B，在呈现时只呈现了A、B具体的比例值，不是呈的A高于B高出多少的比例值，以下全文皆同）中部三省56.8%及西部三省56.1%；在省份间也存在显著差异，广东67.8%、浙江61.4%明显高于安徽56.4%、陕西56.2%、河南54.9%、贵州54.3%；在性别上也存在显著差异，男生59.8%高于女生57.7%；在家庭子女排序上也存在显著差异，独生子女61.3%明显高于老大57.2%和老二（具体指老二及以上，以下简称"老二"，全文皆同）57.9%；在年龄上也存在显著差异，24岁67.6%、14岁63.2%、26岁63.1%、23岁63.0%、15岁63.0%要明显高于18岁53.0%和17岁52.9%；在学段上也存在显著差异，研究生64.1%、本科生62.2%、初中生60.8%要明显高于大专生（包括高职高专生，以下简称"大专生"，全文皆同）57.3%、中职中专生55.9%及高中生52.7%；在家庭住所上也存在显著差异，城市（地级市及以上的大城市，以下简称"城市"，全文皆同）64.9%要明显高于乡镇（乡政府或镇政府所在地，以下简称"乡镇"，全文皆同）59.1%、县城57.2%及农村55.8%；在父亲职业上也存在显著差异，小型私/民营企业主（雇员在1—10人之间）（以下简称"小企业主"，全文皆同）

62.6%、国有企业、合资企业、政府机构、事业单位(除教师行业以外)里的普通职员(以下简称"体制内普通职员",全文皆同)62.5%、其他私/民营企业主(雇员在 10 人以上)(以下简称"私营业主",全文皆同)61.2%、个体工商户 60.7%、政府机构或事业单位及国有企业正科级(乡长、镇长、县里的局长)(以下简称"体制内正科级",全文皆同)60.4%要高于政府机构或事业单位及国有企业副科级(副乡长、副镇长、县里的副局长)(以下简称"体制内副科级",全文皆同)59.9%、工人(农民工)58.4%、政府机构或事业单位及国有企业副处级以上(县里的副县长及以上、地级市及以上级别市里的副处长及以上)(以下简称"体制内副处及以上",全文皆同)55.8%、农民 55.4%及教师 54.7%;在母亲受教育程度上不存在显著差距,本科 55.6%最低、本科及研究生 61.8%最高,其他均为 58.1%—58.8%之间;在家庭年收入上也存在显著差异,8 万元及以上 62.1%、5—8 万元之间 60.4%要高于 3—5 万元之间59.0%、1—3 万元之间 58.6%、1 万元以下 55.6%;在学校所在地上也存在显著差异,大城市(省会及以上)62.8%明显高于城区(地级市)58.3%、小城镇 57.6%、山区 55.1%、县城 51.6%。

可见,在关于教育机会应该包含"有学可上"的认识上,学生的人口学变量中除了在母亲受教育水平上不存在显著差异外,其他在地区、省份、性别、家庭子女排序、年龄、学段、家庭住所、父亲职业、家庭年收入水平、学校所在地上均存在显著差异。东部三省的该项认同比例明显高于中部三省及西部三省的,男生比女生及独生子女比老大、老二更倾向于该项认识,家庭年收入水平越高的学生越倾向于认为教育机会应该包含有学可上。

（二）教育机会是——"上学过程中的如教师资源的配置及其他软硬件的教育资源投入如经费、设备、办学条件、管理政策等教育投入"上的人口学变量差异分析

由表3—14可知，在认为教育机会应该包括"上学过程中的如教师资源的配置及其他软硬件的教育资源投入，如经费、设备、办学条件、管理政策等教育投入"的认识上在地区间存在显著差异，东部三省65.8%明显高于中部三省62.0%及西部三省60.3%；在省份间也存在显著差异，广东69.8%、四川65.4%、江西64.8%、浙江64.4%明显高于陕西61.3%、安徽61.3%、河南59.8%、贵州54.3%；在性别上也存在显著差异，女生63.8%高于男生60.9%；在家庭子女排序上也存在显著差异，独生子女64.8%高于老大62.4%和老二61.8%；在年龄上也存在显著差异，23岁73.1%、24岁72.3%、26岁71.8%、25岁69.6%要明显高于11—18岁的54.0%—58.4%，存在一种年龄越大越认同该选项（教育机会应包含"教育资源投入"）的趋势，表明越成熟也越能认识到教育资源投入的重要性；在学段上也存在显著差异，研究生73.3%、本科生70.7%、高中生65.5%要明显高于大专生61.0%、初中生55.0%及中职中专生54.2%，除高中生及中职中专生外，学段越高越认同该选项；在家庭住所上也存在显著差异，城市（地级市及以上）69.6%要明显高于县城63.1%、乡镇62.0%及农村59.2%，越是城市的学生越认同该选项；在父亲职业上也存在显著差异，教师70.4%、体制内副科级70.1%、体制内正科级70.1%、体制内普通职员68.8%、私营业主68.2%、体制内副处级及以上67.4%要高于个体工商户64.2%、小企业主63.7%、工人（农民工）60.0%、农民59.0%；在母亲受教育程度上也存在显著差距，大专（高职高专）69.8%、本科68.5%、研究生64.5%、高中（中职中专）63.7%要高

于初中 62.6%、文盲 59.9%、小学 59.3%；在家庭年收入上也存在显著差异，5—8 万元之间 68.7%、8 万元及以上 66.8%、3—5 万元之间 64.9%要高于 1—3 万元之间 60.9%、1 万元以下 57.8%；在学校所在地上也存在显著差异，大城市（省会及以上）70.8%、城区（地级市）63.7%要明显高于小城镇 52.5%、山区 51.6%、县城 50.9%。

可见，在关于教育机会应该包含"教育资源投入"的认识上，学生的人口学变量中在地区、省份、性别、家庭子女排序、年龄、学段、家庭住所、父亲职业、母亲受教育水平、家庭年收入水平、学校所在地上均存在显著差异。东部三省的该项认同比例明显高于中部三省及西部三省的，女生比男生及独生子女比老大、老二更倾向于该项认识，学段越高、年龄越大及家庭住所越在城市的学生越倾向于认为教育机会应该包含教育资源投入，基本上父亲社会经济地位越高、母亲受教育水平越高及家庭年收入水平越高的学生越倾向于认为教育机会应该包含教育资源投入。

（三）教育机会是——"上学过程中教师对学生的心理期望和课堂上如排学生座位及要学生回答问题时的对待及在考试成绩及期末评语上的对待"上的人口学变量差异分析

由表 3—14 可知，在认为教育机会应该包括"上学过程中教师对学生的心理期望和课堂上如排学生座位及要学生回答问题时的对待及在考试成绩及期末评语上的对待"的认识上在地区间存在显著差异，东部三省 52.2%高于西部三省 48.3%、中部三省 46.9%；在省份间也存在显著差异，广东 54.4%、江苏 51.5%、江西 50.8%、浙江 50.7%高于四川 49.5%、贵州 48.6%、陕西 47.0%、河南 45.8%、安徽 44.0%；在性别上也存在显著差异，女生 51.5%要明显高于男生 45.6%；在家庭子女排序上也存在显著差异，独生子女 51.5%要高于老二 48.6%和老大 47.9%；在年龄上也存在显著差异,13 岁 62.3%、12 岁 60.9%、15 岁 54.6%、14 岁 54.5%、16 岁 53.9%、17 岁 50.0%要明显高于 18—26 岁的 44.1%—49.2%,存在一种年龄越小越认同该选项(教育机会应包含"教师对待")的趋势,符合正常的心理成长特点,年龄越小越希望得到教师的关注,得到平等的关注与对待；在学段上也存在显著差异,初中生 55.8%、高中生 51.7%要明显高于中职中专生 49.6%、研究生 48.4%、本科生 47.0%、大专生 42.5%；在家庭住所上也存在显著差异,城市 55.7%要明显高于县城 48.0%、乡镇 47.3%及农村 46.9%,越是城市的学生越认同教育机会应包含教师对待；在父亲职业上也存在显著差异,体制内普通职员 55.6%、体制内副科级 52.9%、个体工商户 52.3%、小企业主 51.8%、教师 50.7%、体制内正科级 50.0%要高于私营业主 48.8%、体制内副处级及以上 48.4%、工人(农民工)47.5%、农民 45.1%；在母亲受教育程度上也存在显著差距,本科 55.3%、研究生 53.9%、高中(中职中专)51.4%、大专(高职高专)50.3%要高于初中 48.6%、小学 47.3%、文盲 47.0%；在家庭年收入上也存在显著差异,8 万元及以上 52.8%、5—8 万元之间 50.8%、3—5 万元之间 49.2%要高于 1—3 万元之间 48.4%、1 万元以下 46.7%；在学校所在地上也存在显著差异,大城市(省会及以上)51.8%、小城镇 50.0%要明显高于城区(地级市)48.9%、山区 47.7%、县城 44.1%。

可见,在关于教育机会应该包含"教师对待"的认识上,学生的人口学变量中在地区、省份、性别、家庭子女排序、年龄、学段、家庭住所、父亲职业、母亲受教育水平、家庭年收入水平、学校所在地上均存在显著差异。东部三省的该项认同比例明显高于西部三省及中部三省的,女生比男生及独生子女比老二、老大更明显倾向于该项认识,基本上年龄越小及母亲受教育水平越高的学生越倾向于认为教育机会应该包含教师对待,家庭住所越在城市及家庭年收入水平越高的学生越倾向于认为教育机会应该包含教师对待。

(四)教育机会是——"父母对您的学习及将来职业的期望和在对您学习上的管理、支持或帮助"上的人口学变量差异分析

由表3—14可知,在认为教育机会应该包括"父母对您的学习及将来职业的期望和在对您学习上的管理、支持或帮助"的认识上在地区间存在显著差异,西部三省51.1%、东部三省49.6%要明显高于中部三省44.2%;在省份间也存在显著差异,四川54.4%、贵州52.4%、广东50.8%、江苏49.2%、浙江48.7%要高于陕西46.8%、河南44.6%、江西44.2%、安徽43.6%;在性别上也存在显著差异,女生50.4%要明显高于男生45.1%;在家庭子女排序上不存在显著差异,独生子女49.7%要高于老二48.0%和老大47.0%;在年龄上也存在显著差异,12—18岁在49.3%—58.2%之间要明显高于19—26岁的36.4%—47.2%,存在一种年龄越小越认同该选项(教育机会应包含"家长期待")的趋势,符合正常的心理成长特点,年龄越小越希望得到家长的期待,得到平等的期待与支持;在学段上也存在显著差异,初中生55.0%、中职中专生54.7%、高中生49.0%、大专生48.8%要明显高于本科生42.5%、研究生36.0%;在家庭住所上也存在显著差异,乡镇52.3%、城市50.5%要高于农村47.1%、县城44.5%;在父亲职业上不存在显著差异,小企业主51.1%、体制内普通职员51.0%、体制内副科级51.0%、私营业主48.5%、个体工商户48.3%要高于工人(农民工)48.1%、农民47.6%、体制内副处级及以上45.3%、教师44.3%、体制内正科级43.3%;在母亲受教育程度上不存在显著差距,文盲51.5%、研究生51.3%、本科50.6%、初中48.4%、

大专(高职高专)48.3%要高于小学48.0%、高中(中职中专)47.2%;在家庭年收入上不存在显著差异,8万元及以上50.1%、5—8万元之间48.8%、1万元以下48.6%要高于1—3万元之间47.7%、3—5万元之间47.2%;在学校所在地上存在显著差异,山区57.8%、小城镇51.7%、城区(地级市)49.2%、县城49.0%要明显高于大城市(省会及以上)44.5%。

可见,在关于教育机会应该包含"父母期待"的认识上,学生的人口学变量中除了在家庭子女排序、父亲职业、母亲受教育水平、家庭年收入水平上不存在显著差异外,其他的在地区、省份、性别、年龄、学段、家庭住所、学校所在地上均存在显著差异。西部三省及东部三省的该项认同比例明显高于中部三省的,女生比男生更明显倾向于该项认识,学段越低及年龄越小的学生越明显倾向于认为教育机会应该包含父母期待。

(五)教育机会是——"念完本阶段的学校后有升入高一级学校就读的机会"上的人口学变量差异分析

由表3—14可知,在认为教育机会应该包括"念完本阶段的学校后有升入高一级学校就读的机会"的认识上在地区间存在显著差异,西部三省45.6%、东部三省44.1%要高于中部三省42.5%;在省份间也存在显著差异,四川49.9%、江西45.8%、广东45.7%、河南45.0%、贵州44.8%、江苏44.1%要高于浙江42.4%、陕西42.2%、安徽36.5%;在性别上也存在显著差异,女生45.7%要明显高于男生41.5%;在家庭子女排序上也存在显著差异,独生子女47.5%要明显高于老大43.0%、老二42.8%;在年龄上也存在显著差异,12—21岁在38.5%—51.6%之间,基本上是年龄越大越认同该选项(教育机会应该包含"升学机会"),22—26岁在41.3%—47.3%之间;在学段上也存在显著差异,初中生48.8%、高中生48.1%、研究生48.0%要明显高于中职中专生42.5%、本科生40.4%、大专生37.6%；在家庭住所上也存在显著差异，城市52.4%要明显高于县城42.8%、乡镇41.9%、农村41.1%，即家庭居住越在县城、城市的学生越认同教育机会应包含升学机会；在父亲职业上也存在显著差异，体制内普通职员52.2%、体制内正科级50.0%、体制内副科级49.7%、体制内副处级及以上48.4%、教师46.8%、私营业主46.5%、小企业主44.5%要高于个体工商户43.6%、农民41.7%、工人（农民工）41.5%；在母亲受教育程度上也存在显著差距，研究生52.6%、大专（高职高专）50.1%、本科49.4%、初中44.5%要高于高中（中职中专）43.7%、文盲43.7%、小学40.4%；在家庭年收入上也存在显著差异，8万元及以上47.4%、5—8万元之间45.9%、3—5万元之间44.4%要高于1—3万元之间42.6%、1万元以下42.0%，家庭年收入越高的同学越认同教育机会应包含升学机会；在学校所在地上也存在显著差异，山区46.5%、县城45.7%、大城市（省会及以上）45.5%要高于城区（地级市）43.6%、小城镇38.4%。

可见，在关于教育机会应该包含"升学机会"的认识上，学生的人口学变量在地区、省份、性别、家庭子女排序、年龄、学段、家庭住所、父亲职业、母亲受教育水平、家庭年收入水平、学校所在地上均存在显著差异。西部三省及东部三省的该项认同比例比中部三省高些，女生比男生及独生子女比老大、老二更明显倾向于该项认识，12—21岁的学生基本上是年龄越大越倾向于该项认识，基本上家庭社会经济地位越低的学生也越倾向于该项认识，家庭住所越在城市及家庭年收入水平越高的学生越倾向于认为教育机会应该包含升学机会。

（六）教育机会是——"念完您想上的最高阶段（含高中及中职中专、大专及高职高专、大学本科、研究生及以上）的学校后能进入比您父母现在职业更高的社会地位的职位去工作的机会"上的人口学变量差异分析

由表3—14可知，在认为教育机会应该包括"念完您想上的最高阶段（含高中及中职中专、大专及高职高专、大学本科、研究生及以上）的学校后能进入比您父母现在职业更高的社会地位的职位去工作的机会"的认识上在地区间不存在显著差异，西部三省56.7%要高于东部三省55.4%、中部三省54.8%；在省份间存在显著差异，贵州59.8%、四川57.4%、广东57.0%、河南56.9%要高于浙江55.5%、安徽54.7%、江苏53.7%、陕西53.0%、江西52.7%；在性别上也存在显著差异，女生56.9%要高于男生53.7%；在家庭子女排序上不存在显著差异，独生子女57.0%要高于老大55.1%、老二54.7%；在年龄上也存在显著差异，12—18岁在54.9%—60.8%之间，基本上是年龄越大越认同该选项（教育机会应包含"就业机会"），19—26岁在47.7%—54.9%之间，基本上是年龄越大越不认同该选项；在学段上也存在显著差异，初中生59.7%、高中生59.6%、中职中专生59.3%要明显高于大专生55.1%、研究生50.4%、本科生47.6%；在家庭住所上也存在显著差异，城市61.2%要明显高于乡镇55.2%、县城53.8%、农村53.7%，即家庭居住越在县城、城市的学生越认同该选项；在父亲职业上也存在显著差异，体制内副科级61.1%、体制内普通职员60.2%、教师58.5%、小企业主58.4%、私营业主57.5%、体制内副处级及以上56.8%、个体工商户56.1%要高于体制内正科级54.5%、工人（农民工）54.3%、农民53.1%；在母亲受教育程度上也存在显著差距，研究生64.5%、本科62.8%、大专（高职高专）

59.0%、文盲56.0%要高于初中55.4%、高中(中职中专)54.9%、小学54.0%；在家庭年收入上不存在显著差异，5—8万元之间58.2%、8万元及以上57.0%要高于1—3万元之间54.9%、3—5万元之间54.9%、1万元以下54.8%；在学校所在地上存在显著差异，山区65.2%、县城58.9%、小城镇56.8%要高于大城市(省会及以上)54.7%、城区(地级市)54.5%。

可见，在关于教育机会应该包含"就业机会"的认识上，学生的人口学变量中除了在地区、家庭子女排序、家庭年收入水平上不存在显著差异外，其他的在省份、性别、年龄、学段、家庭住所、父亲职业、母亲受教育水平、学校所在地上均存在显著差异。西部三省的该项认同比例比东部三省及中部三省高些，在高中学段及以前基本上是年龄越大的学生越倾向于认为教育机会应该包含就业机会，大专及以后则相反，家庭住所越在城市、学历在大专及以上的母亲受教育水平越高的学生越倾向于认为教育机会应该包含就业机会。

(七)教育机会是——"接受完您想上并具有支付能力的最高阶段教育后能挣得较高的收入，实现社会、经济、政治地位的向上流动的机会"上的人口学变量差异分析

由表3—14可知，在认为教育机会应该包括"接受完您想上并具有支付能力的最高阶段教育后能挣得较高的收入，实现社会、经济、政治地位的向上流动(升迁)"的认识上在地区间不存在显著差异，东部三省53.6%、西部三省52.9%要高于中部三省51.5%；在省份间存在显著差异，四川55.9%、河南54.7%、江苏54.6%、浙江53.1%、广东53.0%要高于陕西52.1%、江西50.7%、贵州50.6%、安徽49.1%；在性别上也存在显著差异，女生54.1%要明显高于男生50.4%；在家庭子女排序上也存在显著差异，独生子女

55.0%要明显高于老二51.6%、老大51.1%;在年龄上也存在显著差异,24岁59.8%、22岁54.3%、21岁54.1%、17岁54.0%要明显高于15岁50.0%、12岁46.2%、13岁42.0%,13—22岁的学生除17、19、20岁外基本上是年龄越大越认同该选项(教育机会应包含"社会流动");在学段上也存在显著差异,高中生57.3%、研究生57.2%、本科生53.5%、大专生53.0%要高于中职中专生48.6%、初中生47.6%;在家庭住所上也存在显著差异,城市59.2%要明显高于县城52.1%、乡镇51.6%、农村50.0%,即家庭居住越在县城、城市的学生越认同教育机会应包含社会流动;在父亲职业上也存在显著差异,体制内副科级63.1%、私营业主62.2%、体制内副处级及以上62.1%、体制内普通职员60.7%、体制内正科级58.2%、教师54.0%、个体工商户53.4%要高于小企业主51.5%、农民50.7%、工人(农民工)48.1%,即基本上学生家庭社会经济地位越高越认同教育机会应包含社会流动;在母亲受教育程度上也存在显著差距,本科63.3%、研究生60.5%、大专(高职高专)57.2%、高中(中职中专)54.5%要高于初中51.3%、小学50.8%、文盲47.9%;在家庭年收入上也存在显著差异,8万元及以上58.2%、5—8万元之间57.6%要明显高于3—5万元之间51.6%、1—3万元之间50.9%、1万元以下49.7%,即学生家庭年收入越高越认同教育机会应包含社会流动;在学校所在地上存在显著差异,大城市(省会及以上)57.1%、城区(地级市)53.4%要高于小城镇48.1%、山区48.0%、县城44.7%。

可见,在关于教育机会应该包含"社会流动"的认识上,学生的人口学变量中除了在地区上不存在显著差异外,其他的在省份、性别、家庭子女排序、年龄、学段、家庭住所、父亲职业、母亲受教育水平、家庭年收入水平、学校所在地上均存在显著差异。东部三省及西部三省的该项认同比例比中部三省高些,女生比男生及独生子女比老二、老大更明显倾向于该项认识,在本科学段及以前基本上是年龄越大的学生越倾向于该项认识,家庭住所越在城市及父亲社会经济地位越高、母亲受教育水平越高、家庭年收入水平越高的学生越倾向于认为教育机会应该包含社会流动。

第三节　关于教育机会公平是什么的认识

一、关于教育机会公平是什么的调查发现

在关于"您认为教育机会平等(公平)应该包括的是什么"的调查结果如表 3—15 所示。

表 3—15　教育机会平等应该包括什么的调查结果统计表

问题	选项	频数	百分比(%)	排序
教育机会平等应该包括	上学(就读)机会的平等	7934	77.6	1
	上学过程中的教师、经费、办学条件、政府管理政策等的投入平等	7209	70.5	2
	上学过程中教师、学校对学生的期望与对待的平等	6332	61.9	3
	父母对您的期望和对待的平等	3639	35.6	7
	升入高一级学校就读机会的平等	5065	49.5	6
	接受教育后获得工作机会或前景的平等	6197	60.6	4
	接受教育后实现自己社会经济与政治地位向上流动的机会的平等	5265	51.5	5

注:缺失值为 6 人,占 0.05%,表格中的百分比为有效百分比。

由表 3—15 可知,在关于教育机会平等应该包含什么的认识

上,排名第一位的是教育机会平等应该包括"上学(就读)机会的平等",选择此项的有 7943 人,占 77.6%;排名第二位的是教育机会平等应该包括"上学过程中的教师、经费、办学条件、政府管理政策等的投入平等",选择此项的有 7209 人,占 70.5%;排名第三位的是教育机会平等应该包括"上学过程中教师、学校对学生的期望与对待的平等",选择此项的有 6332 人,占 61.9%;排名第四位的是教育机会平等应该包括"接受教育后获得工作机会或前景的平等",选择此项的有 6197 人,占 60.6%;排名第五位的是教育机会平等应该包括"接受教育后实现自己社会经济与政治地位向上流动的机会的平等",选择此项的有 5265 人,占 51.5%;排名第六位的是教育机会平等应该包括"升入高一级学校就读机会的平等",选择此项的有 5065 人,占 49.5%;排名第七位的是教育机会平等应该包括"父母对您的期望和对待的平等",选择此项的有 3639 人,占 35.6%。

可见,同学们在关于教育机会平等应该包括什么的认识上,"受教育机会平等""教育投入平等""学校、教师对学生的对待平等""受教育后的就业机会平等""受教育后的社会向上流动机会平等"这五项的认同率都超过了 50%,最高的"受教育机会平等"认同率达 77.6%,且"教育投入平等"的认同率也超过了 70%;认同率较低的是"升学机会平等"的认同率接近 50%,而"父母对学生的平等期待",则最低只有 35.6%。

二、关于教育机会公平是什么的人口学变量差异分析

对"教育机会平等或公平应该包括的是什么"进行人口学变量的交叉列联表分析,及卡方检验,以发现人口学各变量上在教育机会公平是什么的认识上的差异,表 3—16 显示了教育机会公平

是什么下各人口学变量的卡方检验值。

表3—16 对"您认为教育机会平等或公平应该包括的是什么"的各人口学变量进行交叉列联表分析的卡方检验值（2−sided）

人口学变量	卡方值、Sig	上学（就读）机会的平等	上学过程中的教师、经费、办学条件、政府管理政策等投入的平等	上学过程中教师、学校对学生的期望和对待的平等	父母对您的期望和对待的平等	升入高一级学校就读机会的平等	接受教育后获得工作机会或前景的平等	接受教育后实现自己社会经济与政治地位向上流动的机会的平等
地区	χ^2	68.132	9.171	11.550	10.772	23.697	9.945	9.162
	Sig	0.000	0.010	0.021	0.005	0.000	0.007	0.010
省份	χ^2	97.844	25.128	55.999	43.060	85.221	62.250	37.856
	Sig	0.000	0.001	0.000	0.000	0.000	0.000	0.000
性别	χ^2	17.271	5.574	93.669	0.948	19.971	24.119	17.186
	Sig	0.000	0.018	0.000	0.330	0.000	0.000	0.000
家庭子女排序	χ^2	13.605	5.982	7.389	9.653	15.915	5.334	7.481
	Sig	0.001	0.050	0.117	0.008	0.000	0.069	0.024
年龄	χ^2	40.802	92.333	2.020E2	3.336E2	31.342	92.887	47.213
	Sig	0.018	0.000	0.000	0.000	0.144	0.000	0.003
学段	χ^2	32.724	1.014E2	1.859E2	3.130E2	44.149	71.546	37.185
	Sig	0.000	0.000	0.000	0.000	0.000	0.000	0.000
家庭住所	χ^2	26.052	35.899	25.280	39.368	69.903	8.278	28.512
	Sig	0.000	0.000	0.000	0.000	0.000	0.041	0.000
父亲职业	χ^2	19.517	27.776[a]	19.885	35.950	42.811	32.876	48.377
	Sig	0.021	0.001	0.339	0.000	0.000	0.000	0.000

续表

人口学变量	卡方值、Sig	上学（就读）机会的平等	上学过程中的教师、经费、办学条件、政府管理政策等投入的平等	上学过程中教师、学校对学生的期望和对待的平等	父母对您的期望和对待的平等	升入高一级学校就读机会的平等	接受教育后获得工作机会或前景的平等	接受教育后实现自己社会经济与政治地位向上流动的机会的平等
母亲受教育水平	χ^2	9.455	16.621	13.503	19.466	14.647	24.041	11.909
	Sig	0.150	0.011	0.334	0.003	0.023	0.001	0.064
家庭年收入水平	χ^2	15.648	12.611	11.398	7.064	21.139	8.484	13.456
	Sig	0.004	0.013	0.180	0.133	0.000	0.075	0.009
学校所在地	χ^2	8.107	1.540E2	48.869	27.708	12.727	54.227	4.719
	Sig	0.088	0.000	0.000	0.000	0.013	0.000	0.317

注:表格中 Sig 值小于 0.1 即为各人口学变量下的各选项（子变量）间存在显著差异,各认识下对各人口学变量进行的交叉列联表分析的数据表格因数据太过于庞大,为节省版面此处不再呈现,仅在相关结果呈现中摘取需要的具体数据。

（一）教育机会公平是——"上学（就读）机会的平等"上的人口学变量差异分析

由表 3—16 可知,在认为教育机会均等/公平应该包括"上学（就读）机会的平等"的认识上在地区间存在显著差异,东部三省 82.2% 明显高于西部三省 76.6%、中部三省 74.1%;在省份间也存在显著差异,广东 83.9%、江苏 82.4%、四川 81.3%、浙江 80.4% 要明显高于江西 75.8%、贵州 74.9%、安徽 73.9%、陕西 73.5%、河南 72.9%;在性别上也存在显著差异,女生 79.0% 要明显高于男生 75.5%;在家庭子女排序上也存在显著差异,独生子女 80.1% 明显高于老二 77.1%、老大 76.8%;在年龄上也存在显著差异,26 岁 83.9%、23 岁 81.6%、15 岁 80.6%、12 岁 80.2%、21 岁 79.8%、14 岁 79.5%要高于 17 岁 76.0%、20 岁 75.8%、18 岁 74.4%;在学段上也存在显著差异,研究生 80.7%、初中生 79.7%、本科生 79.6%要高于中职中专生 76.7%、高中生 76.2%、大专生 73.9%;在家庭住所上也存在显著差异,城市 81.5%要明显高于农村 76.9%、县城 76.3%、乡镇 75.5%;在父亲职业上也存在显著差异,体制内普通职员 81.7%、体制内正科级 80.5%、小企业主 79.0%、个体工商户 78.6%要高于教师 77.6%、私营业主 76.9%、工人(农民工)76.8%、农民 76.1%、体制内副科级 75.8%、体制内副处及以上 74.7%;在母亲受教育程度上不存在显著差距,文盲 79.5%、小学 78.5%、初中 78.1%要高于高中(中职中专)77.3%、大专(高职高专)75.2%、研究生 75.0%、本科 73.6%,即除研究生学历外母亲受教育水平越低的学生越认同教育机会公平应包含上学(就读)机会的平等;在家庭年收入上也存在显著差异,8 万元及以上 79.5%、3—5 万元之间 78.8%、1—3 万元之间 78.1%、5—8 万元之间 78.0%要高于 1 万元以下 74.8%;在学校所在地上存在显著差异,城区(地级市)78.5%、大城市(省会及以上)77.7%要高于小城镇 76.9%、县城 75.3%、山区 74.6%。

可见,在关于教育机会公平应该包含"上学(就读)机会的平等"的认识上,学生的人口学变量中除在母亲受教育水平上不存在显著差异,其他在地区、省份、性别、家庭子女排序、年龄、学段、家庭住所、父亲职业、家庭年收入水平、学校所在地上均存在显著差异。东部三省的该项认同比例明显高于中部三省及西部三省的,女生比男生及独生子女比老大、老二更倾向于该项认识,基本上母亲受教育水平越低、家庭年收入水平越高的学生越倾向于认为教育机会公平应该包含上学(就读)机会的平等。

（二）教育机会公平是——"上学过程中的教师、经费、办学条件、政府管理政策等投入的平等"上的人口学变量差异分析

由表3—16可知，在认为教育机会均等/公平应该包括"上学过程中的教师、经费、办学条件、政府管理政策等投入的平等"的认识上在地区间存在显著差异，东部三省72.3%高于中部三省70.4%、西部三省68.9%；在省份间也存在显著差异，广东73.3%、江西73.0%、江苏72.2%、四川72.0%、浙江71.3%高于河南69.2%、安徽69.0%、陕西68.7%、贵州66.1%；在性别上也存在显著差异，女生71.4%高于男生69.2%；在家庭子女排序上存在显著差异，独生子女72.0%高于老二69.7%、老大69.6%；在年龄上也存在显著差异，25岁78.4%、24岁77.1%、23岁74.6%、26岁74.5%、20岁73.7%要明显高于12—18岁的62.8%—70.7%，年龄在22岁以上学生基本上年龄越大越认为教育机会公平应该包含"教育资源投入的平等"；在学段上也存在显著差异，研究生77.0%、本科生74.4%、高中生72.4%、大专生71.3%要明显高于中职中专生66.6%、初中生63.1%，除高中生外，学段越高越认同该选项；在家庭住所上也存在显著差异，城市74.3%、县城72.5%、乡镇71.2%要明显高于农村67.8%，越是城市的学生越认同该选项；在父亲职业上也存在显著差异，体制内副科级75.8%、私营业主74.2%、体制内普通职员73.9%、小企业主73.7%、个体工商户72.2%、要高于工人（农民工）69.2%、教师69.2%、体制内副处级及以上68.4%、农民68.3%、体制内正科级63.9%；在母亲受教育程度上也存在显著差距，研究生75.0%、大专（高职高专）73.7%、高中（中职中专）73.2%要明显高于本科70.0%、初中69.8%、小学69.0%、文盲68.5%，受教育水平除本科外的母亲受教育水平越高的学生越认为教育机会公平应包含教育资源投入的平等；在

家庭年收入上也存在显著差异,5—8万元之间72.5%、8万元及以上72.2%、3—5万元之间71.7%要高于1—3万元之间69.7%、1万元以下68.2%,除家庭年收入在8万元以上的学生外家庭年收入水平越高的学生越认同该选项;在学校所在地上也存在显著差异,大城市(省会及以上)75.3%、城区(地级市)72.7%要明显高于县城62.1%、山区60.9%、小城镇59.4%。

可见,在关于教育机会公平/均等应该包含"教育资源投入的平等"的认识上,学生的人口学变量在地区、省份、性别、家庭子女排序、年龄、学段、家庭住所、父亲职业、母亲受教育水平、家庭年收入水平、学校所在地上均存在显著差异。东部三省的该项认同比例高于中部三省及西部三省的,女生比男生及独生子女比老二、老大更倾向于认同教育机会公平应包含教育资源投入的平等,基本上学段越高、年龄越大(22岁及以上)、家庭住所越在城市、母亲受教育水平越高及家庭年收入水平越高的学生越倾向于认为教育机会公平应该包含教育资源投入的平等。

(三)教育机会公平是——"上学过程中教师、学校对学生的期望和对待的平等"上的人口学变量差异分析

由表3—16可知,在认为教育机会均等/公平应该包括"上学过程中教师、学校对学生的期望和对待的平等"的认识上在地区间存在显著差异,东部三省63.9%高于西部三省61.7%、中部三省60.2%;在省份间也存在显著差异,四川65.8%、广东65.8%、浙江65.1%、江西63.4%、贵州62.9%高于江苏60.9%、河南60.3%、安徽57.1%、陕西56.5%;在性别上也存在显著差异,女生65.7%要明显高于男生56.3%;在家庭子女排序上不存在显著差异,独生子女63.2%要高于老大62.5%、老二60.5%;在年龄上也存在显著差异,13岁71.6%、12岁67.6%,14—26岁在51.9%—

73.0%之间,基本上年龄越小越认同教育机会公平应包含"教师对待平等",符合正常的心理成长特点,年龄越小越希望得到教师的关注,得到平等的关注与对待;在学段上也存在显著差异,初中生70.5%、中职中专生66.9%、高中生66.4%要明显高于大专生56.7%、本科生55.4%、研究生53.3%,即越是低学段的学生越认同该选项;在家庭住所上也存在显著差异,城市65.2%、农村62.1%要高于乡镇61.0%、县城57.7%;在父亲职业上不存在显著差异,小企业主66.2%、体制内普通职员65.8%、体制内正科级63.2%、体制内副处级及以上63.2%要高于教师61.7%、工人(农民工)61.5%、个体工商户61.3%、农民60.8%、私营业主57.9%、体制内副科级57.3%;在母亲受教育程度上不存在显著差距,文盲64.2%、本科63.9%、小学63.2%、初中62.1%要高于高中(中职中专)61.3%、大专(高职高专)57.4%、研究生55.3%,即除本科以外母亲受教育水平越低的学生越认同教育机会公平应包含教师对待平等;在家庭年收入上不存在显著差异,8万元及以上64.0%、1—3万元之间62.2%、1万元以下62.1%要高于5—8万元之间60.9%、3—5万元之间59.6%;在学校所在地上存在显著差异,山区69.5%、小城镇65.5%、县城64.1%、城区(地级市)62.8%要明显高于大城市(省会及以上)57.6%,即学校所在地越是在城市的学生越不认同该选项。

可见,在关于教育机会公平应该包含"教师对待平等"的认识上,学生的人口学变量中除在家庭子女排序、父亲职业、母亲受教育水平、家庭年收入水平上不存在显著差异,其他在地区、省份、性别、年龄、学段、家庭住所、学校所在地上均存在显著差异。东部三省的该项认同比例高于西部三省及中部三省的,女生远比男生及独生子女比老大、老二更倾向于该项认识,年龄及学段越低的学生越倾向于认为教育机会公平应该包含教师对待平等,基本上母亲受教育水平越高及学校所在地越是在城市的学生越倾向于认为教育机会公平应该包含教师对待平等。

(四)教育机会公平是——"父母对您的期望和对待的平等"上的人口学变量差异分析

由表3—16可知,在认为教育机会均等/公平应该包括"父母对您的期望和对待的平等"的认识上在地区间存在显著差异,西部三省37.2%、东部三省36.0%要高于中部三省33.5%;在省份间也存在显著差异,贵州39.6%、四川38.9%、广东38.1%、江西37.3%要高于浙江35.3%、江苏34.8%、河南34.1%、陕西33.4%、安徽29.0%;在性别上不存在显著差异,女生36.0%要高于男生35.0%;在家庭子女排序上存在显著差异,老二66.0%、老大65.2%要高于独生子女62.5%,即越是家庭子女排序靠后的学生越认为教育机会公平应该包含"父母期待平等";在年龄上也存在显著差异,12岁52.7%,13—26岁在22.9%—54.7%之间,基本上是年龄越小的学生越认同该选项,符合正常的心理成长特点,年龄越小越希望得到父母平等的期望与支持;在学段上也存在显著差异,初中生50.1%、中职中专生42.5%要明显高于高中生33.6%、大专生31.0%、本科生27.2%、研究生26.6%,即学段越低的学生越倾向于认同该选项;在家庭住所上也存在显著差异,城市40.4%、乡镇37.3%要高于县城34.2%、农村47.1%;在父亲职业上存在显著差异,小企业主40.3%、体制内普通职员39.7%、私营业主37.8%、个体工商户37.5%、工人(农民工)35.9%要高于体制内副科级34.4%、体制内正科级33.8%、教师33.3%、体制内副处级及以上32.6%、农民31.9%;在母亲受教育程度上存在显著差距,本科41.4%、大专(高职高专)39.5%、研究生39.5%、高中

(中职中专)36.7%要高于初中35.4%、文盲33.6%、小学33.3%;在家庭年收入上不存在显著差异,8万元及以上38.4%、5—8万元之间36.5%要高于3—5万元之间35.5%、1万元以下34.8%、1—3万元之间34.6%,即基本上家庭年收入水平越高的学生越倾向于认同该选项;在学校所在地上存在显著差异,小城镇41.1%、山区39.5%、县城38.9%要明显高于城区(地级市)34.6%、大城市(省会及以上)33.5%。

可见,在关于教育机会公平应该包含"父母期待平等"的认识上,学生的人口学变量中除了在性别、家庭年收入水平上不存在显著差异外,其他的在地区、省份、家庭子女排序、年龄、学段、家庭住所、父亲职业、母亲受教育水平、学校所在地上均存在显著差异。西部三省及东部三省的该项认同比例明显高于中部三省的,女生比男生及家庭子女排序越是靠后的学生更倾向于该项认识,学段越低、年龄越小及家庭年收入水平越高的学生越倾向于认为教育机会公平应该包含父母期待平等。

(五)教育机会公平是——"升入高一级学校就读机会的平等"上的人口学变量差异分析

由表3—16可知,在认为教育机会均等/公平应该包括"升入高一级学校就读机会的平等"的认识上在地区间存在显著差异,东部三省52.7%要高于西部三省49.6%、中部三省46.9%;在省份间也存在显著差异,河南53.5%、四川53.3%、浙江53.2%、江苏52.7%、广东52.3%要明显高于江西48.0%、陕西47.5%、贵州46.3%、安徽39.0%;在性别上也存在显著差异,女生51.4%要明显高于男生46.8%;在家庭子女排序上也存在显著差异,独生子女52.6%要明显高于老二48.5%、老大48.4%;在年龄上不存在显著差异,23岁53.4%、14岁53.1%、13岁52.5%、除此以外的12—26

岁在46.7%—51.4%之间,14—22岁基本上是年龄越小越认同教育机会公平应该包含"升学机会平等",23—26岁也是年龄越小越认同该选项,只是认同比例基本上在50%以上;在学段上也存在显著差异,研究生52.8%、高中生52.6%、初中生52.1%、本科生50.4%要明显高于中职中专生46.2%、大专生44.6%;在家庭住所上也存在显著差异,城市57.3%要明显高于县城47.7%、农村47.4%、乡镇46.8%,即家庭居住在城市的学生该项认同比例远高于其他的;在父亲职业上也存在显著差异,体制内普通职员56.5%、体制内正科级55.6%、体制内副科级54.1%、教师51.5%、私营业主51.5%、个体工商户50.7%、体制内副处级及以上50.5%、小企业主50.2%要高于工人(农民工)47.5%、农民46.7%;在母亲受教育程度上也存在显著差距,本科54.3%、大专(高职高专)52.1%、研究生51.3%、高中(中职中专)50.6%要高于文盲49.8%、初中49.6%、小学46.8%;在家庭年收入上也存在显著差异,8万元及以上52.7%、5—8万元之间51.8%、1—3万元之间50.0%要高于3—5万元之间49.2%、1万元以下45.9%,基本上是家庭年收入越高的学生越认同教育机会公平应包含升学机会平等;在学校所在地上也存在显著差异,大城市(省会及以上)51.0%、县城49.9%、城区(地级市)49.6%要高于山区48.4%、小城镇44.2%。

可见,在关于教育机会公平应该包含"升学机会平等"的认识上,学生的人口学变量除在年龄上不存在显著差异外,其他在地区、省份、性别、家庭子女排序、学段、家庭住所、父亲职业、母亲受教育水平、家庭年收入水平、学校所在地上均存在显著差异。东部三省的该项认同比例要高于西部三省及中部三省的,女生比男生及独生子女比老二、老大更明显倾向于该项认识,14—22岁学生基本上是年龄越小越认同教育机会公平应该包含升学机会平等，家住城市的学生该项认同比例远高于其他的，基本上母亲受教育水平越高及家庭年收入水平越高的学生越倾向于认为教育机会公平应该包含升学机会平等。

（六）教育机会公平是——"接受教育后获得工作机会或前景的平等"上的人口学变量差异分析

由表3—16可知，在认为教育机会均等/公平应该包括"接受教育后获得工作机会或前景的平等"的认识上在地区间存在显著差异，东部三省62.5%要高于西部三省60.5%、中部三省58.8%；在省份间存在显著差异，四川65.6%、江苏65.4%、河南63.8%、浙江63.1%、陕西60.6%要高于广东59.0%、安徽56.4%、江西56.2%、贵州55.3%；在性别上也存在显著差异，女生62.6%要明显高于男生57.7%；在家庭子女排序上存在显著差异，独生子女62.1%要高于老二60.1%、老大59.4%；在年龄上存在显著差异，25岁70.8%、26岁68.5%，12—22岁在42.9%—64.6%之间，基本上是年龄越大越认同教育机会公平应包含"就业机会平等"，23—25岁在59.8%—70.8%之间，也是年龄越大越认同该选项；在学段上也存在显著差异，研究生67.6%、大专生64.1%、本科生60.8%要高于高中生60.2%、中职中专生58.6%、初中生53.9%，基本上是学段越高的学生越认同该选项，这可能和他们将要毕业面临就业压力的表现；在家庭住所上也存在显著差异，城市63.0%、乡镇60.9%要高于县城59.7%、农村59.6%；在父亲职业上也存在显著差异，体制内副处级及以上66.3%、体制内普通职66.0%、个体工商户63.2%要高于教师60.2%、农民59.7%、小企业主59.5%、私营业主59.2%、工人（农民工）58.4%、体制内副科级58.0%、体制内正科级51.9%，即体制内副处及以上与体制内普通职员的孩子更倾向于认为教育机会公平应包含就业机会平等；在母亲受教育程度上也存在显著差距，研究生 65.8%、大专（高职高专）65.4%、高中（中职中专）61.9%、初中 61.4% 要高于本科 60.0%、小学 58.3%、文盲 54.5%；在家庭年收入上存在显著差异，3—5 万元之间 61.9%、8 万元及以上 61.9%、1—3 万元之间 61.2% 要高于 5—8 万元之间 60.5%、1 万元以下58.2%；在学校所在地上存在显著差异，城区（地级市）63.4%、大城市（省会及以上）61.1% 要高于山区 59.4%、小城镇55.0%、县城 53.9%。

可见，在关于教育机会公平应该包含"就业机会平等"的认识上，学生的人口学变量在地区、省份、性别、家庭子女排序、年龄、学段、家庭住所、父亲职业、母亲受教育水平、家庭年收入水平、学校所在地上均存在显著差异。东部三省的该项认同比例高于西部三省及中部三省的，女生比男生及独生子女比老二、老大更倾向于该项认识，在年龄上基本上是越大的学生越认同教育机会公平应包含就业机会平等，体制内副处及以上与体制内普通职员及个体工商户的孩子更倾向于该项认识。

（七）教育机会公平是——"接受教育后实现自己社会经济与政治地位向上流动的机会的平等"上的人口学变量差异分析

由表 3—16 可知，在认为教育机会均等/公平应该包括"接受教育后实现自己社会经济与政治地位向上流动的机会的平等"的认识上在地区间存在显著差异，东部三省 53.6% 要高于西部三省50.7%、中部三省 50.2%；在省份间存在显著差异，江苏 56.5%、四川 55.8%、河南 52.6%、广东 52.5%、浙江 51.6% 要高于江西50.1%、贵州 48.4%、陕西 48.1%、安徽 47.8%；在性别上也存在显著差异，女生 53.2% 要明显高于男生 49.0%；在家庭子女排序上也存在显著差异，独生子女 52.8%、老二 52.3% 要高于老大 49.6%；在年龄上也存在显著差异，12—26 岁在 46.7%—60.8% 之间，基本上是年龄越大的学生越认同教育机会公平应包含"社会流动平等"；在学段上也存在显著差异，研究生 57.4%、高中生 53.9%、大专生 51.6% 要高于初中生 50.7%、本科生 49.1%、中职中专生 47.8%；在家庭住所上也存在显著差异，城市 56.2% 要明显高于乡镇 50.7%、农村 50.6%、县城 48.5%，即家庭居住城市的学生比其他学生更趋于认为教育机会公平应该包含社会流动平等；在父亲职业上也存在显著差异，体制内普通职员 60.0%、教师 55.2%、体制内副科级 52.9%、小企业主 52.4%、私营业主 51.5% 要高于农民 50.6%、体制内副处级及以上 50.5%、个体工商户 50.2%、工人（农民工）48.9%、体制内正科级 45.9%；在母亲受教育程度上存在显著差距，本科 56.8%、文盲 54.7%、大专（高职高专）52.6%、高中（中职中专）51.9% 要高于初中 51.3%、小学 49.5%、研究生 48.7%；在家庭年收入上存在显著差异，5—8 万元之间 54.5%、8 万元及以上 53.4%、3—5 万元之间 52.8% 要高于 1—3 万元之间 50.1%、1 万元以下 49.7%，即基本上是家庭年收入越高的学生越认为教育机会公平应包含社会流动平等；在学校所在地上不存在显著差异，大城市（省会及以上）52.8%、山区 52.3% 要高于城区（地级市）51.4%、县城 50.5%、小城镇 49.0%。

可见，在关于教育机会公平应该包含"社会流动平等"的认识上，学生的人口学变量中除了在学校所在地上不存在显著差异外，其他的在地区、省份、性别、家庭子女排序、年龄、学段、家庭住所、父亲职业、母亲受教育水平、家庭年收入水平上均存在显著差异。东部三省的该项认同比例高于西部三省及中部三省，女生比男生及独生子女比老二、老大更明显倾向于该项认识,基本上是年龄越大及家庭年收入水平越高的学生越倾向于认为教育机会公平应该包含"社会流动平等",家住城市的学生比其他非城市学生更趋于该项认识。

第四章 关于教育机会公平、教育机会不公平最主要表现的认识

第一节 关于教育机会公平最主要表现的认识

一、关于教育机会公平最主要表现是什么的调查发现

在关于"您认为教育机会公平排名前三位的最主要表现是什么"的调查结果如表4—1所示。

由表4—1可知,根据"大大原则"可得出,在关于教育机会公平排名前三位的最主要表现是什么的认识上,排名第一位的教育机会公平是"上学(就读)机会的平等",选择此项的有4996人,占48.9%;排名第二位的教育机会公平是"上学过程中的教师、经费、办学条件、政府管理政策等的投入平等",选择此项的有2674人,占26.2%;排名第三位的教育机会公平是"接受教育后获得工作机会或前景的平等",选择此项的有2062人,占20.3%。

可见,当同学们在被问及"教育机会公平排名前三位的最主要表现是什么"的认识上与"教育机会平等应该包括什么"的排名前三位的选择结果是存在差异的,对这两个问题排名前两位的认识是一致的,即都是"受教育机会平等"及"教育投入平等",但是认同率却前者明显低于后者,而排名第三位的则有所不同,在关于教育机会平等应该包括什么的认识上排名第三位的是"学校、教师对学生的平等对待",　　而在关于教育机会公平排名前

表4—1 教育机会公平排名前三位的最主要
表现是什么的调查结果统计表

问题	选项	排名第一位的		排名第二位的		排名第三位的	
		频数	百分比（％）	频数	百分比（％）	频数	百分比（％）
教育机会公平最主要的表现（排名前三位的）	上学（就读）机会的平等	4996	48.9	910	8.9	878	8.6
	上学过程中的教师、经费、办学条件、政府管理政策等的投入平等	1348	13.2	2674	26.2	1490	14.6
	上学过程中教师、学校对学生的期望与对待的平等	1101	10.8	2001	19.6	1722	16.9
	父母对您的期望和对待的平等	305	3.0	701	6.9	672	6.6
	升入高一级学校就读机会的平等	564	5.5	1295	12.7	1416	13.9
	接受教育后获得工作机会或前景的平等	1098	10.7	1791	17.6	2062	20.3
	接受教育后实现自己社会经济与政治地位向上流动的机会的平等	804	7.9	827	8.1	1934	19.0

注：缺失值为排名第一位的14人，占0.1％；排名第二位的31人，占0.3％；排名第三位的56人，占0.5％，表格中的百分比为有效百分比。

三位中第三位表现是"受教育后的就业机会平等"，而此选项在教育机会公平应该包括什么的认识中只排名第四。即表明同学们对教育机会平等应该考虑对受教育后的就业前景的担心与关注，上升为教育机会平等排名第三位的最主要的表现。

二、关于教育机会公平最主要表现是什么的人口学变量差异分析

在"您认为教育机会公平排名前三位的最主要表现是什么"上分别进行人口学变量的交叉列联表分析及卡方检验,以发现人口学各变量上在教育机会公平排名前三位的最主要表现是什么的认识上的差异,表4—2显示了各主要表现下各人口学变量的卡方检验值。

表4—2 对"您认为教育机会公平排名前三位的最主要表现是什么"的各人口学变量进行交叉列联表分析的卡方检验值(2-sided)

人口学变量	卡方值、Sig	排第一位的 上学(就读)机会的平等	排第二位的 上学过程中的教师、经费、办学条件、政府管理政策等投入的平等	排第三位的 接受教育后获得工作机会或前景的平等
	比例	48.9%	26.2%	20.3%
地区	χ^2	73.098	27.650	34.209
	Sig	0.000	0.006	0.001
省份	χ^2	1.615E2	1.165E2	1.189E2
	Sig	0.000	0.000	0.000
性别	χ^2	19.467	26.375	13.540
	Sig	0.003	0.000	0.035
家庭子女排序	χ^2	29.323	5.258	20.904
	Sig	0.004	0.949	0.052
年龄	χ^2	4.511E2	4.904E2	2.167E2
	Sig	0.000	0.000	0.000

续表

人口学变量	卡方值、Sig	排第一位的 上学（就读）机会的平等	排第二位的 上学过程中的教师、经费、办学条件、政府管理政策等投入的平等	排第三位的 接受教育后获得工作机会或前景的平等
	比例	48.9%	26.2%	20.3%
学段	χ^2	4.290E2	4.660E2	1.239E2
	Sig	0.000	0.000	0.000
家庭住所	χ^2	52.528	16.929	36.555
	Sig	0.000	0.528	0.006
父亲职业	χ^2	95.218	52.445	85.164
	Sig	0.000	0.535	0.004
母亲受教育水平	χ^2	51.414	31.321	63.268
	Sig	0.046	0.691	0.003
家庭年收入水平	χ^2	52.034	37.071	35.669
	Sig	0.001	0.043	0.059
学校所在地	χ^2	1.404E2	1.666E2	1.151E2
	Sig	0.000	0.000	0.000

注:表格中 Sig 值小于 0.1 即为各人口学变量下的各选项（子变量）间存在显著差异，各认识下对各人口学变量进行的交叉列联表分析的数据表格因数据太过于庞大,为节省版面此处不再呈现,仅在相关结果呈现中摘取需要的具体数据。

（一）教育机会公平排名第一位的最主要表现——"上学（就读）机会的平等"的人口学变量差异分析

由表4—2可知,在关于教育机会公平排第一位的最主要表现是"上学（就读）机会的平等"的认识上在地区间存在显著差异,东部三省51.4%要高于中部三省48.1%、西部三省47.3%;在省份间也存在显著差异,广东 54.0%、江苏 50.1%、浙江 50.1%、安徽 49.0%要高于江西 48.6%、四川 47.8%、陕西 47.3%、河南 46.9%、贵州 46.6%;在性别上也存在显著差异,男生 49.0%略微高于女生 48.9%;在家庭子女排序上也存在显著差异,独生子女 49.8%、老二 49.8%要高于老大 47.7%;在年龄上也存在显著差异,12—26 岁在 43.0%—54.3%之间;在学段上也存在显著差异,本科生 54.0%、研究生 53.3%要明显高于初中生 48.7%、中职中专生 47.6%、大专生 47.2%、高中生 44.3%;在家庭住所上也存在显著差异,城市 50.5%、乡镇 50.5%要高于县城 48.9%、农村 47.8%;在父亲职业上也存在显著差异,体制内副科级 53.8%、私营业主 53.5%、体制内正科级 53.0%、工人(农民工)50.4%、小企业主 49.8%、体制内普通职员 49.8%要高于个体工商户 48.4%、农民 47.1%、体制内副处级及以上 46.3%、教师 46.0%;在母亲受教育程度上存在显著差距,文盲 52.5%、高中(中职中专)49.7%、初中 48.9%要高于小学 48.6%、本科 47.7%、大专(高职高专)46.4%、研究生 46.1%,即基本上母亲受教育水平越低的学生越认同教育机会公平第一位最主要的表现为上学(就读)机会的平等;在家庭年收入上也存在显著差异,3—5 万元之间 52.2%、5—8 万元之间 49.5%要高于 1—3 万元之间 48.7%、8 万元及以上 48.3%、1 万元以下 46.4%;在学校所在地上也存在显著差异,山区 52.0%、大城市(省会及以上)49.8%、城区(地级市)49.7%要高于小城镇 47.6%、县城 44.7%。

可见,在教育机会公平第一位最主要的表现为"上学(就读)机会的平等"的认识上,学生的人口学变量在地区、省份、性别、家庭子女排序、年龄、学段、家庭住所、父亲职业、母亲受教育水平、家庭年收入水平、学校所在地上均存在显著差异。东部三省的该项认同比例要高于中部三省及西部三省,男生比女生及独生子女、老二比老大更倾向于该项认识,基本上家住城市及母亲受教育水平越低的学生越倾向于认为教育机会公平第一位最主要的表现为"上学(就读)机会的平等"。

(二)教育机会公平排名第二位的最主要表现——"上学过程中的教师、经费、办学条件、政府管理政策等投入的平等"的人口学变量差异分析

由表4—2可知,在关于教育机会公平排第二位的最主要表现是"上学过程中的教师、经费、办学条件、政府管理政策等投入的平等"的认识上在地区间存在显著差异,东部三省27.9%高于中部三省25.7%、西部三省25.0%;在省份间也存在显著差异,浙江28.8%、江苏27.5%、广东27.4%、安徽27.3%、陕西27.0%、江西26.7%要高于四川25.5%、河南23.3%、贵州22.5%;在性别上也存在显著差异,男生26.6%要高于女生26.0%;在家庭子女排序上不存在显著差异,老二26.6%、独生子女26.1%要高于老大25.6%;在年龄上存在显著差异,12—26岁在17.1%—39.5%之间,基本上是年龄越大的学生越认同该选项;在学段上也存在显著差异,研究生33.9%、本科生33.7%要明显高于大专生26.1%、高中生26.1%、中职中专生20.4%、初中生19.7%,即学段越高的学生越认同该选项;在家庭住所上不存在显著差异,县城27.7%、城市27.3%、乡镇27.2%要高于农村25.0%,即基本上越是城市的学生越认同该选项;在父亲职业上不存在显著差异,体制内副处级及以上34.7%、体制内副科级31.4%、小企业主29.8%、教师27.9%、私营业主27.4%、个体工商户26.7%、体制内正科级26.5%要高于体制内普通职员26.2%、农民25.8%、工人(农民工)24.8%,基本上是父亲职业社会经济地位越高的学生越认同该

选项;在母亲受教育程度上不存在显著差距,研究生30.3%、高中(中职中专)28.4%、文盲27.3%、大专(高职高专)26.4%,要高于小学25.7%、初中25.4%、本科25.2%;在家庭年收入上存在显著差异,5—8万元之间28.7%、8万元以及上28.5%、3—5万元之间26.2%要高于1—3万元之间25.1%、1万元以下24.8%,基本上是家庭年收入水平越高的学生越认同该选项;在学校所在地上也存在显著差异,大城市(省会及以上)30.4%、城区(地级市)27.1%要明显高于小城镇21.7%、县城18.8%、山区18.8%,即学校越是位于城市的学生越认同该选项。

可见,在关于教育机会公平排第二位的最主要表现是"上学过程中的教师、经费、办学条件、政府管理政策等投入的平等"的认识上,学生的人口学变量中除在家庭子女排序、家庭住所、父亲职业、母亲受教育水平上不存在显著差异,其他在地区、省份、性别、年龄、学段、家庭年收入水平、学校所在地上均存在显著差异。东部三省的该项认同比例高于中部三省及西部三省,男生比女生及老二、独生子女比老大更倾向于认为教育机会公平排第二位的最主要表现是"上学过程中的教师、经费、办学条件、政府管理政策等投入的平等",基本上年龄越大、学段越高、家庭住所越在城市、父亲职业社会经济地位越高、家庭年收入水平越高的学生越倾向于认为教育机会公平排第二位的最主要表现是"上学过程中的教师、经费、办学条件、政府管理政策等投入的平等"。

(三)教育机会公平排名第三位的最主要表现——"接受教育后获得工作机会或前景的平等"的人口学变量差异分析

由表4—2可知,在关于教育机会公平排第三位的最主要表现是"接受教育后获得工作机会或前景的平等"的认识上在地区间存在显著差异,西部三省21.8%要高于中部三省20.0%、东部三省 19.0%；在省份间也存在显著差异，四川 23.0%、贵州 21.4%、陕西 21.0%、河南 20.8%要高于浙江 20.2%、江西 19.8%、江苏 19.5%、安徽 19.5%、广东 17.2%；在性别上也存在显著差异，女生 20.8%要高于男生 19.5%；在家庭子女排序上存在显著差异，老大 21.8%、老二 20.6%要高于独生子女 18.8%，即多子女家庭及家庭排序在前的孩子比独生子女更倾向于该项认识；在年龄上存在显著差异，12—26 岁在 17.1%—23.9%之间；在学段上也存在显著差异，中职中专生 22.5%、研究生 20.6%、大专生 20.5%要高于初中生 20.0%、本科生 19.7%、高中生 18.3%；在家庭住所上也存在显著差异，农村 21.1%、乡镇 20.4%要高于县城 19.6%、城市 18.8%，即越是乡镇、农村的学生越认同该选项；在父亲职业上存在显著差异，农民 21.6%、工人（农民工）21.0%要高于体制内普通职员 20.1%、个体工商户 19.9%、教师 18.8%、私营业主 18.5%、小企业主 17.7%、体制内副科级 16.8%、体制内正科级 15.9%、体制内副处级及以上 11.6%，即基本上是父亲职业社会经济地位越低的学生越倾向于认同该选项；在母亲受教育程度上存在显著差距，小学 21.6%、文盲 20.4%、初中 20.2%要高于高中（中职中专）20.0%、大专（高职高专）19.4%、本科 17.1%、研究生 11.8%，即基本上母亲受教育水平越低的学生越倾向于认同该选项；在家庭年收入上存在显著差异，1 万元以下 21.2%、1—3 万元之间 20.7%、3—5 万元之间 20.4%要高于 5—8 万元之间 19.0%、8 万元及以上 18.7%，即家庭年收入水平越低的学生越倾向于认同该选项；在学校所在地上存在显著差异，城区（地级市）21.1%、小城镇 20.6%要高于山区 19.5%、大城市（省会及以上）19.4%、县城 19.1%。

可见，在关于教育机会公平排第三位的最主要表现是"接受教育后获得工作机会或前景的平等"的认识上，学生的人口学变量在地区、省份、性别、家庭子女排序、年龄、学段、家庭住所、父亲职业、母亲受教育水平、家庭年收入水平、学校所在地上均存在显著差异。西部三省的该项认同比例高于中部三省及东部三省,女生比男生及多子女家庭的老大、老二比独生子女更倾向于认为教育机会公平排第三位的最主要表现是"接受教育后获得工作机会或前景的平等",年龄及学段越低的学生越倾向于认为教育机会公平应该包含教师对待平等,越是农村、父亲职业的社会经济地位越低及家庭年收入水平越低的学生的学生越倾向于认为教育机会公平排第三位的最主要表现是"接受教育后获得工作机会或前景的平等"。

第二节 关于教育机会不公平 最主要表现的认识

一、关于教育机会不公平最主要表现是什么的调查发现

在关于"您认为教育机会不公平排名前三位的最主要表现是什么"的调查结果如表4—3所示。

由表4—3可知,根据"大大原则"可得出,在关于教育机会不均等排名前三位的最主要表现是什么的认识上,排名第一位的教育机会不公平是"上学(就读)机会的不平等",选择此项的有2842人,占27.8%;排名第二位的教育机会不公平是"上学过程中的教师、经费、办学条件、政府管理政策等的投入不平等",选择此项的有2214人,占21.7%;排名第三位的教育机会不公平是"接受教育后获得工作机会或前景的不平等",选择此项的有2205人,占21.7%。

表 4—3　教育机会不公平排名前三位的最主要
表现是什么的调查结果统计表

问题	选项	排名第一位的		排名第二位的		排名第三位的	
		频数	百分比（%）	频数	百分比（%）	频数	百分比（%）
教育机会不公平最主要的表现（排名前三位的）	上学（就读）机会的不平等	2842	27.8	915	9.0	1063	10.5
	上学过程中的教师、经费、办学条件、政府管理政策等的投入不平等	2269	22.2	2214	21.7	1482	14.6
	上学过程中教师、学校对学生的期望与对待的不平等	1492	14.6	1881	18.4	1585	15.6
	父母对您的期望和对待的不平等	219	2.1	445	4.4	529	5.2
	升入高一级学校就读机会的不平等	882	8.6	1459	14.3	1382	13.6
	接受教育后获得工作机会或前景的不平等	1607	15.7	2201	21.6	2205	21.7
	接受教育后实现自己社会经济与政治地位向上流动的机会的不平等	905	8.9	1092	10.7	1916	18.9

注:缺失值为排名第一位的 14 人,占 0.1%;排名第二位的 23 人,占 0.2%;排名第三位的 68 人,占 0.7%,表格中的百分比为有效百分比。

可见,当同学们在被问及"教育机会不公平排名前三位的最主要表现是什么"的认识上与"教育机会公平排名前三位的最主要表现是什么"认识的排名上两者是一致的,只是认同率上排名前两位的却是前者明显低于后者,而排名第三位的则是前者高于后者。

二、关于教育机会不公平最主要表现是什么的人口学变量差异分析

在"您认为目前教育机会不公平排名前三位的最主要表现是什么"上进行人口学变量的交叉列联表分析及卡方检验,以发现人口学各变量上在教育机会不公平排名前三位的最主要表现是什么的认识上的差异,表4—4显示了各主要表现下各人口学变量的卡方检验值。

(一)教育机会不公平排名第一位的最主要表现——"上学(就读)机会的不平等"的人口学变量差异分析

由表4—4可知,在关于目前教育机会不公平排第一位的最主要表现是"上学(就读)机会的不平等"的认识上在地区间存在显著差异,东部三省 28.1%、西部三省 28.0% 要高于中部三省 27.3%;在省份间也存在显著差异,贵州 31.8%、广东 31.8%、浙江 29.8%、安徽 29.4%、江西 28.9%、陕西 28.0% 要高于四川 24.1%、河南 23.8%、江苏 23.0%;在性别上也存在显著差异,男生 30.2% 要明显高于女生 26.2%;在家庭子女排序上也存在显著差异,独生子女 29.5% 要高于老大 27.5%、老二 26.5%;在年龄上也存在显著差异,12—26 岁在 21.4%—51.6% 之间;在学段上也存在显著差异,初中生 34.5%、研究生 32.5%、本科生 29.6% 要明显高于中职中专生 24.8%、高中生 24.1%、大专生 23.5%;在家庭住所上也存在显著差异,城市 33.4%、县城 29.2% 要高于乡镇 27.2%、农村 24.7%,即越是家住城市的学生越倾向于该项认识,说明城市的教育机会不公平感受更强烈些;在父亲职业上也存在显著差异,体制内正科级 41.0%、小企业主 35.2%、教师 31.3%、私营业主 30.8%、体制内副科级 30.8%、个体工商户 29.9%、体制内普通职员 29.7% 要高于体制内副处级及以上 27.4%、工人(农民工)

27.2%、农民23.3%，基本上是父亲职业社会经济地位越高的学生越倾向于该项认识；在母亲受教育程度上存在显著差距，大专（高职高专）32.8%、本科32.3%、高中（中职中专）31.5%要明显高于研究生27.6%、初中26.6%、小学25.4%、文盲23.5%，即基本上母亲受教育水平越高的学生越倾向于该项认识；在家庭年收入上也存在显著差异，8万元及以上33.1%、5—8万元之间32.0%、3—5万元之间29.4%要高于1—3万元之间25.4%、1万元以下24.5%，即家庭年收入越高的学生越倾向于该项认识；在学校所在地上也存在显著差异，大城市（省会及以上）32.5%要明显高于小城镇27.5%、城区（地级市）26.5%、县城23.8%、山区23.8%，即基本上是学校越位于城市的学生越倾向于该项认识。

表4—4　对"您认为目前教育机会不公平排名前三位的最主要表现是什么"的各人口学变量进行交叉列联表分析的卡方检验值（2-sided）

人口学变量	卡方值、Sig	排第一位的上学（就读）机会的不平等	排第二位的上学过程中的教师经费、办学条件、政府管理政策等投入的不平等	排第三位的接受教育后获得工作机会或前景的不平等
	比例	27.8%	21.7%	21.7%
地区	χ^2	41.979	13.996	41.177
	Sig	0.000	0.301	0.000
省份	χ^2	2.393E2	58.022	1.329E2
	Sig	0.000	0.152	0.000
性别	χ^2	90.451	47.843	28.979
	Sig	0.000	0.000	0.000

续表

人口学 变量	卡方 值、 Sig	排第一位的 上学(就读) 机会的不平等	排第二位的 上学过程中的教师、 经费、办学条件、政府管 理政策等投入的不平等	排第三位的 接受教育后获得 工作机会或 前景的不平等
	比例	27.8%	21.7%	21.7%
家庭子女 排序	χ^2	21.667	15.885	28.466
	Sig	0.041	0.197	0.005
年龄	χ^2	6.503E2	3.385E2	3.264E2
	Sig	0.000	0.000	0.000
学段	χ^2	6.008E2	3.272E2	2.486E2
	Sig	0.000	0.000	0.000
家庭住所	χ^2	90.644	42.841	49.783
	Sig	0.000	0.001	0.000
父亲职业	χ^2	1.619E2	87.456	70.180
	Sig	0.000	0.003	0.069
母亲受 教育水平	χ^2	1.028E2	65.413	67.128
	Sig	0.000	0.002	0.001
家庭年 收入水平	χ^2	96.326	49.366	52.292
	Sig	0.000	0.002	0.001
学校 所在地	χ^2	2.723E2	1.256E2	97.007
	Sig	0.000	0.000	0.000

注:表格中 Sig 值小于 0.1 即为各人口学变量下的各选项(子变量)间存在显著差异,各认识下对各人口学变量进行的交叉列联表分析的数据表格因数据太过于庞大,为节省版面此处不再呈现,仅在相关结果呈现中摘取需要的具体数据。

　　可见,在关于对目前教育机会不公平第一位最主要的表现为"上学(就读)机会的不平等"的认识上,学生的人口学变量在地区、省份、性别、家庭子女排序、年龄、学段、家庭住所、父亲职业、母亲受教育水平、家庭年收入水平、学校所在地上均存在显著差异。东部三省及西部三省的该项认同比例要高于中部三省,男生比女生及独生子女比老大、老二更倾向于该项认识,基本上越是家住城市、学校越位于城市、父亲职业社会经济地位越高的及家庭年收入水平越高的学生越倾向于认为教育机会不公平第一位最主要的表现为"上学(就读)机会的不平等"。

(二)教育机会不公平排名第二位的最主要表现——"上学过程中的教师、经费、办学条件、政府管理政策等投入的不平等"的人口学变量差异分析

由表4—4可知,在关于目前教育机会不公平排第二位的最主要表现是"上学过程中的教师、经费、办学条件、政府管理政策等投入的不平等"的认识上在地区间不存在显著差异,中部三省22.1%、东部三省22.1%高于西部三省20.9%;在省份间不存在显著差异,江西23.9%、贵州22.9%、安徽22.9%、浙江22.7%、广东22.6%要高于江苏21.2%、四川20.7%、河南19.5%、陕西19.1%;在性别上存在显著差异,男生22.2%要高于女生21.4%;在家庭子女排序上不存在显著差异,独生子女22.1%、老二21.7%要高于老大20.7%;在年龄上存在显著差异,12—26岁在17.9%—29.9%之间,基本上是年龄越大的学生越认同该选项;在学段上也存在显著差异,研究生27.7%、本科生24.9%、高中生22.9%要高于初中生19.2%、大专生18.9%、中职中专生18.6%,即基本上是学段越高的学生越认同该选项;在家庭住所上存在显著差异,城市23.5%、县城22.3%要高于乡镇21.4%、农村20.7%,即越是家住城市的学生越认同该选项;在父亲职业上存在显著差异,体制内副科级30.8%、小企业主26.1%、体制内副处级及以上25.5%、教师

23.7%、体制内正科级23.5%、体制内普通职员23.2%、私营业主23.1%、工人（农民工）21.7%要高于个体工商户20.6%、农民20.1%，基本上是父亲职业社会经济地位越高的学生越认同该选项；在母亲受教育程度上存在显著差距，研究生31.6%、大专（高职高专）26.0%、文盲22.6%、高中（中职中专）22.2%要高于本科21.6%、初中21.3%、小学20.3%，即基本上是母亲受教育水平越高的学生越认同该选项；在家庭年收入上存在显著差异，8万元及以上25.0%、5—8万元之间25.0%、3—5万元之间21.6%要高于1万元以下20.1%、1—3万元之间19.9%，即基本上是家庭年收入水平越高的学生越认同该选项；在学校所在地上也存在显著差异，大城市（省会及以上）25.7%要明显高于城区（地级市）20.6%、小城镇19.5%、县城19.1%、山区18.4%，即基本上学校越是位于城市的学生越认同该选项。

可见，在关于对目前教育机会不公平排第二位的最主要表现是"上学过程中的教师、经费、办学条件、政府管理政策等投入的不平等"的认识上，学生的人口学变量中除在地区、省份、家庭子女排序上不存在显著差异，其他在性别、年龄、学段、家庭住所、父亲职业、母亲受教育水平、家庭年收入水平、学校所在地上均存在显著差异。中部三省及东部三省的该项认同比例高于西部三省，男生比女生及独生子女、老二比老大更倾向于认为教育机会不公平排第二位的最主要表现是"上学过程中的教师、经费、办学条件、政府管理政策等投入的不平等"，基本上年龄越大、学段越高、家庭住所越在城市、父亲职业社会经济地位越高、母亲受教育水平越高、家庭年收入水平越高、学校越是位于城市的学生越倾向于认为教育机会不公平排第二位的最主要表现是"上学过程中的教师、经费、办学条件、政府管理政策等投入的不平等"。

(三)教育机会不公平排名第三位的最主要表现——"接受教育后获得工作机会或前景的不平等"的人口学变量差异分析

由表4—4可知,在关于目前教育机会不公平排第三位的最主要表现是"接受教育后获得工作机会或前景的不平等"的认识上在地区间存在显著差异,中部三省23.0%、西部三省22.1%要高于东部三省20.0%;在省份间也存在显著差异,安徽25.6%、河南24.4%、贵州23.7%、四川22.9%、浙江21.8%要高于广东20.6%、陕西19.7%、江西19.1%、江苏17.6%;在性别上也存在显著差异,男生22.1%要高于女生21.4%;在家庭子女排序上存在显著差异,老二22.9%要高于老大21.4%、独生子女20.9%,即多子女家庭及家庭排序在后的孩子比独生子女更倾向于该项认识;在年龄上存在显著差异,12—26岁在16.2%—25.5%之间;在学段上也存在显著差异,中职中专生26.2%、高中生22.0%要高于初中生21.2%、大专生20.1%、本科生20.0%、研究生19.8%,即基本上学段越低的学生越倾向于该项认识;在家庭住所上也存在显著差异,农村22.8%要高于县城21.2%、乡镇20.8%、城市20.3%,即基本上家住所是县城、农村的学生越认同该选项;在父亲职业上存在显著差异,农民23.3%、体制内副科级22.6%、工人(农民工)22.0%要高于体制内普通职员21.5%、个体工商户20.4%、小企业主20.3%、私营业主20.2%、教师18.5%、体制内正科级18.2%、体制内副处级及以上17.0%,即基本上是父亲职业社会经济地位越低的学生越倾向于认同该选项;在母亲受教育程度上存在显著差距,文盲24.9%、大专(高职高专)22.6%、小学22.2%要高于初中21.5%、高中(中职中专)21.0%、本科18.9%、研究生18.4%,即基本上母亲受教育水平越低的学生越倾向于认同该选项;在家庭年收入上存在显著差异,1万元以下24.7%要高于1—3万元之间21.1%、8万元及以上21.1%、3—5万元之间20.8%、5—8万元之间19.6%,即基本上家庭年收入水平越低的学生越倾向于认同该选项;在学校所在地上存在显著差异,县城23.7%、小城镇23.4%要高于山区21.5%、城区(地级市)21.4%、大城市(省会及以上)20.8%,即基本上学校越是位于县城、小城镇及山区的学生越倾向于该项认识。

可见,在关于对目前教育机会不公平排第三位的最主要表现是"接受教育后获得工作机会或前景的不平等"的认识上,学生的人口学变量在地区、省份、性别、家庭子女排序、年龄、学段、家庭住所、父亲职业、母亲受教育水平、家庭年收入水平、学校所在地上均存在显著差异。中部三省及西部三省的该项认同比例要高于东部三省,男生比女生及多子女家庭的老二比老大、独生子女更倾向于认为教育机会不公平排第三位的最主要表现是"接受教育后获得工作机会或前景的不平等",基本上是学段越低、家住越是县城、农村、父亲职业社会经济地位越低、母亲受教育水平越低、家庭年收入水平越低、学校所在地越是位于县城、小城镇、山区的学生越倾向于认为教育机会不公平排第三位的最主要表现是"接受教育后获得工作机会或前景的不平等"。

第五章　关于对教育机会分配公平性的态度及阻力的认识

第一节　关于对教育机会分配公平性的态度的认识

一、关于对教育机会分配公平性的态度是什么的调查发现

在关于"您对目前政府致力于教育机会分配公平性方面的改革的态度是什么"的调查结果如表5—1所示。

表5—1　您对目前政府致力于教育机会分配公平性方面的
改革的态度是什么的调查结果统计表

问题	选项	频数	百分比(%)	排序
您对目前政府致力于教育机会分配公平性方面的改革的态度是	非常赞成	2361	23.1	2
	赞成	4772	46.7	1
	无所谓	1617	15.8	3
	不赞成	1092	10.7	4
	非常不赞成	376	3.7	5

注:缺失值为12人,占0.1%,表格中百分比为有效百分比。

由表5—1可知,在关于"您对目前政府致力于教育机会分配公平性方面的改革的态度是什么"的认识上,排名第一位的是"赞成",选择此项的有4772人,占46.7%;排名第二位的是"非常赞成",选择此项的有2361人,占23.1%;排名第三位的是"无所

谓",选择此项的有 1617 人,占 15.8%;排名第四位的是"不赞成",选择此项的有 1092 人,占 10.7%;排名第五位的是"非常不赞成",选择此项的有 376 人,占 3.7%。

可见,同学们在关于对目前政府致力于教育机会分配公平性方面的改革的态度的认识上,持赞成立场的不到 50%,持非常赞成立场的不到四分之一,持赞成及非常赞成立场的共计 69.8%,即同学们对政府在致力于教育机会分配公平性方面的改革的总体满意程度接近 70%,但持非常不赞成(满意)态度的也只有不到 4%。

二、关于对教育机会分配公平性的态度是什么的人口学变量差异分析

对"您对目前政府致力于教育机会分配公平性方面的改革的态度是什么"进行人口学变量的交叉列联表分析及卡方检验,以发现人口学各变量上在同学们对目前政府致力于教育机会分配公平性方面的改革态度的认识上的差异,表 5—2 显示了各种认识态度下各人口学变量的卡方检验值。

(一)您对目前政府致力于教育机会分配公平性方面的改革的态度是"非常赞成"的人口学变量差异分析

由表 5—2 可知,在认为"您对目前政府致力于教育机会分配公平性方面的改革的态度是非常赞成"的认识上在地区间存在显著差异,东部三省 25.0% 要高于中部三省 22.5%、西部三省 21.6%;在省份间也存在显著差异,广东 28.1%、四川 25.2%、浙江 25.2%、河南 25.0% 要高于安徽 22.3%、江苏 21.9%、陕西 21.0%、江西 20.2%、贵州 19.5%;在性别上也存在显著差异,男生 24.0% 要高于女生 22.6%;在家庭子女排序上也存在显著差异,独生子女 25.1% 要高于老二 22.8%、老大 21.5%;在年龄上也存在显著差异,12—26 岁在 19.5%—32.1%之间;在学段上也存在显著差异,高中生 27.8%、初中生 27.3%、研究生 25.0%要高于本科生 22.9%、大专生 18.9%、中职中专生 17.8%;在家庭住所上也存在显著差异,城市 27.5%、县城 24.1%要高于农村 21.7%、乡镇 20.1%,即家住越是县城、城市的学生越认同该选项;在父亲职业上也存在显著差异,体制内副科级 28.7%、体制内正科级 28.4%、体制内副处级以上 27.4%、体制内普通职员 26.3%、小企业主 25.0%、个体工商户 24.7%、私营业主 24.7%要高于教师 22.9%、工人(农民工)22.7%、农民 20.2%,即基本上是父亲职业社会经济地位越高的学生越认同该选项;在母亲受教育程度上存在显著差距,研究生 31.6%、大专(高职高专)26.1%、本科 26.1%、高中(中职中专)25.2%要高于初中 22.9%、小学 20.9%、文盲 20.1%,即母亲受教育水平越高的学生越认同该选项;在家庭年收入上也存在显著差异,5—8 万元之间 27.6%、8 万元及以上 26.3%、3—5 万元之间 23.3%、要高于 1—3 万元之间 22.3%、1 万元以下 20.3%,即基本上家庭年收入越高的学生越认同该选项;在学校所在地上存在显著差异,小城镇 26.2%、大城市(省会及以上)25.5%要高于城区(地级市)22.1%、县城 20.8%、山区 17.6%。

表5—2　对"您对目前政府致力于教育机会分配公平性方面的改革的态度是什么"的各人口学变量进行交叉列联表分析的卡方检验值(2-sided)

人口学变量	卡方值、Sig	非常赞成	赞成	无所谓	不赞成	非常不赞成
地区	χ^2	62.886	62.886	62.886	62.886	62.886
	Sig	0.000	0.000	0.000	0.000	0.000

人口学变量	卡方值、Sig	非常赞成	赞成	无所谓	不赞成	非常不赞成
省份	χ^2	1.432E2	1.432E2	1.432E2	1.432E2	1.432E2
	Sig	0.000	0.000	0.000	0.000	0.000
性别	χ^2	96.777	96.777	96.777	96.777	96.777
	Sig	0.000	0.000	0.000	0.000	0.000
家庭子女排序	χ^2	38.412	38.412	38.412	38.412	38.412
	Sig	0.000	0.000	0.000	0.000	0.000
年龄	χ^2	2.204E2	2.204E2	2.204E2	2.204E2	2.204E2
	Sig	0.000	0.000	0.000	0.000	0.000
学段	χ^2	1.691E2	1.691E2	1.691E2	1.691E2	1.691E2
	Sig	0.000	0.000	0.000	0.000	0.000
家庭住所	χ^2	90.506	90.506	90.506	90.506	90.506
	Sig	0.000	0.000	0.000	0.000	0.000
父亲职业	χ^2	1.125E2	1.125E2	1.125E2	1.125E2	1.125E2
	Sig	0.000	0.000	0.000	0.000	0.000
母亲受教育水平	χ^2	62.769	62.769	62.769	62.769	62.769
	Sig	0.000	0.000	0.000	0.000	0.000
家庭年收入水平	χ^2	1.019E2	1.019E2	1.019E2	1.019E2	1.019E2
	Sig	0.000	0.000	0.000	0.000	0.000
学校所在地	χ^2	79.163	79.163	79.163	79.163	79.163
	Sig	0.000	0.000	0.000	0.000	0.000

注:表格中 Sig 值小于 0.1 即为各人口学变量下的各选项(子变量)间存在显著差异,各认识下对各人口学变量进行的交叉列联表分析的数据表格因数据太过于庞大,为节省版面此处不再呈现,仅在相关结果呈现中摘取需要的具体数据。

可见,在关于"您对目前政府致力于教育机会分配公平性方面的改革的态度是非常赞成"的认识上,学生的人口学变量在地区、省份、性别、家庭子女排序、年龄、学段、家庭住所、父亲职业、母亲受教育水平、家庭年收入水平、学校所在地上均存在显著差异。东部三省的该项认同比例明显高于中部三省及西部三省,男生比女生及独生子女比老二、老大更倾向于该项认识,基本上是家住越是县城、城市、父亲职业社会经济地位越高、母亲受教育水平越高、家庭年收入越高的学生越倾向于认为对目前政府致力于教育机会分配公平性方面的改革的态度是非常赞成的。

(二)您对目前政府致力于教育机会分配公平性方面的改革的态度是"赞成"的人口学变量差异分析

由表5—2可知,在认为"您对目前政府致力于教育机会分配公平性方面的改革的态度是赞成"的认识上在地区间存在显著差异,西部三省51.2%要明显高于中部三省44.5%、东部三省44.3%;在省份间也存在显著差异,陕西52.8%、贵州50.8%、四川50.0%、江西47.6%、江苏47.2%要高于广东44.5%、安徽43.3%、河南42.7%、浙江40.9%;在性别上也存在显著差异,女生49.7%要明显高于男生42.1%;在家庭子女排序上存在显著差异,老大47.8%、老二47.5%要高于独生子女45.3%;在年龄上也存在显著差异,12—26岁在39.7%—49.8%之间;在学段上也存在显著差异,中职中专生49.3%、大专生47.9%要高于高中生46.6%、本科生46.3%、初中生45.7%、研究生43.3%;在家庭住所上也存在显著差异,农村48.9%、乡镇46.9%要高于县城44.8%、城市43.6%,即家住越是乡镇、农村的学生越认同该选项;在父亲职业上也存在显著差异,教师50.0%、体制内正科级50.0%、农民49.4%、工人(农民工)48.1%、体制内副处级及以上47.4%要高于体制内普通职员45.9%、私营业主43.5%、小企业主43.1%、体制内副科级42.7%、个体工商户42.1%;在母亲受教育程度上也存在显著差距,文盲52.5%、小学48.9%、初中47.9%要高于本科44.9%、高中(中职中专)43.2%、大专(高职高专)41.0%、研究生40.8%,即基本上母亲受教育水平越低的学生越认同该选项;在家庭年收入上也存在显著差异,1万元以下49.8%、1—3万元之间49.6%要高于3—5万元之间45.8%、5—8万元之间42.0%、8万元及以上41.1%,即家庭年收入水平越低的学生越认同该选项;在学校所在地上也存在显著差异,山区58.6%、县城50.6%、小城镇47.6%、城区(地级市)46.7%要高于大城市(省会及以上)43.5%,即基本上是学校越位于小城镇、山区的学生越认同该选项。

可见,在关于"您对目前政府致力于教育机会分配公平性方面的改革的态度是赞成"的认识上,学生的人口学变量在地区、省份、性别、家庭子女排序、年龄、学段、家庭住所、父亲职业、母亲受教育水平、家庭年收入水平、学校所在地上均存在显著差异。西部三省的该项认同比例要明显高于中部三省及东部三省的,女生远比男生及老大、老二比独生子女更倾向于认为对目前政府致力于教育机会分配公平性方面的改革的态度是赞成的,基本上家住越是乡镇、农村、母亲受教育水平越低、家庭年收入水平越低、学校越位于小城镇、山区的学生越倾向于认为对目前政府致力于教育机会分配公平性方面的改革的态度是赞成的。

(三)您对目前政府致力于教育机会分配公平性方面的改革的态度是"无所谓"的人口学变量差异分析

由表5—2可知,在认为"您对目前政府致力于教育机会分配公平性方面的改革的态度是无所谓"的认识上在地区间存在显著差异,中部三省 17.1%、东部三省 16.0%要高于西部三省 14.4%；在省份间也存在显著差异,江西 19.0%、浙江 18.4%、安徽 18.1%、江苏 16.6%、贵州 16.0%要高于陕西 14.3%、河南 14.2%、广东 13.0%、四川 12.9%；在性别上也存在显著差异,男生 18.1%要高于女生 14.4%；在家庭子女排序上存在显著差异,独生子女 16.4%要高于老二 15.3%、老大 15.3%；在年龄上也存在显著差异,12—26 岁在 11.2%—20.7%之间,基本上年龄越小的学生越认同该选项；在学段上也存在显著差异,中职中专生 19.3%、大专生 17.6%、初中生 16.1%要高于本科生 14.9%、研究生 13.6%、高中生 12.6%；在家庭住所上也存在显著差异,县城 18.6%、乡镇 17.8%、城市 16.7%要高于农村 13.8%；在父亲职业上存在显著差异,小企业主 19.0%、个体工商户 18.1%、体制内副科级 17.8%、私营业主 17.4%、体制内普通职员 16.4%、教师 16.2%、体制内副处级及以上 15.8%要高于工人(农民工)15.3%、农民 13.5%、体制内正科级 11.9%；在母亲受教育程度上存在显著差距,大专(高职高专)19.3%、本科 17.0%、高中(中职中专)16.9%要高于小学 15.4%、初中 14.8%、文盲 14.4%、研究生 13.2%；在家庭年收入上存在显著差异,8 万元以及上 18.8%、3—5 万元之间 17.4%、5—8 万元之间 15.9%要高于 1 万元以下 14.1%、1—3 万元之间 14.0%,即基本上是家庭年收入越高的学生越认同该选项；在学校所在地上存在显著差异,大城市(省会及以上)17.4%、县城 16.4%要高于城区(地级市)15.6%、小城镇 12.5%、山区 11.7%,即学校越是位于县城、大城市的学生越认同该选项。

可见,在关于"您对目前政府致力于教育机会分配公平性方面的改革的态度是无所谓"的认识上,学生的人口学变量在地区、省份、性别、家庭子女排序、年龄、学段、家庭住所、父亲职业、母亲受教育水平、家庭年收入水平、学校所在地上均存在显著差异。中部三省及东部三省的该项认同比例高于西部三省的,男生比女生及独生子女比老二、老大更倾向于该项认识,基本上是年龄越小、家庭年收入水平越高、学校越是位于县城、大城市的学生越倾向于认为对目前政府致力于教育机会分配公平性方面的改革的态度是无所谓的。

(四)您对目前政府致力于教育机会分配公平性方面的改革的态度是"不赞成"的人口学变量差异分析

由表5—2可知,在认为"您对目前政府致力于教育机会分配公平性方面的改革的态度是不赞成"的认识上在地区间存在显著差异,中部三省11.5%要高于东部三省10.5%、西部三省10.0%;在省份间也存在显著差异,河南13.8%、浙江11.6%、安徽10.8%、贵州10.7%要高于广东10.5%、江西10.1%、陕西9.9%、江苏9.4%、四川9.4%;在性别上存在显著差异,女生10.7%要高于男生10.6%;在家庭子女排序上存在显著差异,老大12.4%、老二11.0%要高于独生子女9.0%;在年龄上也存在显著差异,12—26岁在2.8%—16.1%之间,基本上是年龄越大的学生越认同该选项;在学段上也存在显著差异,研究生13.2%、本科生12.4%、大专生12.3%、中职中专生10.7%要高于高中生9.4%、初中生6.7%,即学段越高的学生越认同该选项;在家庭住所上也存在显著差异,农村12.1%、乡镇11.2%要高于县城9.4%、城市8.4%,即家住越是在乡镇、农村的学生越认同该选项;在父亲职业上存在显著差异,农民13.3%、个体工商户11.2%、工人(农民工)10.1%要高于体制内普通职员8.4%、私营业主8.4%、体制内正科级8.2%、小企业主8.0%、教师7.7%、体制内副科级7.6%、体制内副处级及以上5.3%,即基本上父亲职业社会经济地位越低的学生越认同该选项;在母亲受教育程度上存在显著差距,小学 11.9%、高中(中职中专)10.9%要高于初中 10.4%、大专(高职高专)10.4%、文盲 9.4%、本科 8.6%、研究生 7.9%;在家庭年收入上存在显著差异,1 万元以下 12.0%、1—3 万元之间 10.9%、3—5 万元之间 10.8%要高于 5—8 万元之间 9.9%、8 万元以及上 8.6%,即基本上家庭年收入水平越低的学生越认同该选项;在学校所在地上存在显著差异,城区(地级市)11.8%要高于山区 10.5%、大城市(省会及以上)10.0%、县城 9.8%、小城镇 8.5%。

可见,在关于"您对目前政府致力于教育机会分配公平性方面的改革的态度是不赞成"的认识上,学生的人口学变量在地区、省份、性别、家庭子女排序、年龄、学段、家庭住所、父亲职业、母亲受教育水平、家庭年收入水平、学校所在地上均存在显著差异。中部三省的该项认同比例要高于东部三省及西部三省的,女生比男生及老大、老二比独生子女更倾向于该项认识,基本上是年龄越大、学段越高、家住越是在乡镇、农村、父亲职业社会经济地位越低、家庭年收入水平越低的学生越倾向于认为对目前政府致力于教育机会分配公平性方面的改革的态度是不赞成的。

(五)您对目前政府致力于教育机会分配公平性方面的改革的态度是——"非常不赞成"的人口学变量差异分析

由表5—2 可知,在认为"您对目前政府致力于教育机会分配公平性方面的改革的态度是非常不赞成"的认识上在地区间存在显著差异,东部三省 4.3%、中部三省 4.3%要高于西部三省 2.5%;在省份间也存在显著差异,安徽 5.4%、江苏 5.0%、河南 4.3%、广东 4.0%、浙江 3.9%要高于江西 3.1%、贵州 3.0%、四川 2.5%、陕西 2.0%;在性别上也存在显著差异,男生 5.2%要高于女生 2.7%;在家庭子女排序上也存在显著差异,独生子女 4.1%、老二 3.6%要高于老大 3.0%;在年龄上存在显著差异,12—26 岁在 2.2%—7.4%之间;在学段上也存在显著差异,研究生 4.9%、初中生 4.3%要高于高中生 3.6%、本科生 3.4%、大专生 3.3%、中职中专生 2.9%;在家庭住所上也存在显著差异,乡镇 3.9%、城市 3.8%、农村 3.6%要高于县城 3.1%;在父亲职业上也存在显著差异,私营业主 6.0%、小企业主 4.9%、体制内副处级及以上 4.2%、工人(农民工)3.8%、个体工商户 3.8%要高于农民 3.6%、教师 3.2%、体制内副科级 3.2%、体制内普通职员 2.9%、体制内正科级 1.5%;在母亲受教育程度上也存在显著差距,研究生 6.6%、初中 4.0%、高中(中职中专)3.9%要高于文盲 3.6%、本科 3.4%、大专(高职高专)3.3%、小学 3.0%;在家庭年收入上也存在显著差异,8 万元以及上 5.3%、5—8 万元之间 4.7%、1 万元以下 3.7%要高于 1—3 万元之间 3.2%、3—5 万元之间 2.7%,即基本上是家庭年收入越高的学生越认同该选项;在学校所在地上也存在显著差异,小城镇 5.2%、城区(地级市)3.9%、大城市(省会及以上)3.7%要高于、县城 2.4%、山区 1.6%。

可见,在关于"您对目前政府致力于教育机会分配公平性方面的改革的态度是非常不赞成"的认识上,学生的人口学变量在地区、省份、性别、家庭子女排序、年龄、学段、家庭住所、父亲职业、母亲受教育水平、家庭年收入水平、学校所在地上均存在显著差异。东部三省及中部三省的该项认同比例要高于西部三省的,男生比女生及独生子女、老二比老大更倾向于该项认识,基本上是家庭年收入水平越高的学生越倾向于认为对目前政府致力于教育机会分配公平性方面的改革的态度是非常不赞成。

第二节 关于对教育机会分配公平性的 最大阻力的认识

一、关于对教育机会分配公平性的最大阻力是什么的调查发现

在关于"您认为教育机会分配公平性改革排名前三位的最大阻力来自什么"的调查结果如表5—3所示。

表5—3 您认为教育机会分配公平性改革排名前三位的最大阻力来自什么的调查结果统计表

问题	选项	排名第一位的		排名第二位的		排名第三位的	
		频数	百分比（%）	频数	百分比（%）	频数	百分比（%）
您认为教育机会分配公平性改革的最大阻力来自（排名前三位的）	政府官员	3146	30.8	2805	27.6	1845	18.3
	教职工	372	3.6	938	9.2	1013	10.1
	学校领导	565	5.5	1788	17.6	2359	23.5
	学生家长	311	3.0	670	6.6	907	9.0
	用人单位	643	6.3	2430	23.9	2238	22.3
	目前各类不平等的政策及影响因素（如上学的户籍就近原则，升学〔尤其是高考〕的地域、民族差异政策，就业上的户籍、性别、工作经验等方面的歧视性要求等）	5179	50.7	1523	15.0	1695	16.9

注：缺失值为排名第一位的14人，占0.1%；排名第二位的76人，占0.7%；排名第三位的173人，占1.7%，表格中百分比为有效百分比。

由表5—3可知,在关于"您认为教育机会分配公平性改革排名前三位的最大阻力来自什么"的认识上,根据"大大原则"得出,排名第一位的阻力来自"目前各类不平等的政策及影响因素(如上学的户籍就近原则,升学〔尤其是高考〕的地域、民族差异政策,就业上的户籍、性别、工作经验等方面的歧视性要求等)",选择此项的有5179人,占50.7%;排名第二位的阻力来自"政府官员",选择此项的有2805人,占27.6%,而在排名第一位的阻力来源的选择中认为是政府官员的有3146人,占30.8%,在排名第一位的阻力来源中排名第二;排名第三位的阻力来自"学校领导",选择此项的有2359人,占23.5%。

可见,有超过50%的同学认为目前各类不平等的政策及影响因素是教育机会分配公平性改革中排名第一位的阻力,而政府官员和学校领导则分别为第二、第三阻力来源,分别占到近30%及不到25%,即都是体制内的政策及体制内的官员及学校领导构成了教育机会分配公平性改革的最大阻力来源。

二、关于对教育机会分配公平性的最大阻力是什么的人口学变量差异分析

对"您认为教育机会分配公平性改革的排名前三位的最大阻力是什么"进行人口学变量的交叉列联表分析及卡方检验,以发现人口学各变量上在对教育机会分配公平性该给的排名前三位的最大阻力来源认识上的差异,表5—4显示了各最大阻力下各人口学变量的卡方检验值。

(一)您认为教育机会分配公平性改革的排名第一位的最大阻力来自——"目前各类不平等的政策及影响因素"的人口学变量差异分析

由表5—4可知,在关于您认为目前教育机会分配公平性改

排第一位的阻力是"目前各类不平等的政策及影响因素（如上学的户籍就近原则，升学〔尤其是高考〕的地域、民族差异政策，就业上的户籍、性别、工作经验等方面的歧视性要求等）"的认识上在地区间存在显著差异，中部三省 52.3%、东部三省 52.2%要高于西部三省 47.6%；在省份间也存在显著差异，安徽 53.9%、河南 53.2%、江苏 52.9%、四川 52.2%、广东 52.2%、浙江 51.6%要高于江西 49.9%、陕西 48.6%、贵州 41.9%；在性别上也存在显著差异，女生 53.9%要明显高于男生 45.7%；在家庭子女排序上不存在显著差异，独生子女 51.8%、老大 51.5%要高于老二 49.6%；在年龄上也存在显著差异，12—26 岁在 41.8%—67.1%之间，年龄越大的学生越认同该选项；在学段上也存在显著差异，研究生 67.3%、本科生 61.2%、高中生 52.1%要明显高于大专生 45.2%、初中生 43.0%、中职中专生 40.9%，即基本上学段越高的学生越认同该选项；在家庭住所上也存在显著差异，城市 54.6%、县城 53.5%要明显高于农村 49.4%、乡镇 45.7%，即家住越是县城、城市的学生越倾向于该项认识，说明县城、城市中的学生对教育机会分配公平性改革中的不公平政策的感受更强烈些；在父亲职业上也存在显著差异，体制内副科级 64.1%、体制内副处级及以上 61.1%、体制内普通职员 57.2%、教师 57.2%、体制内正科级 56.4%、私营业主 50.8%要高于小企业主 50.7%、个体工商户 50.4%、工人（农民工）49.4%、农民 47.4%，基本上是父亲职业社会经济地位越高的学生越倾向于该项认识；在母亲受教育程度上存在显著差距，大专（高职高专）56.2%、本科 53.2%、文盲 52.1%、高中（中职中专）50.9%要高于初中 50.5%、小学 48.8%、研究生 39.5%；在家庭年收入上也存在显著差异，5—8 万元之间 55.4%、8 万元及以上 54.0%、3—5 万元之间 52.7%、1—3 万元之间

51.4%要明显高于 1 万元以下 44.1%,即基本上家庭年收入越高的学生越倾向于该项认识;在学校所在地上也存在显著差异,大城市(省会及以上)54.6%、城区(地级市)51.9%要明显高于县城 45.5%、山区 43.4%、小城镇 41.9%,即基本上是学校越是位于城区、大城市的学生越倾向于该项认识。

表5—4 对"您认为教育机会分配公平性改革的排名前三位的最大阻力来源"的各人口学变量进行交叉列联表分析的卡方检验值(2-sided)

人口学变量	卡方值、Sig	排第一位的	排第二位的	排第三位的
		目前各类不平等的政策及影响因素(如上学的户籍就近原则,升学〔尤其是高考〕的地域、民族差异政策,就业上的户籍、性别、工作经验等方面的歧视性要求等)	政府官员	学校领导
	比例	50.7%	27.6%	23.5%
地区	χ^2	96.355	38.516	25.145
	Sig	0.000	0.000	0.005
省份	χ^2	1.982E2	1.043E2	98.836
	Sig	0.000	0.000	0.000
性别	χ^2	90.152	29.689	26.849
	Sig	0.000	0.000	0.000
家庭子女排序	χ^2	10.563	10.902	20.786
	Sig	0.393	0.365	0.023
年龄	χ^2	4.004E2	3.309E2	2.246E2
	Sig	0.000	0.000	0.000

人口学变量	卡方值Sig	排第一位的	排第二位的	排第三位的
		目前各类不平等的政策及影响因素（如上学的户籍就近原则，升学〔尤其是高考〕的地域、民族差异政策，就业上的户籍、性别、工作经验等方面的歧视性要求等）	政府官员	学校领导
	比例	50.7%	27.6%	23.5%
学段	χ^2	5.177E2	2.833E2	1.759E2
	Sig	0.000	0.000	0.000
家庭住所	χ^2	66.509	17.877	37.155
	Sig	0.000	0.269	0.001
父亲职业	χ^2	1.178E2	53.644	91.136
	Sig	0.000	0.177	0.000
母亲受教育水平	χ^2	44.840	55.187	37.610
	Sig	0.040	0.003	0.160
家庭年收入水平	χ^2	79.744	33.101	49.760
	Sig	0.000	0.033	0.000
学校所在地	χ^2	1.330E2	1.088E2	61.350
	Sig	0.000	0.000	0.000

注：表格中 Sig 值小于 0.1 即为各人口学变量下的各选项（子变量）间存在显著差异，各认识下对各人口学变量进行的交叉列联表分析的数据表格因数据太过于庞大，为节省版面此处不再呈现，仅在相关结果呈现中摘取需要的具体数据。

可见，在关于您认为目前教育机会分配公平性改革排第一位的阻力是"目前各类不平等的政策及影响因素（如上学的户籍就近原则，升学〔尤其是高考〕的地域、民族差异政策，就业上的户籍、性别、工作经验等方面的歧视性要求等)"的认识上,学生的人口学变量除在家庭子女排序上不存在显著差异外,其余的在地区、省份、性别、年龄、学段、家庭住所、父亲职业、母亲受教育水平、家庭年收入水平、学校所在地上均存在显著差异。中部三省及东部三省的该项认同比例要高于西部三省的,女生远比男生及独生子女、老大比老二更倾向于该项认识,基本上是年龄越大、学段越高、家住越是县城、城市、父亲职业社会经济地位越高、家庭年收入水平越高、学校所在地越是在城区、大城市学生越倾向于认为目前教育机会分配公平性改革排第一位的阻力是"目前各类不平等的政策及影响因素"。

(二)您认为教育机会分配公平性改革的排名第二位的最大阻力来自——"政府官员"的人口学变量差异分析

由表5—4可知,在关于您认为目前教育机会分配公平性改革排第二位的阻力来自"政府官员"的认识上在地区间存在显著差异,东部三省 29.6%、中部三省 28.9%要明显高于西部三省 24.5%;在省份间存在显著差异,广东 31.0%、安徽 30.1%、浙江 29.7%、河南 29.4%、江苏 28.1%要高于四川 27.5%、江西 27.2%、陕西 24.4%、贵州 21.6%;在性别上存在显著差异,女生 28.5%要高于男生 26.3%;在家庭子女排序上不存在显著差异,老大 28.4%、老二 28.2%要高于独生子女 26.6%;在年龄上存在显著差异,12—26 岁在 22.3%—40.9%之间,基本上是年龄越大的学生越认同该选项;在学段上也存在显著差异,研究生 35.9%、本科生 32.9%、高中生 28.3%要高于大专生 26.3%、初中生 23.3%、中职中专生 21.9%,即基本上是学段越高的学生越认同该选项;在家庭住所上不存在显著差异,城市 28.3%、县城 27.6%要高于乡镇 27.5%、农村 27.4%,即家住越是县城、城市的学生越认同该选项;

在父亲职业上不存在显著差异，教师 29.5%、小企业主 28.7%、个体工商户 28.1%、农民 27.8%要高于体制内副科级 27.6%、工人（农民工）27.5%、体制内正科级 27.3%、私营业主 27.1%、体制内普通职员 26.8%、体制内副处级及以上 22.3%；在母亲受教育程度上存在显著差距，大专（高职高专）29.3%、初中 28.2%、文盲 28.0%、小学 27.9%要高于高中（中职中专）26.5%、本科 25.5%、研究生 18.4%；在家庭年收入上存在显著差异，5—8 万元之间 29.6%、1—3 万元之间 28.5%、8 万元及以上 28.1%、3—5 万元之间 28.0%要高于 1 万元以下 25.1%；在学校所在地上也存在显著差异，大城市（省会及以上）29.3%、城区（地级市）28.9%要明显高于小城镇 24.2%、县城 23.0%、山区 21.9%，即基本上学校越是位于城区、大城市的学生越认同该选项。

可见，在关于您认为目前教育机会分配公平性改革排第二位的阻力来自"政府官员"的认识上，学生的人口学变量中除在家庭子女排序、家庭住所、父亲职业上不存在显著差异，其他在地区、省份、性别、年龄、学段、母亲受教育水平、家庭年收入水平、学校所在地上均存在显著差异。东部三省及中部三省的该项认同比例高于西部三省的，女生比男生及老大、老二比独生子女更倾向于该选项，基本上是年龄越大、学段越高、家住越是在县城、城市、学校越是位于城区、大城市的学生越倾向于认为目前教育机会分配公平性改革排第二位的阻力来自"政府官员"。

（三）您认为教育机会分配公平性改革的排名第三位的最大阻力来自——"学校领导"的人口学变量差异分析

由表5—4可知，在关于您认为目前教育机会分配公平性改革排第三位的阻力来自"学校领导"的认识上在地区间存在显著差异，东部三省 25.3%要高于中部三省 23.4%、西部三省 21.7%；在省份间也存在显著差异,广东 26.8%、江苏 25.0%、浙江 24.2%、河南 24.0%要高于安徽 23.2%、江西 23.1%、四川 22.9%、陕西 21.7%、贵州 20.3%;在性别上也存在显著差异,男生 24.2%要高于女生 23.0%;在家庭子女排序上存在显著差异,独生子女 24.2%、老二 23.4%要高于老大 22.1%;在年龄上存在显著差异,12—26 岁在 19.9%—28.6%之间;在学段上也存在显著差异,本科生 25.8%、大专生 25.2%、研究生 25.1%、高中生 23.9%要高于初中生 22.3%、中职中专生 19.1%,即基本上学段越高的学生越倾向于该项认识;在家庭住所上也存在显著差异,城市 24.8%、乡镇 24.6%、县城 23.6%要高于农村 22.3%,即基本上家住越是城市的学生越认同该选项;在父亲职业上存在显著差异,私营业主 28.1%、体制内副科级 27.9%、个体工商户 26.0%、体制内副处级及以上 25.5%、体制内普通职员 23.9%、工人(农民工)23.6%、小企业主 23.4%要高于教师 22.6%、农民 20.9%、体制内正科级 20.3%,即基本上是父亲职业社会经济地位越高的学生越倾向于认同该选项;在母亲受教育程度上不存在显著差距,研究生 26.3%、初中 24.1%、高中(中职中专)24.0%要高于大专(高职高专)23.0%、本科 22.9%、小学 22.7%、文盲 21.0%;在家庭年收入上存在显著差异,8 万元及以上 26.8%、5—8 万元之间 25.4%要高于 1—3 万元之间 23.4%、3—5 万元之间 22.2%、1 万元以下 21.7%,即基本上家庭年收入水平越高的学生越倾向于认同该选项;在学校所在地上存在显著差异,大城市(省会及以上)24.5%、城区(地级市)24.2%要高于小城镇 22.4%、县城 20.7%、山区 16.0%,即基本上学校越是位于大城市的学生越倾向于该项认识。

可见,在关于您认为目前教育机会分配公平性改革排第三位的阻力来自"学校领导"的认识上,学生的人口学变量中除在母亲受教育水平上不存在显著差异，其他在地区、省份、性别、家庭子女排序、年龄、学段、家庭住所、父亲职业、家庭年收入水平、学校所在地上均存在显著差异。东部三省的该项认同比例要高于中部三省及西部三省的，男生比女生及独生子女、老二比老大更倾向于认为教育机会分配公平性改革排第三位的阻力来自"学校领导"，基本上是学段越高、家住越是城市、父亲职业社会经济地位越高、家庭年收入水平越高、学校所在地越是位于大城市的学生越倾向于认为教育机会分配公平性改革排第三位的阻力来自"学校领导"。

第六章　关于对教育机会分配公平性改革已有措施与建议的认识

第一节　关于对教育机会分配公平性改革已有措施的认识

一、关于对教育机会分配公平性改革已有措施是什么的调查发现

在关于"您所在地区是怎样推进教育机会分配公平性的"的调查结果如表6—1所示。

由表6—1可知,在关于"您所在地区是怎样推进教育机会分配公平性的"认识上,排名第一位的是"加强教师队伍建设(包括培训、交流等)及均衡配置",选择此项的有5021人,占49.1%;排名第二位的是"加大政府教育经费投入力度",选择此项的有4935人,占48.2%;排名第三位的是"要求教师、家长在教育过程中对学生平等对待",选择此项的有4409人,占43.1%;排名第四位的是"保持或加强对少数民族、边远地区、低收入家庭的学生的经济补助",选择此项的有4309人,占42.1%;排名第五位的是"加快薄弱学校建设",选择此项的有4208人,占41.1%;排名第六位的是"提高毕业生的待遇及就业率",选择此项的有3692人,占36.1%;排名第七位的是"政府、社会共同努力减小升学及就业方面的歧视对待",选择此项的有3471人,占33.9%;　排名第八位

表 6—1 您所在地区是怎样推进教育机会
分配公平性的调查结果统计表

问题	已有措施选项	频数	百分比（%）	排序
您所在地区是怎样推进教育机会分配公平性的？	加大政府教育经费投入力度	4935	48.2	2
	加快薄弱学校建设	4208	41.1	5
	加强教师队伍建设(包括培训、交流等)及均衡配置	5021	49.1	1
	要求教师、家长在教育过程中对学生平等对待	4409	43.1	3
	保持或加强对少数民族、边远地区、低收入家庭的学生的经济补助	4309	42.1	4
	保持或加强对少数民族、特长学生的升学照顾力度	3128	30.6	8
	提高教师的经济待遇	1649	16.1	9
	提高毕业生的待遇及就业率	3692	36.1	6
	政府、社会共同努力减小升学及就业方面的歧视对待	3471	33.9	7
	其他	655	6.4	10

注:缺失值为 1 人,占 0.00%。

的是"保持或加强对少数民族、特长学生的升学照顾力度",选择此项的有 3128 人,占 30.6%;排名第九位的是"提高教师的经济待遇",选择此项的有 1649 人,占 16.1%;排名第十位的是"其他",选择此项的有 655 人,占 6.4%。

可见,加强教师队伍建设及均衡配置、加大政府教育经费投入力度、要求教师及家长在教育过程中对学生平等对待、保持或加强对少数民族及边远地区与低收入家庭的学生的经济补助、加快薄弱学校建设是学生感受到的当地政府在推进教育机会分配公平性改革中所采取的排名前五位的措施,其认同比例都在 41.1%—49.1%之间。

二、关于对教育机会分配公平性改革已有措施的人口学变量差异分析

对"您所在地区是怎样推进教育机会分配公平性的"进行人口学变量的交叉列联表分析及卡方检验,以发现人口学各变量上在对教育机会分配公平性改革已有措施的认识上的差异,表 6—2 显示了已有各措施下各人口学变量的卡方检验值。

表 6—2　对"您所在地区是怎样推进教育机会分配公平性的"的各人口学变量进行交叉列联表分析的卡方检验值（2-sided）

人口学变量	卡方值、Sig	加大政府教育经费投入力度	加快薄弱学校建设	加强教师队伍建设（包括培训、交流等）及均衡配置	要求教师、家长在教育过程中对学生平等对待	保持或加强对少数民族、边远地区、低收入家庭的学生的经济补助	保持或加强对少数民族、特长生的升学照顾力度	提高教师的经济待遇	提高毕业生待遇及就业率	政府、社会共同努力减小升学及就业方面的歧视对待	其他
	比例	48.2%	41.1%	49.1%	43.1%	42.1%	30.6%	16.1%	36.1%	33.9%	6.4%
地区	χ^2	58.610	15.691	56.728	17.542	51.220	44.145	4.097	26.593	18.148	12.382
	Sig	0.000	0.000	0.000	0.000	0.000	0.000	0.129	0.000	0.000	0.002
省份	χ^2	1.428E2	32.522	81.374	34.516	1.224E2	1.353E2	25.425	48.265	49.300	31.067
	Sig	0.000	0.000	0.000	0.000	0.000	0.001	0.000	0.000	0.000	0.000
性别	χ^2	3.468	6.432	25.955	5.676	53.295	0.017	0.303	0.938	1.383	9.152
	Sig	0.063	0.011	0.000	0.017	0.000	0.897	0.582	0.333	0.240	0.002
家庭子女排序	χ^2	16.342	3.071	6.084	5.471	0.198	24.402	12.336	0.837	11.282	16.998
	Sig	0.000	0.215	0.048	0.065	0.906	0.000	0.002	0.658	0.004	0.000

人口学变量	卡方值、Sig	加大政府教育经费投入力度	加快薄弱学校建设	加强教师队伍建设（包括培训、交流等）及均衡配置	要求教师、家长在教育过程中对学生平等对待	保持或加强对少数民族、边远地区、低收入家庭的学生的经济补助	保持或加强对少数民族、特长学生的升学照顾力度	提高教师的经济待遇	提高毕业生的待遇及就业率	政府、社会共同努力减小升学及就业方面的歧视对待	其他
比例		48.2%	41.1%	49.1%	43.1%	42.1%	30.6%	16.1%	36.1%	33.9%	6.4%
年龄	χ^2	1.392E2	32.885	76.282	2.025E2	79.289	30.795	1.038E2	31.965	41.798	34.427
	Sig	0.000	0.107	0.000	0.000	0.000	0.160	0.000	0.128	0.014	0.077
学段	χ^2	1.868E2	21.761	89.696	2.035E2	71.437	14.749	1.125E2	71.248	29.508	25.618
	Sig	0.000	0.001	0.000	0.000	0.000	0.011	0.000	0.000	0.000	0.000
家庭住所	χ^2	19.606	2.531	20.420	13.006	19.897	35.375	30.257	11.680	13.166	6.165
	Sig	0.000	0.470	0.000	0.005	0.000	0.000	0.000	0.009	0.004	0.104
父亲职业	χ^2	49.040	16.448	46.851	22.009	31.416	21.214	34.642	12.481	21.005	15.523
	Sig	0.000	0.058	0.000	0.009	0.000	0.012	0.000	0.188	0.013	0.078
母亲受教育水平	χ^2	13.857	4.440	13.771	14.369	37.629	36.460	22.209	10.732	6.866	4.306
	Sig	0.031	0.617	0.032	0.026	0.000	0.000	0.001	0.097	0.333	0.635
家庭年收入水平	χ^2	50.767	3.324	39.162	3.192	29.981	9.869	17.635	3.707	5.609	23.042
	Sig	0.000	0.505	0.000	0.526	0.000	0.043	0.001	0.447	0.230	0.000
学校所在地	χ^2	1.027E2	16.698	22.892	58.754	38.113	13.805	67.902	11.509	4.018	8.040
	Sig	0.000	0.002	0.000	0.000	0.008	0.000	0.000	0.021	0.404	0.090

注：表格中 Sig 值小于 0.1 即为各人口学变量下的各选项（子变量）间存在显著差异，各认识下对各人口学变量进行的交叉列联表分析的数据表格因数据太过于庞大，为节省版面此处不再呈现，仅在相关结果呈现中摘取需要的具体数据。

（一）您所在地区是怎样推进教育机会分配公平性的——"加大政府教育经费投入力度"的人口学变量差异分析

由表6—2可知，在关于"您所在地区是怎样推进教育机会分

133

配公平性？——加大政府教育经费投入力度"的认识上在地区间存在显著差异，东部三省 53.1% 要明显高于中部三省 47.8%、西部三省 43.9%；在省份间也存在显著差异，广东 59.6%、江苏 53.5%、安徽 52.2%、陕西 49.4%、江西 49.0% 要高于浙江 46.3%、河南 42.3%、四川 41.5%、贵州 40.6%；在性别上存在显著差异，男生 49.4% 要高于女生 47.5%；在家庭子女排序上存在显著差异，独生子女 50.9% 要高于老大 48.2%、老二 46.0%；在年龄上也存在显著差异，12—26 岁在 41.0%—60.8% 之间；在学段上也存在显著差异，研究生 60.4%、本科生 55.3% 要高于高中生 48.0%、大专生 46.5%、初中生 44.2%、中职中专生 39.2%，即基本上学段越高的学生越认同该选项；在家庭住所上也存在显著差异，城市 52.1%、乡镇 48.7% 要高于县城 47.8% 农村 46.4%，即家住越是城市的学生越倾向于该项认识；在父亲职业上也存在显著差异，体制内副科级 59.9%、体制内正科级 56.7%、体制内副处级及以上 53.7%、教师 52.7%、体制内普通职员 51.4%、小企业主 50.7%、个体工商户 49.3%、工人（农民工）48.8% 要高于私营业主 47.2%、农民 43.6%，基本上是父亲职业社会经济地位越高的学生越倾向于该项认识；在母亲受教育程度上存在显著差距，研究生 55.3%、本科 51.2%、高中（中职中专）50.1%、大专（高职高专）49.4%、初中 48.3% 要高于小学 46.8%、文盲 43.2%，即母亲受教育水平越高的学生越认同该选项；在家庭年收入上也存在显著差异，8 万元及以上 52.4%、5—8 万元之间 52.4%、3—5 万元之间 50.6% 要高于 1—3 万元之间 48.0%、1 万元以下 42.8%，即家庭年收入越高的学生越认同该选项；在学校所在地上也存在显著差异，大城市（省会及以上）53.9%、小城镇 49.3% 要高于城区（地级市）47.9%、县城 39.9%、山区 32.4%，即基本上是学校越是位于城市的学生越倾向于该项认识。

可见,在关于"您所在地区是怎样推进教育机会分配公平性的?——加大政府教育经费投入力度"的认识上,学生的人口学变量在地区、省份、性别、家庭子女排序、年龄、学段、家庭住所、父亲职业、母亲受教育水平、家庭年收入水平、学校所在地上均存在显著差异。东部三省的该项认同比例要明显高于中部三省及西部三省的,说明经济越发达的地区政府越是通过加大对教育经费的投入力度来解决教育机会分配公平性问题,男生比女生及独生子女比老大、老二更倾向于该项认识,基本上是学段越高、家住越是城市、父亲职业社会经济地位越高、母亲受教育水平越高、家庭年收入水平越高、学校所在地越是在大城市学生越倾向于认为当地政府通过加大教育经费投入力度来解决教育机会分配公平性问题。

(二)您所在地区是怎样推进教育机会分配公平性的——"加快薄弱学校建设"的人口学变量差异分析

由表6—2可知,在关于"您所在地区是怎样推进教育机会分配公平性的?——加快薄弱学校建设"的认识上在地区间存在显著差异,中部三省43.3%、西部三省41.4%要高于东部三省38.6%;在省份间也存在显著差异,江西46.5%、贵州44.4%、安徽43.0%要高于河南40.4%、四川40.1%、陕西39.8%、广东39.4%、江苏39.3%、浙江37.0%;在性别上存在显著差异,男生42.7%要高于女生40.2%;在家庭子女排序上不存在显著差异,老大42.1%要高于独生子女40.8%、老二40.0%;在年龄上不存在显著差异,12—26岁在37.2%—46.7%之间;在学段上存在显著差异,初中生44.9%、研究生43.1%、大专生41.7%要高于中职中专生40.0%、本科生39.3%、高中生38.1%;在家庭住所上不存在显著差异,乡镇 42.7%、县城 41.6% 要高于农村 40.8%、城市 40.2%;在父亲职业上存在显著差异,教师 45.8%、个体工商户 43.0%、小企业主 42.7%、工人(农民工)42.1% 要高于体制内正科级 41.0%、农民 40.1%、体制内副科级 39.5%、体制内普通职员 38.9%、体制内副处级及以上 36.8%、私营业主 35.5%,基本上是父亲职业社会经济地位越低的学生越倾向于该项认识;在母亲受教育程度上不存在显著差距,本科 43.8%、文盲 42.8%、大专(高职高专)42.4%、高中(中职中专)41.4%、小学 41.1% 要高于初中 40.3%、研究生 35.5%;在家庭年收入上不存在显著差异,3—5 万元之间 42.6%、5—8 万元之间 41.9%、1 万元以下 41.4% 要高于 1—3 万元之间 40.5%、8 万元以及上 39.9%;在学校所在地上存在显著差异,山区 48.0%、小城镇 42.9%、大城市(省会及以上)42.2% 要高于城区(地级市)41.0%、县城 37.2%,即基本上是学校越是位于小城镇、山区的学生越倾向于该项认识。

可见,在关于"您所在地区是怎样推进教育机会分配公平性的?——加快薄弱学校建设"的认识上,学生的人口学变量除在家庭子女排序、年龄、家庭住所、母亲受教育水平、家庭年收入水平上不存在显著差异外,其余的在地区、省份、性别、学段、父亲职业、学校所在地上均存在显著差异。中部三省及西部三省的该项认同比例要明显高于东部三省的,说明经济越欠发达的地区政府越是通过加快薄弱学校建设来解决教育机会分配公平性问题,男生比女生及老大比独生子女、老二更倾向于该项认识,基本上是父亲职业社会经济地位越低、学校所在地越是在小城镇、山区的学生越倾向于认为当地政府通过加快薄弱学校建设来解决教育机会分配公平性问题。

（三）您所在地区是怎样推进教育机会分配公平性的——"加强教师队伍建设及均衡配置"的人口学变量差异分析

由表6—2可知，在关于"您所在地区是怎样推进教育机会分配公平性的？——加强教师队伍建设（包括培训、交流等）及均衡配置"的认识上在地区间存在显著差异，东部三省54.3%要明显高于西部三省47.5%、中部三省45.6%；在省份间也存在显著差异，江苏56.2%、广东56.0%、浙江50.5%、江西50.1%要高于四川48.2%、陕西47.6%、贵州46.7%、安徽44.2%、河南42.4%；在性别上存在显著差异，女生51.2%要明显高于男生46.0%；在家庭子女排序上存在显著差异，独生子女51.0%要高于老大48.6%、老二48.2%；在年龄上存在显著差异，12—26岁在42.3%—54.3%之间；在学段上存在显著差异，研究生54.6%、本科生53.6%、高中生52.0%、大专生49.9%要高于初中生44.6%、中职中专41.9%，即基本上是学段越高的学生越倾向于该项认识；在家庭住所上存在显著差异，城市52.9%、乡镇50.2%要高于县城48.2%、农村47.4%；在父亲职业上存在显著差异，教师57.5%、私营业主55.9%、体制内副处级及以上55.9%、体制内普通职员54.3%、体制内副科级50.3%、小企业主50.2%、个体工商户49.7%要高于农民47.0%、体制内正科级47.0%、工人（农民工）46.1%，基本上是父亲职业社会经济地位越高的学生越倾向于该项认识；在母亲受教育程度上存在显著差距，本科55.1%、研究生53.9%、高中（中职中专）49.9%、初中49.6%要高于小学47.8%、大专（高职高专）46.8%、文盲45.6%；在家庭年收入上存在显著差异，5—8万元之间53.5%、8万元及以上52.0%、1—3万元之间49.9%、3—5万元之间49.1%要高于1万元以下44.1%；在学校所在地上存在显著差异，山区53.1%、大城市（省会及以上）50.5%、城区（地级市）49.5%要高于县城 48.7%、小城镇 41.9%。

可见，在关于"您所在地区是怎样推进教育机会分配公平性的？——加强教师队伍建设（包括培训、交流等）及均衡配置"的认识上，学生的人口学变量在地区、省份、性别、家庭子女排序、年龄、学段、在家庭住所、父亲职业、母亲受教育水平、家庭年收入水平、学校所在地上均存在显著差异。东部三省的该项认同比例要明显高于西部三省及中部三省的，说明经济越发达的地区政府越是通过加强教师队伍建设及均衡配置来解决教育机会分配公平性问题，女生远比男生及独生子女比老大、老二更倾向于该项认识，基本上是学段越高、父亲职业社会经济地位越高的学生越倾向于认为当地政府通过加强教师队伍建设及均衡配置来解决教育机会分配公平性问题。

（四）您所在地区是怎样推进教育机会分配公平性的——"要求教师、家长在教育过程中对学生平等对待"的人口学变量差异分析

由表6—2可知，在关于"您所在地区是怎样推进教育机会分配公平性的？——要求教师、家长在教育过程中对学生平等对待"的认识上在地区间存在显著差异，西部三省45.5%、东部三省43.3%要高于中部三省40.5%；在省份间也存在显著差异，贵州48.4%、江苏46.1%、陕西45.2%要高于四川42.9%、浙江42.7%、安徽42.6%、广东41.0%、江西40.2%、河南38.7%；在性别上存在显著差异，女生44.1%要高于男生41.7%；在家庭子女排序上存在显著差异，独生子女44.3%、老大43.2%要高于老二41.4%；在年龄上存在显著差异，12—26岁在30.2%—64.1%之间，年龄越小的学生越倾向于该项认识；在学段上存在显著差异，初中生

54.9%、中职中专生 49.0%要高于高中生 41.7%、大专生 38.5%、本科生 38.2%、研究生 33.9%,即学段越低的学生越倾向于该项认识;在家庭住所上存在显著差异,城市 46.1%要高于乡镇 43.1%、农村 42.7%、县城 40.6%;在父亲职业上存在显著差异,小企业主 46.9%、私营业主 45.8%、工人(农民工)45.0%、个体工商户 44.1%、体制内副科级 43.9%要高于体制内普通职员 42.8%、体制内副处级及以上 42.1%、农民 41.0%、体制内正科级 37.3%、教师 36.8%,基本上是父亲职业社会经济地位越低的学生越倾向于该项认识;在母亲受教育程度上存在显著差距,本科 47.4%、初中 44.8%、研究生 44.7%、大专(高职高专)43.7%要高于小学 41.7%、高中(中职中专)41.2%、文盲 40.7%,即基本上是母亲受教育水平越高的学生越倾向于该项认识;在家庭年收入上不存在显著差异,1—3 万元之间 44.2%、8 万元及以上 43.7%要高于 1 万元以下 43.3%、3—5 万元之间 42.1%、5—8 万元之间 41.9%;在学校所在地上存在显著差异,山区 53.9%、小城镇 53.0%要明显高于城区(地级市)42.8%、县城 41.3%、大城市(省会及以上)40.4%,即基本上是学校越是位于小城镇、山区的学生越倾向于该项认识。

可见,在关于"您所在地区是怎样推进教育机会分配公平性的?——要求教师、家长在教育过程中对学生平等对待"的认识上,学生的人口学变量除在家庭年收入水平上不存在显著差异外,其余的在地区、省份、性别、家庭子女排序、年龄、学段、家庭住所、父亲职业、母亲受教育水平、学校所在地上均存在显著差异。西部三省及东部三省的该项认同比例要高于中部三省的,女生比男生及独生子女比老大、老二更倾向于该项认识,基本上是年龄越小、学段越低、父亲职业社会经济地位越低、母亲受教育水平越高、学校所在地越是在小城镇、山区的学生越倾向于认为当地政府通过要求教师、家长在教育过程中对学生平等对待来解决教育机会分配公平性问题。

（五）您所在地区是怎样推进教育机会分配公平性的——"保持或加强对少数民族、边远地区、低收入家庭的学生的经济补助"的人口学变量差异分析

由表6—2可知，在关于"您所在地区是怎样推进教育机会分配公平性的？——保持或加强对少数民族、边远地区、低收入家庭的学生的经济补助"的认识上在地区间存在显著差异，西部三省46.3%、东部三省42.1%要明显高于中部三省37.8%；在省份间也存在显著差异，四川53.9%、贵州47.7%、江苏45.4%要明显高于浙江40.6%、广东40.3%、安徽38.5%、陕西37.8%、河南37.6%、江西37.4%；在性别上存在显著差异，女生45.0%要明显高于男生37.7%；在家庭子女排序上不存在显著差异，老大42.8%、老二42.5%要高于独生子女42.3%；在年龄上存在显著差异，12—26岁在29.5%—49.3%之间，基本上是年龄越小的学生越倾向于该项认识；在学段上存在显著差异，初中生46.3%、高中生45.8%、中职中专生44.3%、本科生42.6%要高于大专生37.0%、研究生35.3%，即学段越低的学生越倾向于该项认识；在家庭住所上存在显著差异，农村43.6%、城市42.5%、乡镇42.2%要高于县城37.5%；在父亲职业上存在显著差异，体制内普通职员44.6%、体制内副处级及以上44.2%、工人（农民工）44.0%、体制内正科级43.3%、农民42.8%、教师42.8%要高于小企业主42.0%、个体工商户38.7%、私营业主35.5%、体制内副科级29.9%；在母亲受教育程度上存在显著差距，文盲51.4%、小学44.0%、研究生43.4%、初中42.3%要高于本科41.7%、高中（中职中专）39.1%、

大专(高职高专)37.2%,即基本上是母亲受教育水平越低的学生
越倾向于该项认识;在家庭年收入上存在显著差异,1—3万元之
间45.4%、1万元以下43.8%要高于3—5万元之间40.8%、5—8
万元之间38.8%、8万元及以上38.5%,即基本上是家庭年收入越
低的学生越倾向于该项认识;在学校所在地上存在显著差异,山区
53.1%、小城镇47.6%、县城44.2%要高于城区(地级市)41.8%、
大城市(省会及以上)39.0%,即学校越是位于小城镇、山区的学生
越倾向于该项认识。

可见,在关于"您所在地区是怎样推进教育机会分配公平性
的?——保持或加强对少数民族、边远地区、低收入家庭的学生的
经济补助"的认识上,学生的人口学变量除在家庭子女排序上不
存在显著差异外,其余的在地区、省份、性别、年龄、学段、家庭住
所、父亲职业、母亲受教育水平、家庭年收入水平、学校所在地上均
存在显著差异。西部三省及东部三省的该项认同比例要明显高于
中部三省的,女生远比男生及老大、老二比独生子女更倾向于该项
认识,基本上是年龄越小、学段越低、母亲受教育水平越低、家庭年
收入水平越低、学校所在地越是在小城镇、山区的学生越倾向于认
为当地政府通过保持或加强对少数民族、边远地区、低收入家庭的
学生的经济补助来解决教育机会分配公平性问题。

(六)您所在地区是怎样推进教育机会分配公平性的——"保
持或加强对少数民族、特长学生的升学照顾力度"的人口学变量
差异分析

由表6—2可知,在关于"您所在地区是怎样推进教育机会分
配公平性的?——保持或加强对少数民族、特长学生的升学照顾
力度"的认识上在地区间存在显著差异,西部三省34.3%要高于
东部三省30.4%、中部三省26.9%;在省份间也存在显著差异,四

川 40.5%、贵州 37.8%、江苏 32.5%、浙江 31.3%要高于江西 29.9%、广东 27.3%、安徽 25.9%、陕西 25.0%、河南 25.0%;在性别上不存在显著差异,男生 30.7%要高于女生 30.5%;在家庭子女排序上存在显著差异,独生子女 33.5%要高于老大 29.5%、老二 28.3%;在年龄上不存在显著差异,12—26 岁在 26.3%—35.4%之间;在学段上存在显著差异,本科生 32.9%、初中生 32.4%、高中生 31.4%要高于大专生 29.6%、研究生 28.7%、中职中专生 28.4%;在家庭住所上存在显著差异,城市 35.2%、县城 31.4%要高于乡镇 30.0%、农村 28.3%,即家住越是在城市的学生越倾向于该项认识;在父亲职业上存在显著差异,体制内副科级 38.2%、体制内副处级及以上 37.8%、体制内正科级 35.8%、体制内普通职员 33.2%、教师 32.6%、个体工商户 30.8%、小企业主 30.8%要高于工人(农民工)30.4%、私营业主 30.1%、农民 28.2%,即基本上是父亲职业社会经济地位越高的学生越倾向于该项认识;在母亲受教育程度上存在显著差距,本科 39.7%、大专(高职高专)35.6%、研究生 34.2%、文盲 32.9%、高中(中职中专)31.0%要高于初中 29.6%、小学 28.2%;在家庭年收入上存在显著差异,8 万元及以上 32.8%、5—8 万元之间 31.9%、3—5 万元之间 31.8%要高于 1—3 万元之间 29.9%、1 万元以下 28.7%,即家庭年收入越高的学生越倾向于该项认识;在学校所在地上存在显著差异,大城市(省会及以上)33.0%要高于县城 30.4%、山区 30.1%、城区(地级市)29.8%、小城镇 27.3%。

可见,在关于"您所在地区是怎样推进教育机会分配公平性的? ——保持或加强对少数民族、特长学生的升学照顾力度"的认识上,学生的人口学变量除在性别、年龄上不存在显著差异外,其余的在地区、省份、家庭子女排序、学段、家庭住所、父亲职业、母亲受教育水平、家庭年收入水平、学校所在地上均存在显著差异。西部三省的该项认同比例要高于东部三省及中部三省的,男生比女生及独生子女比老大、老二更倾向于该项认识,基本上是家住越是在城市、父亲职业社会经济地位越高、家庭年收入水平越高的学生越倾向于认为当地政府通过保持或加强对少数民族、特长学生的升学照顾力度来解决教育机会分配公平性问题。

(七)您所在地区是怎样推进教育机会分配公平性的——"提高教师的经济待遇"的人口学变量差异分析

由表6—2可知,在关于"您所在地区是怎样推进教育机会分配公平性的?——提高教师的经济待遇"的认识上在地区间不存在显著差异,西部三省17.1%要高于中部三省16.0%、东部三省15.3%;在省份间存在显著差异,陕西18.6%、江西18.4%、四川18.0%、江苏16.8%要高于浙江15.8%、安徽15.1%、贵州14.6%、河南14.5%、广东13.2%;在性别上不存在显著差异,女生16.3%要高于男生15.9%;在家庭子女排序上存在显著差异,独生子女17.8%要高于老大15.7%、老二14.7%;在年龄上存在显著差异,12—26岁在12.8%—28.2%之间;在学段上存在显著差异,研究生23.6%、本科生20.0%要高于高中生15.6%、初中生14.5%、大专生14.1%、中职中专生11.5%,即基本上是学段越高的学生越倾向于该项认识;在家庭住所上存在显著差异,城市19.8%要明显高于乡镇15.1%、农村15.0%、县城15.0%,即家住越是在城市的学生越倾向于该项认识;在父亲职业上存在显著差异,体制内副处级及以上26.3%、体制内正科级21.6%、教师21.4%、体制内副科级19.1%、私营业主18.7%、体制内普通职员18.4%要高于农民16.0%、个体工商户15.6%、小企业主14.4%、工人(农民工)14.1%,即父亲职业社会经济地位越高的学生越倾向于该项认识;

在母亲受教育程度上存在显著差距，研究生 25.0%、本科 22.4%、高中（中职中专）16.7% 要高于大专（高职高专）16.0%、初中15.7%、小学 15.6%、文盲 13.3%，即基本上是母亲受教育水平越高的学生越倾向于该项认识；在家庭年收入上存在显著差异，8 万元及以上 18.5%、5—8 万元之间 17.1%、1—3 万元之间 16.8%、3—5 万元之间 16.2% 要高于 1 万元以下 13.7%，即基本上是家庭年收入越高的学生越倾向于该项认识；在学校所在地上存在显著差异，大城市（省会及以上）20.6% 要明显高于城区（地级市）15.2%、县城 13.3%、山区 12.5%、小城镇 11.9%，即学校越是位于城区、大城市的学生越倾向于该项认识。

可见，在关于"您所在地区是怎样推进教育机会分配公平性的？——提高教师的经济待遇"的认识上，学生的人口学变量除在地区、性别上不存在显著差异外，其余的在省份、家庭子女排序、年龄、学段、家庭住所、父亲职业、母亲受教育水平、家庭年收入水平、学校所在地上均存在显著差异。西部三省的该项认同比例要高于中部三省及东部三省的，女生比男生及独生子女比老大、老二更倾向于该项认识，基本上是学段越高、家住越是在城市、父亲职业社会经济地位越高、母亲受教育水平越高、家庭年收入水平越高、学校所在地越是在城区、大城市的学生越倾向于认为当地政府通过提高教师的经济待遇来解决教育机会分配公平性问题。

（八）您所在地区是怎样推进教育机会分配公平性的——"提高毕业生的待遇及就业率"的人口学变量差异分析

由表 6—2 可知，在关于"您所在地区是怎样推进教育机会分配公平性的？——提高毕业生的待遇及就业率"的认识上在地区间存在显著差异，东部三省 39.2% 要高于西部三省 35.8%、中部三省 33.2%；在省份间存在显著差异，广东 42.1%、江苏 38.7%、江西 37.5%、陕西 37.3%、浙江 37.0%要高于贵州 35.4%、四川 34.8%、安徽 31.6%、河南 30.7%;在性别上不存在显著差异,女生 36.5%要高于男生 35.5%;在家庭子女排序上不存在显著差异,独生子女 36.8%要高于老二 36.0%、老大 35.8%;在年龄上不存在显著差异,12—26 岁在 30.8%—38.7%之间;在学段上存在显著差异,中职中专生 41.2%、大专生 40.0%、初中生 37.4%要高于研究生 33.5%、高中生 31.6%、本科生 31.4%;在家庭住所上存在显著差异,城市 38.7%、乡镇 37.3%要高于县城 35.0%、农村 34.9%,即基本上是家住越是在城市的学生越倾向于该项认识;在父亲职业上不存在显著差异,体制内副处级及以上41.1%、小企业主 38.9%、私营业主 38.8%、体制内正科级 37.3%、工人(农民工) 37.1%、个体工商户 37.1%要高于农民 35.1%、体制内普通职员 35.1%、教师 33.3%、体制内副科级 28.7%,即父亲职业社会经济地位越高的学生越倾向于该项认识;在母亲受教育程度上存在显著差距,初中 36.8%、研究生 36.8%、高中(中职中专)36.7%、小学 36.2%要高于本科 35.4%、大专(高职高专)34.0%、文盲 30.3%;在家庭年收入上不存在显著差异,8 万元及以上 37.1%、1—3 万元之间 36.8%、3—5 万元之间 36.5%、5—8 万元之间 36.5%要高于 1 万元以下 34.6%;在学校所在地上存在显著差异,山区 41.8%、城区(地级市)37.2%要高于大城市(省会及以上)35.5%、小城镇 34.3%、县城 33.6%。

可见,在关于"您所在地区是怎样推进教育机会分配公平性的?——提高毕业生的待遇及就业率"的认识上,学生的人口学变量除在性别、家庭子女排序、年龄、父亲职业、家庭年收入水平上不存在显著差异外,其余的在地区、省份、学段、家庭住所、母亲受教育水平、学校所在地上均存在显著差异。东部三省的该项认同比例要高于西部三省及中部三省的,女生比男生及独生子女比老二、老大更倾向于该项认识,基本上是家住越是在城市、父亲职业社会经济地位越高的学生越倾向于认为当地政府通过提高毕业生的待遇及就业率来解决教育机会分配公平性问题。

(九)您所在地区是怎样推进教育机会分配公平性的——"政府、社会共同努力减小升学及就业方面的歧视对待"的人口学变量差异分析

由表6—2可知,在关于"您所在地区是怎样推进教育机会分配公平性的?——政府、社会共同努力减小升学及就业方面的歧视对待"的认识上在地区间存在显著差异,东部三省35.9%、西部三省34.7%要高于中部三省31.2%;在省份间存在显著差异,江苏37.7%、广东36.6%、贵州36.5%、江西36.0%、陕西35.3%要高于浙江33.3%、四川32.3%、安徽30.7%、河南26.9%;在性别上不存在显著差异,男生34.6%要高于女生33.5%;在家庭子女排序上存在显著差异,独生子女36.3%要高于老二33.3%、老大32.6%;在年龄上存在显著差异,12—26岁在31.0%—44.0%之间,基本上是年龄越小的学生越倾向于该项认识;在学段上存在显著差异,初中生37.7%、研究生37.1%、中职中专生34.3%要高于高中生32.6%、本科生32.3%、大专生30.5%;在家庭住所上存在显著差异,城市37.1%要高于乡镇33.5%、县城33.4%、农村32.8%,即家住越是在城市的学生越倾向于该项认识;在父亲职业上存在显著差异,体制内正科级39.6%、教师38.1%、体制内副处级及以上37.9%、体制内副科级36.9%、体制内普通职员35.7%、小企业主35.0%、个体工商户34.8%、工人(农民工)34.4%、私营业主34.1%要高于农民30.9%,即基本上是父亲职业社会经济地位越高的学生越倾向于该项认识;在母亲受教育程度上不存在显著差

距,本科 37.4%、研究生 36.8%、大专(高职高专)36.5%、初中 34.2%
要高于文盲 33.5%、高中(中职中专)33.4%、小学 32.8%,即基本上
是母亲受教育水平越高的学生越倾向于该项认识;在家庭年收入上
不存在显著差异,5—8 万元之间 35.8%、8 万元及以上 35.0%、3—5
万元之间 34.6%要高于 1—3 万元之间 33.6%、1 万元以下 32.5%,
即基本上是家庭年收入越高的学生越倾向于该项认识;在学校所在
地上不存在显著差异,山区 37.1%、大城市(省会及以上)34.7%、城
区(地级市)34.0%要高于县城 32.5%、小城镇 32.5%。

　　可见,在关于"您所在地区是怎样推进教育机会分配公平性
的?——政府、社会共同努力减小升学及就业方面的歧视对待"
的认识上,学生的人口学变量除在性别、母亲受教育水平、家庭年
收入水平、学校所在地上不存在显著差异外,其余的在地区、省份、
家庭子女排序、年龄、学段、家庭住所、父亲职业上均存在显著差
异。东部三省及西部三省的该项认同比例要高于中部三省的,男
生比女生及独生子女比老二、老大更倾向于该项认识,基本上是年
龄越小、家住越是在城市、父亲职业社会经济地位越高、母亲受教
育水平越高、家庭年收入水平越高的学生越倾向于认为当地通过
政府、社会共同努力减小升学及就业方面的歧视对待来解决教育
机会分配公平性问题。

　　(十)您所在地区是怎样推进教育机会分配公平性的——"其
他"的人口学变量差异分析

　　由表 6—2 可知,在关于"您所在地区是怎样推进教育机会分
配公平性的?——其他"的认识上在地区间存在显著差异,中部
三省 7.6%要高于西部三省 6.0%、东部三省 5.6%;在省份间存在
显著差异,河南 9.3%、浙江 7.2%、江西 7.0%、贵州 6.6%、四川
6.5%、安徽 6.5%要高于江苏 4.9%、广东 4.9%、陕西 4.8%;在性

别上存在显著差异,男生 7.3%要高于女生 5.6%;在家庭子女排序上存在显著差异,老二 7.8%要高于独生子女 6.2%、老大 5.3%;在年龄上存在显著差异,12—26 岁在 4.1%—8.6%之间;在学段上存在显著差异,中职中专生 8.3%、高中生 7.7%要高于研究生 5.9%、初中生 5.7%、大专生 5.5%、本科生 5.0%;在家庭住所上不存在显著差异,城市 7.3%、农村 6.4%要高于乡镇 6.0%、县城 5.4%,即家住越是在城市的学生越倾向于该项认识;在父亲职业上存在显著差异,私营业主 9.0%、体制内正科级 8.2%、农民 7.5%、体制内副处级及以上 7.4%、体制内副科级 7.0%要高于小企业主 6.0%、教师 6.0%、体制内普通职员 5.8%、个体工商户 5.7%、工人(农民工)5.6%,即基本上是父亲职业社会经济地位越高的学生越倾向于该项认识;在母亲受教育程度上不存在显著差距,研究生 10.5%、文盲 7.7%、初中 6.4%、小学 6.4%、大专(高职高专)6.4%要高于高中(中职中专)6.0%、本科 5.9%;在家庭年收入上存在显著差异,1 万元以下 8.2%、8 万元及以上 6.5%要高于 5—8 万元之间 5.9%、1—3 万元之间 5.7%、3—5 万元之间 5.0%;在学校所在地上存在显著差异,山区 8.6%、大城市(省会及以上)6.9%、县城 6.9%要高于城区(地级市)6.1%、小城镇 4.9%。

可见,在关于"您所在地区是怎样推进教育机会分配公平性的?——其他"的认识上,学生的人口学变量除在家庭住所、母亲受教育水平上不存在显著差异外,其余的在地区、省份、性别、家庭子女排序、年龄、学段、父亲职业、家庭年收入水平、学校所在地上均存在显著差异。中部三省的该项认同比例要高于西部三省及东部三省的,男生比女生及老二比独生子女、老大更倾向于该项认识,基本上是家住越是在城市、父亲职业社会经济地位越高的学生越倾向于认为当地通过其他来解决教育机会分配公平性问题。

第二节　关于对教育机会分配公平性
改革政策建议的认识

一、关于对教育机会分配公平性改革的政策建议是什么的调查发现

在关于"为了使教育机会分配得更加公平,您希望政府及社会在哪些方面进一步加大改革力度"的调查结果如表6—3所示。

由表6—3可知,在关于"为了使教育机会分配得更加公平,您希望政府及社会在哪些方面进一步加大改革力度"的认识上,排名第一位的是"加大对贫困地区学校和困难群体子女上学的支持力度",选择此项的有7306人,占71.4%;排名第二位的是"加快高考制度改革,全国统——张试卷考试,各地录取分数线不应差别太大",选择此项的有5995人,占58.6%;排名第三位的是"提高毕业生的待遇及就业率",选择此项的有4603人,占45.0%;排名第四位的是"政府、社会共同努力减小升学及就业方面的歧视对待",选择此项的有4255人,占41.6%;排名第五位的是"取消重点校、重点班",选择此项的有3899人,占38.1%;排名第六位的是"教育资源投入要均衡分配",选择此项的有3848人,占37.6%;排名第七位的是"取消高考招生中各种竞赛或兴趣考证学生的加分政策",选择此项的有3548人,占34.7%;排名第八位的是"教师、家长对学生公平对待",选择此项的有3309人,占32.4%;排名第九位的是"取消初中升高中考试,高中招生指标平等分配到各初中",选择此项的有3155人,占30.8%;排名第十位的是"保持或加强对少数民族、特长学生的升学优惠政策",选择此项的有2982人,占29.2%;排名第十一位的是"提高教师的经济待遇",选

择此项的有 2410 人,占 23.6%;排名第十二位的是"其他",选择
此项的有 323 人,占 3.2%。

表6—3　"为了使教育机会分配得更加公平,您希望政府及社会在
哪些方面进一步加大改革力度"的调查结果统计表

问题	政策建议选项	频数	百分比(%)	排序
为了使教育机会分配得更加公平,您希望政府及社会在哪些方面进一步加大改革力度	取消重点校、重点班	3899	38.1	5
	加大对贫困地区学校和困难群体子女上学的支持力度	7306	71.4	1
	取消初中升高中考试,高中招生指标平等分配到各初中	3155	30.8	9
	加快高考制度改革,全国统一一张试卷考试,各地录取分数线不应差别太大	5995	58.6	2
	保持或加强对少数民族、特长学生的升学优惠政策	2982	29.2	10
	取消高考招生中各种竞赛或兴趣考证学生的加分政策	3548	34.7	7
	提高教师的经济待遇	2410	23.6	11
	提高毕业生的待遇及就业率	4603	45.0	3
	政府、社会共同努力减小升学及就业方面的歧视对待	4255	41.6	4
	教师、家长对学生公平对待	3309	32.4	8
	教育资源投入要均衡分配	3848	37.6	6
	其他	323	3.2	12

注:缺失值为 3 人,占 0.00%,表格中百分比为有效百分比。

可见,同学们希望政府及社会加大改革力度的措施中排名前
五位的分别是:加大对贫困地区学校和困难群体子女上学的支持

力度、加快高考制度改革全国统一试卷各地录取分数线差距不太大、提高毕业生的待遇及就业率、政府及社会共同努力减小升学及就业方面的歧视对待、取消重点校与重点班,其中加大对贫困地区学校及困难群体子女的支持力度的认同率达到 71.4%,加快高考制度改革的认同率则达到近 60%,而提高毕业生的待遇及就业率获得第三位的认同率达 45%。但是对教育机会的分配公平有重要影响的,对教育资源的投入要均衡分配却只获得了第六位的认同率,而提高教师的经济待遇却只获得了第十一位的认同率。

二、关于对教育机会分配公平性改革的政策建议的人口学变量差异分析

对"为了使教育机会分配得更加公平,您希望政府及社会在哪些方面进一步加大改革力度"上进行人口学变量的交叉列联表分析及过卡方检验,以发现人口学各变量上在各项政策建议认可程度上的差异,表6—4显示了各政策建议下各人口学变量的卡方检验值。

（一）为了使教育机会分配得更加公平,您希望政府及社会在哪些方面进一步加大改革力度——"取消重点校、重点班"的人口学变量差异分析

由表6—4可知,在关于"为了使教育机会分配得更加公平,您希望政府及社会在哪些方面进一步加大改革力度——取消重点校、重点班"的认识上在地区间存在显著差异,东部三省 43.4%要明显高于中部三省 38.0%、西部三省 33.1%;在省份间存在显著差异,江苏 45.4%、广东 45.2%、河南 41.8%、安徽 39.8%、浙江 39.4%、陕西 39.0%要明显高于江西 32.3%、四川 31.5%、贵州 28.8%;在性别上不存在显著差异,男生 38.7%要高于女生 37.8%;在家庭子女排序上存在显著差异,独生子女 41.0%要高于

老二 36. 9%、老大 35. 8%;在年龄上存在显著差异,12—26 岁在 34. 4%—43. 1%之间;在学段上存在显著差异,中职中专生 41. 6%、大专生 38. 6%、研究生 38. 5%、初中生 38. 3%要高于高中 生 36. 0%、本科生 35. 5%;在家庭住所上存在显著差异,城市 41. 9%、乡镇 39. 6%要高于县城 37. 6%、农村 35. 9%,即家住越是 在城市的学生越倾向于该项认识;在父亲职业上存在显著差异,私 营业主 45. 8%、小企业主 43. 8%、体制内普通职员 42. 4%、个体工 商户 39. 4%要高于工人(农民工)37. 9%、体制内副科级 36. 9%、 教师 36. 8%、体制内副处级及以上 35. 8%、体制内正科级 34. 3%、 农民 34. 2%;在母亲受教育程度上存在显著差距,研究生 50. 0%、 高中(中职中专)42. 4%、本科 40. 6%、初中 39. 2%要高于大专(高 职高专)36. 0%、小学 35. 0%、文盲 28. 0%;在家庭年收入上存在显 著差异,8 万元及以上 41. 4%、5—8 万元之间 39. 7%要高于 3—5 万元之间 37. 8%、1 万元以下 37. 0%、1—3 万元之间 36. 9%,即基 本上是家庭年收入越高的学生越倾向于该项认识;在学校所在地 上存在显著差异,小城镇 44. 1%、城区(地级市)39. 2%要高于大城 市(省会及以上)36. 9%、县城 35. 4%、山区 26. 2%。

可见,在关于"为了使教育机会分配得更加公平,您希望政府及 社会在哪些方面进一步加大改革力度——取消重点校、重点班"的 认识上,学生的人口学变量除在性别上不存在显著差异外,其余的 在地区、省份、家庭子女排序、年龄、学段、家庭住所、父亲职业、母亲 受教育水平、家庭年收入水平、学校所在地上均存在显著差异。东 部三省的该项认同比例要明显高于中部三省及西部三省的,男生比 女生及独生子女比老二、老大更倾向于该项认识,基本上是家住越 是在城市、家庭年收入水平越高的学生越倾向于认为政府和社会应 通过取消重点校、重点班来使教育机会的分配变得更加公平。

表6—4　对"为了使教育机会分配得更加公平,您希望政府及社会在哪些方面进一步加大改革力度的认识上"的各人口学变量进行交叉列联表分析的卡方检验值（2-sided）

人口学变量	卡方值、Sig	取消重点校、重点班	加大对贫困地区学校和困难群体子女上学的支持力度	取消初中升高中考试、中招高中招生指标平等分配到各初中	加快高考制度改革，全国统一一张卷考试、各地录取分数线差别不应太大	保持或加强对少数民族、特长学生的升学优惠政策	取消高中考招生各种竞赛或兴趣及考证学生的加分政策	提高教师的经济待遇	提高毕业生的待遇及就业率	政府、社会共同努力减小升学及就业方面的歧视对待	教师、家长对学生公平对待	教育资源投入要均衡分配	其他
	比例	38.1%	71.4%	30.8%	58.6%	29.2%	34.7%	23.6%	45.0%	41.6%	32.4%	37.6%	3.2%
地区	x^2	76.294	30.055	87.759	30.286	40.946	68.804	50.148	12.726	43.670	15.499	23.500	2.578
	Sig	0.000	0.000	0.000	0.000	0.000	0.000	0.000	0.002	0.000	0.000	0.000	0.276
省份	x^2	1.391E2	78.464	1.099E2	84.316	1.349E2	1.088E2	1.469E2	37.644	67.829	48.965	57.959	35.723
	Sig	0.000	0.000	0.000	0.000	0.000	0.000	0.000	0.000	0.000	0.000	0.000	0.000
性别	x^2	0.817	3.652	1.588	4.006	9.633	1.848	4.717	57.607	20.265	15.952	38.183	1.218
	Sig	0.366	0.056	0.208	0.045	0.002	0.174	0.030	0.000	0.000	0.000	0.000	0.270
家庭子女排序	x^2	21.644	37.630	23.908	27.587	0.385	42.863	3.107	0.854	0.388	6.464	3.324	0.705
	Sig	0.000	0.000	0.000	0.000	0.825	0.000	0.212	0.652	0.824	0.039	0.190	0.703

续表

人口学变量	卡方值、Sig	取消重点校、重点班	加大对贫困地区学校和困难群体子女上学的支持力度	取消初中升高中考试、高中招生指标平等分配到各初中	加快高考制度改革，全国统一一张试卷考试、各地录取分数线不应差别大大	保持或加强对少数民族、特长学生的升学优惠政策	取消高考招生中各种竞赛或兴趣考证学生的加分政策	提高教师的经济待遇	提高毕业生的待遇及就业率	政府、社会共同努力减小升学及就业方面的歧视对待	教师、家长对学生公平对待	教育资源投入要均衡分配	其他
	比例	38.1%	71.4%	30.8%	58.6%	29.2%	34.7%	23.6%	45.0%	41.6%	32.4%	37.6%	3.2%
年龄	x^2	35.005	1.149E2	2.377E2	37.791	34.331	41.749	1.945E2	56.158	47.079	2.638E2	2.245E2	42.220
	Sig	0.068	0.000	0.000	0.036	0.079	0.014	0.000	0.000	0.003	0.000	0.000	0.012
学段	x^2	18.166	1.085E2	3.035E2	58.997	52.302	1.564E2	3.077E2	39.357	23.796	2.431E2	2.839E2	40.834
	Sig	0.003	0.000	0.000	0.000	0.000	0.000	0.000	0.000	0.000	0.000	0.000	0.000
家庭住所	x^2	25.320	80.503	1.075E2	43.253	7.953	89.110	15.298	10.611	1.954	42.971	2.346	6.819
	Sig	0.000	0.000	0.000	0.000	0.047	0.000	0.002	0.014	0.582	0.000	0.504	0.078
父亲职业	x^2	45.008	94.068	98.346	45.027	17.983	93.474	84.017	13.196	15.244	57.468	18.444	7.064
	Sig	0.000	0.000	0.000	0.000	0.035	0.000	0.000	0.154	0.084	0.000	0.030	0.630

续表

人口学变量	卡方值、Sig	取消重点校、重点班	加大对贫困地区困难家庭和耕读子女上学的支持力度	取消初中升高中考试，高中招生指标生等分配到各初中	加快高考制度改革，全国统一一张试卷，各地录取分数线差别不应太大	保持或加强对少数民族特长学生的升学优惠政策	取消高考招生中各种竞赛或兴趣或特长证学生的加分政策	提高教师的经济待遇	提高毕业生的待遇及就业率	政府、社会共同努力减少升学及就业方面的歧视对待	教师、家长对学生公平对待	教育资源投入要均衡分配	其他
	比例	38.1%	71.4%	30.8%	58.6%	29.2%	34.7%	23.6%	45.0%	41.6%	32.4%	37.6%	3.2%
母亲受教育水平	x^2	58.750	84.331	24.443	26.501	21.209	26.094	51.910	18.914	18.114	4.683	17.626	5.810
	Sig	0.000	0.000	0.000	0.000	0.002	0.000	0.004	0.000	0.006	0.585	0.007	0.445
家庭年收入水平	x^2	10.650	41.963	23.447	18.008	14.496	61.009	17.579	2.656	2.970	2.095	10.349	18.799
	Sig	0.031	0.000	0.000	0.001	0.006	0.000	0.001	0.617	0.563	0.718	0.035	0.001
学校所在地	x^2	37.863	11.521	33.377	22.637	0.801	12.909	1.547E2	39.166	20.217	63.224	59.319	12.645
	Sig	0.000	0.021	0.000	0.000	0.938	0.012	0.000	0.000	0.000	0.000	0.000	0.013

注：表格中 Sig 值小于 0.1 即为各人口学变量下的各选项（子变量）间存在显著差异，各认识下对各人口学变量进行的交叉列联表分析的数据因数据表格因数据太过于庞大，为节省版面此处不再呈现，仅在相关结果呈现中摘取需要的具体数据。

（二）为了使教育机会分配得更加公平,您希望政府及社会在哪些方面进一步加大改革力度——"加大对贫困地区学校和困难群体子女上学的支持力度"的人口学变量差异分析

由表6—4可知,在关于"为了使教育机会分配得更加公平,您希望政府及社会在哪些方面进一步加大改革力度——加大对贫困地区学校和困难群体子女上学的支持力度"的认识上在地区间存在显著差异,西部三省74.9%要明显高于东部三省69.8%、中部三省69.6%,即说明越是经济落后地区的学生越希望政府及社会加大对贫困地区学校和困难群体子女的资助来进一步实现教育机会分配公平性;在省份间存在显著差异,四川78.0%、贵州75.7%、广东73.7%、江西72.5%、安徽71.8%要高于陕西71.1%、江苏68.2%、浙江67.4%、河南64.6%;在性别上存在显著差异,女生72.2%要高于男生70.4%;在家庭子女排序上存在显著差异,老二73.9%、老大73.6%要明显高于独生子女67.9%,即说明多子女家庭及家庭子女排序越是靠后的学生越希望政府及社会加大对贫困地区学校和困难群体子女上学的支持力度来使教育机会分配变得更加公平;在年龄上存在显著差异,12—26岁在57.9%—76.9%之间,基本上是年龄越大的学生越倾向于该项认识;在学段上存在显著差异,本科生76.8%、大专生76.0%、研究生74.1%、中职中专生71.5%要明显高于高中生65.6%、初中生65.3%,即基本上是学段越高的学生越倾向于该项认识;在家庭住所上存在显著差异,农村75.3%、乡镇71.5%要高于县城68.8%、城市65.5%,即家住越是在乡镇、农村的学生越倾向于该项认识;在父亲职业上存在显著差异,农民75.9%、工人(农民工)74.0%、体制内正科级73.9%要高于体制内副科级70.7%、体制内副处级及以上69.5%、个体工商户69.3%、小企业主68.8%、教师68.2%、体制内普通职

员 64.1%、私营业主 60.9%；在母亲受教育程度上存在显著差距，文盲 77.8%、小学 77.1%要高于初中 70.5%、高中（中职中专）68.7%、研究生 68.4%、大专（高职高专）65.6%、本科 63.9%，即基本上是母亲受教育水平越低的学生越倾向于该项认识；在家庭年收入上存在显著差异，1 万元以下 74.2%、1—3 万元之间 73.7%要高于 3—5 万元之间 71.1%、8 万元及以上 68.3%、5—8 万元之间 66.0%，即基本上是家庭年收入越低的学生越倾向于该项认识；在学校所在地上存在显著差异，山区 72.3%、大城市（省会及以上）72.2%、城区（地级市）71.8%、县城 71.4%要明显高于小城镇 66.6%。

可见，在关于"为了使教育机会分配得更加公平，您希望政府及社会在哪些方面进一步加大改革力度——加大对贫困地区学校和困难群体子女上学的支持力度"的认识上，学生的人口学变量在地区、省份、性别、家庭子女排序、年龄、学段、家庭住所、父亲职业、母亲受教育水平、家庭年收入水平、学校所在地上均存在显著差异。西部三省的该项认同比例要明显高于东部三省及中部三省的，女生比男生及老二、老大比独生子女更倾向于该项认识，基本上是年龄越大、学段越高、家住越是在乡镇及农村、母亲受教育水平越低、家庭年收入水平越低的学生越倾向于认为政府和社会应通过加大对贫困地区学校和困难群体子女上学的支持力度来使教育机会的分配变得更加公平。

（三）为了使教育机会分配得更加公平，您希望政府及社会在哪些方面进一步加大改革力度——"取消初中升高中考试，高中招生指标平等分配到各初中"的人口学变量差异分析

由表 6—4 可知，在关于"为了使教育机会分配得更加公平，您希望政府及社会在哪些方面进一步加大改革力度——取消初中升

高中考试,高中招生指标平等分配到各初中"的认识上在地区间存在显著差异,东部三省 37.0%要明显高于中部三省 27.9%、西部三省 27.8%,即说明越是经济发达地区的学生越希望通过取消初中升高中考试,高中招生指标平等分配到各初中来进一步实现教育机会分配公平性;在省份间存在显著差异,广东 37.3%、浙江 37.2%、江苏 36.4%、陕西 30.9%、河南 30.9%要高于江西 28.6%、四川 27.2%、贵州 25.2%、安徽 24.1%;在性别上不存在显著差异,女生 31.3%要高于男生 30.2%;在家庭子女排序上存在显著差异,独生子女 34.1%要明显高于老大 29.5%、老二 29.1%;在年龄上存在显著差异,12—26 岁在 22.3%—41.6%之间;在学段上存在显著差异,初中生 41.3%、中职中专生 41.1%要明显高于高中生 28.7%、研究生 27.0%、大专生 23.8%、本科生 21.6%,即基本上是学段越低的学生越倾向于该项认识;在家庭住所上存在显著差异,城市 38.7%、乡镇 33.3%要明显高于县城 28.8%、农村 26.9%,即家住越是在乡镇、城市的学生越倾向于该项认识;在父亲职业上存在显著差异,私营业主 39.1%、体制内副科级 38.9%、小企业主 36.3%、体制内普通职员 36.2%、个体工商户 34.4%要高于工人(农民工)30.6%、体制内副处级及以上 29.5%、体制内正科级 27.6%、农民 25.3%、教师 24.6%;在母亲受教育程度上存在显著差距,研究生 35.5%、本科 33.3%、高中(中职中专)32.7%、初中 32.1%要高于大专(高职高专)29.4%、小学 28.0%、文盲 26.0%,即基本上是母亲受教育水平越高的学生越倾向于该项认识;在家庭年收入上存在显著差异,8 万元及以上 35.3%、5—8 万元之间 32.7%、3—5 万元之间 30.7%要高于 1—3 万元之间 29.8%、1 万元以下 28.3%,即家庭年收入越高的学生越倾向于该项认识;在学校所在地上存在显著差异,小城镇 36.7%、山区

34.4%、城区(地级市)31.8%要高于县城30.2%、大城市(省会及以上)27.5%,即学校所在地越是在山区、小城镇的学生越倾向于该项认识。

可见,在关于"为了使教育机会分配得更加公平,您希望政府及社会在哪些方面进一步加大改革力度——取消初中升高中考试,高中招生指标平等分配到各初中"的认识上,学生的人口学变量除在性别上不存在显著差异外,其余的在地区、省份、家庭子女排序、年龄、学段、家庭住所、父亲职业、母亲受教育水平、家庭年收入水平、学校所在地上均存在显著差异。东部三省的该项认同比例要明显高于中部三省及西部三省的,女生比男生及独生子女比老大、老二更倾向于该项认识,基本上是学段越低、家住越是在乡镇及城市、母亲受教育水平越高、家庭年收入水平越高、学校所在地越是在山区及小城镇的学生越倾向于认为应通过取消初中升高中考试,高中招生指标平等分配到各初中来使教育机会的分配变得更加公平。

(四)为了使教育机会分配得更加公平,您希望政府及社会在哪些方面进一步加大改革力度——"加快高考制度改革,全国统一一张试卷考试,各地录取分数线不应差别太大"的人口学变量差异分析

由表6—4可知,在关于"为了使教育机会分配得更加公平,您希望政府及社会在哪些方面进一步加大改革力度——加快高考制度改革,全国统一一张试卷考试,各地录取分数线不应差别太大"的认识上在地区间存在显著差异,中部三省61.9%、东部三省58.7%要高于西部三省55.7%,即说明越是高考竞争激烈及经济发达地区的学生越希望通过全国统一高考来进一步实现教育机会分配公平性;在省份间存在显著差异,河南66.4%、江苏62.5%、安

徽 60.6%、浙江 60.4%、陕西 58.6%、江西 58.6% 要高于四川56.7%、广东 53.1%、贵州 50.7%；在性别上存在显著差异，女生59.4% 要高于男生 57.5%；在家庭子女排序上存在显著差异，独生子女 62.3% 要明显高于老二 57.4%、老大 56.4%；在年龄上存在显著差异，12—26 岁在 53.6%—65.1% 之间；在学段上存在显著差异，高中生 63.4%、研究生 61.7%、大专生 60.2%、初中生59.0% 要高于中职中专生 55.8%、本科生 52.1%；在家庭住所上存在显著差异，城市 64.4% 要明显高于县城 58.5%、乡镇 57.6%、农村 56.2%，即家住越是在县城、城市的学生越倾向于该项认识；在父亲职业上存在显著差异，体制内普通职员 65.4%、体制内正科级62.7%、体制内副处级及以上 62.1%、个体工商户 61.3%、教师58.7%、体制内副科级 58.6% 要高于小企业主 58.4%、工人（农民工）56.8%、私营业主 56.5%、农民 55.6%；在母亲受教育程度上存在显著差距，本科 66.4%、高中（中职中专）60.3%、初中 59.1%、大专（高职高专）58.9% 要高于研究生 57.9%、小学 56.3%、文盲52.9%；在家庭年收入上存在显著差异，8 万元及以上 61.2%、5—8 万元之间 60.8%、3—5 万元之间 59.3%、1—3 万元之间 58.7%要高于 1 万元以下 55.2%，即家庭年收入越高的学生越倾向于该项认识；在学校所在地上存在显著差异，城区（地级市）60.4%、小城镇 60.0% 要高于大城市（省会及以上）57.9%、山区 56.6%、县城 53.6%。

可见，在关于"为了使教育机会分配得更加公平，您希望政府及社会在哪些方面进一步加大改革力度——加快高考制度改革，全国统——张试卷考试，各地录取分数线不应差别太大"的认识上，学生的人口学变量在地区、省份、性别、家庭子女排序、年龄、学段、家庭住所、父亲职业、母亲受教育水平、家庭年收入水平、学校所在地上均存在显著差异。中部三省及东部三省的该项认同比例要高于西部三省的,女生比男生及独生子女比老二、老大更倾向于该项认识,基本上是家住越是在县城及城市、家庭年收入水平越高的学生越倾向于认为应通过加快高考制度改革,全国统一一张试卷考试,各地录取分数线不应差别太大来使教育机会的分配变得更加公平。

(五)为了使教育机会分配得更加公平,您希望政府及社会在哪些方面进一步加大改革力度——"保持或加强对少数民族、特长学生的升学优惠政策"的人口学变量差异分析

由表6—4可知,在关于"为了使教育机会分配得更加公平,您希望政府及社会在哪些方面进一步加大改革力度——保持或加强对少数民族、特长学生的升学优惠政策"的认识上在地区间存在显著差异,西部三省33.2%要明显高于中部三省27.1%、东部三省27.1%,即说明越是经济落后地区的学生越希望通过保持或加强对少数民族、特长学生的升学优惠政策来进一步实现教育机会分配公平性;在省份间存在显著差异,贵州40.7%、四川34.7%、江西31.5%要高于江苏28.4%、广东26.7%、浙江26.0%、安徽25.6%、陕西24.4%、河南24.4%;在性别上存在显著差异,男生30.9%要高于女生28.1%;在家庭子女排序上不存在显著差异,老二29.3%要高于独生子女28.7%、老大28.6%;在年龄上存在显著差异,12—26岁在24.1%—35.6%之间;在学段上存在显著差异,初中生32.8%、中职中专生32.3%、大专生31.1%要高于本科生27.4%、高中生25.2%、研究生24.7%,即基本上是学段越低的学生越倾向于该项认识;在家庭住所上存在显著差异,乡镇30.3%、县城29.8%、农村29.6%要高于城市26.8%;在父亲职业上存在显著差异,体制内副处级及以上33.7%、体制内副科级

32.5%、小企业主31.6%、农民30.5%、工人(农民工)29.7%要高于个体工商户28.3%、教师27.9%、私营业主26.1%、体制内普通职员25.5%、体制内正科级24.6%;在母亲受教育程度上存在显著差距,研究生36.8%、文盲35.0%、本科32.0%、小学30.0%、大专(高职高专)29.2%要高于初中28.8%、高中(中职中专)26.4%;在家庭年收入上存在显著差异,1万元以下31.8%、1—3万元之间29.4%要高于3—5万元之间28.4%、8万元及以上27.1%、5—8万元之间27.0%,即家庭年收入越低的学生越倾向于该项认识;在学校所在地上不存在显著差异,山区31.2%、小城镇29.7%、县城29.3%要高于大城市(省会及以上)28.1%、城区(地级市)28.9%,即学校所在地越是在小城镇、山区的学生越倾向于该项认识。

可见,在关于"为了使教育机会分配得更加公平,您希望政府及社会在哪些方面进一步加大改革力度——保持或加强对少数民族、特长学生的升学优惠政策"的认识上,学生的人口学变量除在家庭子女排序、学校所在地上不存在显著差异外,其余的在地区、省份、性别、年龄、学段、家庭住所、父亲职业、母亲受教育水平、家庭年收入水平上均存在显著差异。西部三省的该项认同比例要明显高于中部三省及东部三省的,男生比女生及老二比独生子女、老大更倾向于该项认识,基本上是学段越低、家庭年收入水平越低、学校所在地越是在小城镇及山区的学生越倾向于认为应通过保持或加强对少数民族、特长学生的升学优惠政策来使教育机会的分配变得更加公平。

(六)为了使教育机会分配得更加公平,您希望政府及社会在哪些方面进一步加大改革力度——"取消高考招生中各种竞赛或兴趣考证学生的加分政策"的人口学变量差异分析

由表6—4可知,在关于"为了使教育机会分配得更加公平,您

希望政府及社会在哪些方面进一步加大改革力度——取消高考招生中各种竞赛或兴趣考证学生的加分政策"的认识上在地区间存在显著差异,东部三省 40.3%要明显高于西部三省 32.3%、中部三省 31.7%,即说明越是经济发达地区的学生越希望通过取消高考招生中各种竞赛或兴趣考证学生的加分政策来进一步实现教育机会分配公平性;在省份间存在显著差异,浙江 41.5%、广东 40.2%、江苏 39.2%、陕西 36.6%要高于四川 34.4%、安徽 33.4%、河南 32.5%、江西 29.1%、贵州 25.7%;在性别上不存在显著差异,女生 35.2%要高于男生 33.9%;在家庭子女排序上存在显著差异,独生子女 39.4%要明显高于老大 33.4%、老二 32.4%;在年龄上存在显著差异,12—26 岁在 29.5%—41.0%之间;在学段上存在显著差异,高中生 44.8%、本科生 39.0%要明显高于初中生 33.9%、研究生 33.7%、大专生 30.1%、中职中专生 27.4%;在家庭住所上存在显著差异,城市 42.9%要明显高于县城 33.3%、乡镇 32.3%、农村 31.9%,即家住越是在县城、城市的学生越倾向于该项认识;在父亲职业上存在显著差异,私营业主 47.2%、体制内副科级 43.9%、体制内普通职员 42.4%、教师 37.8%、小企业主 36.5%、个体工商户 35.5%、体制内副处级及以上 34.7%要高于体制内正科级 34.3%、工人(农民工)32.9%、农民 29.9%,即基本上是父亲职业社会经济地位越高的学生越倾向于该项认识;在母亲受教育程度上存在显著差距,本科 39.7%、研究生 39.5%、大专(高职高专)39.4%、高中(中职中专)36.4%要高于初中 34.4%、小学 32.1%、文盲 31.0%,即基本上是母亲受教育水平越高的学生越倾向于该项认识;在家庭年收入上存在显著差异,8 万元及以上42.5%、5—8 万元之间 36.4%、3—5 万元之间 34.8%要高于 1—3万元之间 33.7%、1 万元以下 30.1%,即家庭年收入越高的学生越倾向于该项认识;在学校所在地上存在显著差异,大城市(省会及以上)37.0%要高于城区(地级市)34.4%、小城镇33.9%、县城32.1%、山区30.9%,即学校所在地越是在城区、大城市的学生越倾向于该项认识。

可见,在关于"为了使教育机会分配得更加公平,您希望政府及社会在哪些方面进一步加大改革力度——取消高考招生中各种竞赛或兴趣考证学生的加分政策"的认识上,学生的人口学变量除在性别上不存在显著差异外,其余的在地区、省份、家庭子女排序、年龄、学段、家庭住所、父亲职业、母亲受教育水平、家庭年收入水平、学校所在地上均存在显著差异。东部三省的该项认同比例要明显高于西部三省及中部三省的,女生比男生及独生子女远比老大、老二更倾向于该项认识,基本上是家住越是在县城及城市、父亲职业社会经济地位越高、母亲受教育水平越高、家庭年收入水平越高、学校所在地越是在城区及大城市的学生越倾向于认为应通过取消高考招生中各种竞赛或兴趣考证学生的加分政策来使教育机会的分配变得更加公平。

(七)为了使教育机会分配得更加公平,您希望政府及社会在哪些方面进一步加大改革力度——"提高教师的经济待遇"的人口学变量差异分析

由表6—4可知,在关于"为了使教育机会分配得更加公平,您希望政府及社会在哪些方面进一步加大改革力度——提高教师的经济待遇"的认识上在地区间存在显著差异,中部三省27.2%、西部三省23.6%要高于东部三省19.9%;在省份间存在显著差异,江西31.4%、四川30.7%、河南27.1%、浙江25.2%要高于安徽23.0%、贵州20.6%、陕西19.6%、江苏17.9%、广东16.7%;在性别上存在显著差异,男生24.7%要高于女生22.8%;在家庭子女

排序上不存在显著差异,独生子女 24.4%要高于老大 23.2%、老二 22.7%;在年龄上存在显著差异,12—26 岁在 17.0%—36.2%之间,基本上是年龄越大的学生越倾向于该项认识;在学段上存在显著差异,研究生 36.8%、本科生 33.3%要明显高于高中生 20.2%、初中生 19.4%、大专生 18.7%、中职中专生 17.5%;在家庭住所上存在显著差异,县城 26.2%、城市 24.8%要高于乡镇 23.1%、农村 22.0%;在父亲职业上存在显著差异,教师 40.5%、小企业主 26.8%、体制内正科级 26.1%、体制内副处级及以上 25.3%、体制内普通职员 24.2%、体制内副科级 24.2%、农民 23.5%要高于个体工商户 23.1%、私营业主 23.1%、工人(农民工)20.3%,即父亲职业是教师的学生最倾向于该项认识;在母亲受教育程度上存在显著差距,研究生 39.5%、本科 29.7%、大专(高职高专)28.8%、高中(中职中专)25.2%、小学 23.7%要高于初中 20.9%、文盲 20.6%,即基本上是母亲受教育水平越高的学生越倾向于该项认识;在家庭年收入上存在显著差异,3—5 万元之间 25.9%、8 万元以及上 25.6%、5—8 万元之间 25.0%要高于 1—3 万元之间 22.3%、1 万元以下 21.8%,即基本上是家庭年收入越高的学生越倾向于该项认识;在学校所在地上存在显著差异,大城市(省会及以上)30.5%要明显高于城区(地级市)23.2%、山区 20.7%、县城 17.3%、小城镇 14.0%,即学校所在地越是在城区、大城市的学生越倾向于该项认识。

可见,在关于"为了使教育机会分配得更加公平,您希望政府及社会在哪些方面进一步加大改革力度——提高教师的经济待遇"的认识上,学生的人口学变量除在家庭子女排序上不存在显著差异外,其余的在地区、省份、性别、年龄、学段、家庭住所、父亲职业、母亲受教育水平、家庭年收入水平、学校所在地上均存在显著差异。中部三省及西部三省的该项认同比例要明显高于东部三省的，男生比女生及独生子女比老大、老二更倾向于该项认识，基本上是年龄越大、父亲职业是教师及其他体制内各职级、母亲受教育水平越高、家庭年收入水平越高、学校所在地越是在城区及大城市的学生越倾向于认为应通过提高教师的经济待遇来使教育机会的分配变得更加公平。

（八）为了使教育机会分配得更加公平，您希望政府及社会在哪些方面进一步加大改革力度——"提高毕业生的待遇及就业率"的人口学变量差异分析

由表6—4可知，在关于"为了使教育机会分配得更加公平，您希望政府及社会在哪些方面进一步加大改革力度——提高毕业生的待遇及就业率"的认识上在地区间存在显著差异，东部三省47.6%要高于西部三省44.8%、中部三省43.0%；在省份间存在显著差异，广东49.0%、江苏48.1%、江西47.9%、陕西46.0%、四川45.6%要高于浙江44.7%、贵州42.6%、河南41.0%、安徽40.0%；在性别上存在显著差异，女生48.1%要明显高于男生40.4%；在家庭子女排序上不存在显著差异，老二45.9%、老大45.6%要高于独生子女44.9%，即越是多子女家庭及家庭子女排序靠后的学生越倾向于该项认识；在年龄上存在显著差异，12—26岁在32.2%—49.6%之间；在学段上存在显著差异，中职中专生48.4%、研究生47.1%、大专生46.1%、高中生45.0%要高于本科生44.6%、初中生38.8%；在家庭住所上存在显著差异，城市47.6%、乡镇46.0%要高于农村44.2%、县城43.0%；在父亲职业上不存在显著差异，私营业主51.2%、体制内普通职员47.8%、个体工商户45.6%、教师45.3%要高于工人（农民工）44.9%、体制内副科级43.9%、农民43.6%、小企业主42.7%、体制内副处级及

以上 42.1%、体制内正科级 41.0%；在母亲受教育程度上存在显著差距，初中 46.7%、小学 45.7%要高于高中（中职中专）44.6%、本科 42.4%、文盲 41.9%、研究生 39.5%、大专（高职高专）39.4%；在家庭年收入上不存在显著差异，8 万元及以上 46.1%、1—3 万元之间 45.7%要高于 3—5 万元之间 44.7%、1 万元以下 44.0%、5—8 万元之间 44.0%；在学校所在地上存在显著差异，县城 46.6%、城区（地级市）46.5%、大城市（省会及以上）45.2%要高于山区 38.7%、小城镇 36.0%。

可见，在关于"为了使教育机会分配得更加公平，您希望政府及社会在哪些方面进一步加大改革力度——提高毕业生的待遇及就业率"的认识上，学生的人口学变量除在家庭子女排序、父亲职业、家庭年收入水平上不存在显著差异外，其余的在地区、省份、性别、年龄、学段、家庭住所、母亲受教育水平、学校所在地上均存在显著差异。东部三省的该项认同比例要高于西部三省及中部三省的，女生远比男生及老二、老大比独生子女更倾向于认为应通过提高毕业生的待遇及就业率来使教育机会的分配变得更加公平。

（九）为了使教育机会分配得更加公平，您希望政府及社会在哪些方面进一步加大改革力度——"政府、社会共同努力减小升学及就业方面的歧视对待"的人口学变量差异分析

由表6—4可知，在关于"为了使教育机会分配得更加公平，您希望政府及社会在哪些方面进一步加大改革力度——政府、社会共同努力减小升学及就业方面的歧视对待"的认识上在地区间存在显著差异，东部三省 46.1%要明显高于西部三省 40.3%、中部三省 38.5%；在省份间存在显著差异，江苏 48.8%、广东 46.1%、四川 44.0%、浙江 43.2%要高于贵州 40.5%、江西 40.3%、安徽 38.9%、陕西 36.6%、河南 36.3%；在性别上存在显著差异，女生

43.4%要明显高于男生 38.9%；在家庭子女排序上不存在显著差异，老大 42.2%、老二 41.8%要高于独生子女 41.4%；在年龄上存在显著差异，12—26 岁在 26.2%—46.4%之间；在学段上存在显著差异，本科生 45.6%、研究生 42.6%、大专生 42.5%要高于高中生 41.3%、中职中专生 40.4%、初中生 37.7%，即基本上是学段越高的学生越倾向于该项认识；在家庭住所上不存在显著差异，农村 42.1%、乡镇 42.1%、城市 41.8%要高于县城 40.2%，即家住越是在乡镇、农村的学生越倾向于该项认识；在父亲职业上存在显著差异，体制内普通职员 45.1%、体制内正科级 44.0%、私营业主 43.8%、农民 42.2%要高于工人（农民工）41.5%、体制内副处级及以上 41.1%、个体工商户 40.3%、教师 39.1%、小企业主 38.1%、体制内副科级 35.0%；在母亲受教育程度上存在显著差距，文盲 47.7%、初中 42.6%、小学 41.9%要高于本科 39.9%、高中（中职中专）39.5%、大专（高职高专）38.2%、研究生 38.2%，即基本上是母亲受教育水平越低的学生越倾向于该项认识；在家庭年收入上不存在显著差异，1—3 万元之间 42.8%要高于 3—5 万元之间 41.2%、5—8 万元之间 41.1%、8 万元及以上 41.0%、1 万元以下 40.7%，即基本上是家庭年收入越低的学生越倾向于该项认识；在学校所在地上存在显著差异，山区 49.2%、城区（地级市）43.1%要高于大城市（省会及以上）40.9%、小城镇 38.7%、县城 38.4%。

可见，在关于"为了使教育机会分配得更加公平，您希望政府及社会在哪些方面进一步加大改革力度——政府、社会共同努力减小升学及就业方面的歧视对待"的认识上，学生的人口学变量除在家庭子女排序、家庭住所、家庭年收入水平上不存在显著差异外，其余的在地区、省份、性别、年龄、学段、父亲职业、母亲受教育水平、学校所在地上均存在显著差异。东部三省的该项认同比例要明显高于西部三省及中部三省的,女生比男生及老大、老二比独生子女更倾向于该项认识,基本上是学段越高、家住越是在乡镇及农村、母亲受教育水平越低、家庭年收入水平越低的学生越倾向于认为应通过政府、社会共同努力减小升学及就业方面的歧视对待来使教育机会的分配变得更加公平。

(十)为了使教育机会分配得更加公平,您希望政府及社会在哪些方面进一步加大改革力度——"教师、家长对学生公平对待"的人口学变量差异分析

由表6—4可知,在关于"为了使教育机会分配得更加公平,您希望政府及社会在哪些方面进一步加大改革力度——教师、家长对学生公平对待"的认识上在地区间存在显著差异,东部三省34.8%要高于西部三省31.9%、中部三省30.4%;在省份间存在显著差异,广东37.5%、江苏34.8%、江西34.2%、四川33.0%要高于贵州32.3%、浙江32.1%、安徽32.0%、陕西30.3%、河南25.1%;在性别上存在显著差异,女生33.9%要高于男生30.1%;在家庭子女排序上存在显著差异,独生子女33.9%、老大32.7%要高于老二31.0%;在年龄上存在显著差异,12—26岁在21.6%—48.9%之间,基本上是年龄越小的学生越倾向于该项认识;在学段上存在显著差异,初中生44.5%、中职中专生36.9%、高中生34.4%要明显高于本科生27.0%、大专生24.9%、研究生24.6%,即基本上是学段越低的学生越倾向于该项认识;在家庭住所上存在显著差异,城市37.7%、乡镇32.8%要高于农村30.7%、县城29.3%;在父亲职业上存在显著差异,体制内普通职员36.9%、体制内副处级及以上35.8%、小企业主35.6%、工人(农民工)35.4%、体制内副科级34.4%、私营业主33.8%要高于个体工商户31.9%、教师31.3%、体制内正科级28.4%、农民27.5%;在

母亲受教育程度上不存在显著差距,初中32.9%、研究生32.9%、高中(中职中专)32.7%、大专(高职高专)32.5%要高于小学31.8%、本科31.5%、文盲28.6%;在家庭年收入上不存在显著差异,8万元及以上33.8%、3—5万元之间32.6%、5—8万元之间32.4%要高于1万元以下32.0%、1—3万元之间31.6%,即基本上是家庭年收入越高的学生越倾向于该项认识;在学校所在地上存在显著差异,小城镇41.9%、山区41.4%、县城34.7%要明显高于城区(地级市)30.7%、大城市(省会及以上)30.1%,即学校所在地越是在山区及小城镇的学生越倾向于该项认识。

可见,在关于"为了使教育机会分配得更加公平,您希望政府及社会在哪些方面进一步加大改革力度——教师、家长对学生公平对待"的认识上,学生的人口学变量除在母亲受教育水平、家庭年收入水平上不存在显著差异外,其余的在地区、省份、性别、家庭子女排序、年龄、学段、家庭住所、父亲职业、学校所在地上均存在显著差异。东部三省的该项认同比例要明显高于西部三省及中部三省的,女生比男生及独生子女、老大比老二更倾向于该项认识,基本上是年龄越小、学段越低、家庭年收入水平越高、学校所在地越是在山区及小城镇的学生越倾向于认为应通过教师、家长对学生公平对待来使教育机会的分配变得更加公平。

(十一)为了使教育机会分配得更加公平,您希望政府及社会在哪些方面进一步加大改革力度——"教育资源投入要均衡分配"的人口学变量差异分析

由表6—4可知,在关于"为了使教育机会分配得更加公平,您希望政府及社会在哪些方面进一步加大改革力度——教育资源投入要均衡分配"的认识上在地区间存在显著差异,东部三省40.3%、中部三省38.0%要高于西部三省34.6%,即经济越发达的

地区越倾向于认为应通过教育资源的均衡配置来使教育机会分配得更加公平；在省份间存在显著差异，广东42.2%、江苏40.3%、四川40.0%、江西39.7%、河南38.6%、浙江38.3%要高于安徽35.8%、陕西34.5%、贵州29.5%；在性别上存在显著差异，女生40.0%要明显高于男生34.0%；在家庭子女排序上不存在显著差异，老大39.1%、老二38.3%要高于独生子女37.0%；在年龄上存在显著差异，12—26岁在17.5%—54.4%之间，基本上是年龄越大的学生越倾向于该项认识；在学段上存在显著差异，研究生50.9%、本科生47.6%、高中生38.0%要高于大专生34.5%、中职中专生31.4%、初中生27.5%，即基本上是学段越高的学生越倾向于该项认识；在家庭住所上不存在显著差异，城市38.7%、农村37.9%要高于乡镇36.9%、县城36.5%；在父亲职业上存在显著差异，教师42.3%、体制内普通职员42.0%、体制内正科级41.0%、体制内副处级及以上38.9%要高于农民37.3%、体制内副科级36.9%、个体工商户36.7%、工人（农民工）36.2%、小企业主35.8%、私营业主35.8%；在母亲受教育程度上存在显著差距，小学39.9%、初中38.4%、大专（高职高专）37.6%要高于高中（中职中专）35.1%、本科34.9%、文盲34.8%、研究生28.9%，即基本上是母亲受教育水平越低的学生越倾向于该项认识；在家庭年收入上存在显著差异，5—8万元之间39.5%、1—3万元之间39.0%、8万元及以上38.1%要高于3—5万元之间37.1%、1万元以下35.3%；在学校所在地上存在显著差异，大城市（省会及以上）40.9%、城区（地级市）38.7%要高于县城34.5%、山区31.2%、小城镇28.3%，即学校所在地越是在城区及大城市的学生越倾向于该项认识。

可见，在关于"为了使教育机会分配得更加公平，您希望政府及社会在哪些方面进一步加大改革力度——教育资源投入要均衡分配"的认识上,学生的人口学变量除在家庭子女排序、家庭住所上不存在显著差异外,其余的在地区、省份、性别、年龄、学段、父亲职业、母亲受教育水平、家庭年收入水平、学校所在地上均存在显著差异。东部三省及中部三省的该项认同比例要高于西部三省的,女生远比男生及老大、老二比独生子女更倾向于该项认识,基本上是年龄越大、学段越高、母亲受教育水平越低、学校所在地越是在城区及大城市的学生越倾向于认为应通过教育资源投入要均衡分配来使教育机会的分配变得更加公平。

(十二)为了使教育机会分配得更加公平,您希望政府及社会在哪些方面进一步加大改革力度——"其他"的人口学变量差异分析

由表6—4可知,在关于"为了使教育机会分配得更加公平,您希望政府及社会在哪些方面进一步加大改革力度——其他"的认识上在地区间不存在显著差异,中部三省3.5%、东部三省3.2%要高于西部三省2.8%;在省份间存在显著差异,河南4.7%、江西4.3%、浙江3.6%、四川3.5%、贵州3.3%要高于广东3.1%、江苏2.9%、陕西1.6%、安徽1.4%;在性别上不存在显著差异,男生3.4%要高于女生3.0%;在家庭子女排序上不存在显著差异,老二3.3%、独生子女3.2%要高于老大2.9%;在年龄上存在显著差异,12—26岁在1.5%—5.0%之间,基本上是年龄越小的学生越倾向于该项认识;在学段上存在显著差异,高中生4.4%、中职中专生4.1%、初中生4.0%要高于研究生2.2%、大专生2.1%、本科生1.8%;在家庭住所上存在显著差异,城市3.9%要高于农村3.0%、县城3.0%、乡镇2.5%;在父亲职业上不存在显著差异,体制内正科级4.5%、小企业主3.8%、体制内普通职员3.5%、农民3.4%、

教师 3.2%、体制内副处级及以上 3.2% 要高于个体工商户 3.0%、私营业主 3.0%、工人(农民工)2.8%、体制内副科级 0.6%;在母亲受教育程度上不存在显著差距,研究生 6.6%、高中(中职中专)3.5%、本科 3.4%、小学 3.3% 要高于初中 2.9%、大专(高职高专)2.7%、文盲 2.6%;在家庭年收入上存在显著差异,1 万元以下 4.3%、8 万元及以上 3.6% 要高于 5—8 万元之间 2.7%、1—3 万元之间 2.6%、3—5 万元之间 2.5%;在学校所在地上存在显著差异,山区 6.6%、城区(地级市)3.3%、县城 3.2% 要高于小城镇 3.1%、大城市(省会及以上)2.7%。

可见,在关于"为了使教育机会分配得更加公平,您希望政府及社会在哪些方面进一步加大改革力度——其他"的认识上,学生的人口学变量除在地区、性别、家庭子女排序、父亲职业、母亲受教育水平上不存在显著差异外,其余的在省份、年龄、学段、家庭住所、家庭年收入水平、学校所在地上均存在显著差异。中部三省及东部三省的该项认同比例要高于西部三省的,男生比女生及老二、独生子女比老大更倾向于该项认识,基本上是年龄越小的学生越倾向于认为应通过其他来使教育机会的分配变得更加公平。

第三节　关于对教育机会分配公平性
改革最紧迫政策建议的认识

一、关于对教育机会分配公平性改革的最紧迫政策建议是什么的调查发现

在关于"您认为政府和社会致力于教育机会分配公平性改革排名前三位最迫切需要的措施是什么"的调查结果如表 6—5 所示。

表6—5 您认为政府和社会致力于教育机会分配公平性改革排名前三位最迫切需要的措施是什么的调查结果统计表

问题	政策建议选项	第一位迫切措施		第二位迫切措施		第三位迫切措施	
		频数	百分比（％）	频数	百分比（％）	频数	百分比（％）
您认为政府和社会致力于教育机会分配公平性改革最迫切需要的措施是（排名前三位的）	取消重点校、重点班	1518	14.9	746	7.3	899	8.9
	加大对贫困地区学校和困难群体子女上学的支持力度	2679	26.2	1783	17.5	1172	11.5
	取消初中升高中考试，高中招生指标平等分配到各初中	890	8.7	891	8.7	768	7.6
	加快高考制度改革，全国统一一张试卷考试，各地录取分数线不应差别太大	1791	17.5	1737	17.0	1201	11.8
	保持或加强对少数民族、特长学生的升学优惠政策	217	2.1	639	6.3	551	5.4
	取消高考招生中各种竞赛或兴趣证学生的加分政策	492	4.8	852	8.4	853	8.4
	提高教师的经济待遇	254	2.5	451	4.4	521	5.1
	提高毕业生的待遇及就业率	886	8.7	1085	10.6	1231	12.1
	政府、社会共同努力减小升学及就业方面的歧视对待	401	3.9	821	8.0	1056	10.4
	教师、家长对学生公平对待	253	2.5	473	4.6	795	7.8
	教育资源投入要均衡分配	793	7.8	705	6.9	1070	10.5
	其他	46	0.5	18	0.2	40	0.4

注：缺失值为排名第一位的10人，占0.1%；排名第二位的29人，占0.3%；排名第三位的73人，占0.7%，表格中百分比为有效百分比。

由表6—5可知，在关于"您认为政府和社会致力于教育机会分配公平性改革排名前三位最迫切需要的措施是什么"的认识上,排名第一位的是"加大对贫困地区学校和困难群体子女上学的支持力度",选择此项的有 2679 人,占 26.2%;排名第二位的是"加快高考制度改革,全国统一一张试卷考试,各地录取分数线不应差别太大",选择此项的有 1737 人,占 17.0%(如果严格按照"大大原则"来看排名第二位的最迫切需要的措施仍然是"加大对贫困地区学校和困难群体子女上学的支持力度",有 1783 人,占 17.5%,为了凸显这三个最迫切需要的措施的差异性,故在这里选择了排名第二位的最迫切需要的措施中的选择比例第二高的措施作为最后的排名第二位的最迫切需要的措施);排名第三位的是"提高毕业生的待遇及就业率",选择此项的有 1231 人,占 12.1%。可见,同学们在关于"您认为政府和社会致力于教育机会分配公平性改革排名前三位最迫切需要的措施是什么"的认识上及"为了使教育机会分配得更加公平,您希望政府及社会在哪些方面进一步加大改革力度"的认识上的排名前三位的选项是一样的,只是前者的选择比例要远低于后者的选择比例。

二、关于对教育机会分配公平性改革的最紧迫政策建议的人口学变量差异分析

对"您认为政府和社会致力于教育机会分配公平性改革最迫切需要排名前三位的措施"进行人口学变量的交叉列联表分析及卡方检验,以发现人口学各变量上在各最紧迫政策建议认识上的差异,表6—6 显示了各最紧迫政策下各人口学变量的卡方检验值。

（一）您认为政府和社会致力于教育机会分配公平性改革最迫切需要排名第一位的措施——"加大对贫困地区学校和困难群体子女上学的支持力度"的人口学变量差异分析

由表6—6可知，在关于您认为政府和社会致力于教育机会分配公平性改革最迫切需要排名第一位的措施是"加大对贫困地区学校和困难群体子女上学的支持力度"的认识上在地区间存在显著差异，西部三省31.4%要明显高于东部三省23.9%、中部三省23.3%，即越是经济不发达的西部三省越是希望政府和社会加大对贫困地区学校和困难群体子女的支持力度来致力于教育机会分配公平性改革；在省份间存在显著差异，贵州37.1%、四川30.7%、江西29.8%、陕西26.7%要高于安徽25.2%、广东24.6%、浙江24.2%、江苏22.9%、河南14.8%；在性别上存在显著差异，女生26.9%要高于男生25.2%；在家庭子女排序上存在显著差异，老二29.0%、老大28.2%要明显高于独生子女22.8%，即越是多子女家庭及家庭子女排序靠后的学生越倾向于该项认识；在年龄上存在显著差异，12—26岁在16.8%—30.5%之间；在学段上存在显著差异，中职中专生30.8%、大专生29.1%、本科生27.8%要高于初中生25.3%、高中生22.6%、研究生19.5%；在家庭住所上存在显著差异，农村30.9%要明显高于乡镇25.1%、县城22.9%、城市20.1%，即家住越是在乡镇、农村的学生越倾向于该项认识；在父亲职业上存在显著差异，农民32.1%、工人（农民工）29.3%要明显高于体制内副科级24.2%、个体工商户23.4%、小企业主19.9%、体制内普通职员19.1%、体制内副处级及以上18.9%、教师18.5%、私营业主18.1%、体制内正科级17.2%，即基本上是父亲职业社会经济地位越低的学生越倾向于该项认识；在母亲受教育程度上存在显著差距，文盲37.4%、小学33.5%要明显高于初中

25.4%、高中(中职中专)22.6%、研究生19.7%、本科16.1%、大专(高职高专)15.2%,即基本上是母亲受教育水平越低越倾向于该项认识;在家庭年收入上存在显著差异,1万元以下33.2%、1—3万元之间27.1%要高于3—5万元之间24.1%、5—8万元之间21.7%、8万元及以上19.7%,即基本上家庭年收入越低的学生越倾向于该项认识;在学校所在地上存在显著差异,山区37.1%、县城32.2%要明显高于城区(地级市)26.0%、大城市(省会及以上)54.6%、小城镇23.7%。

表6—6　对"您认为政府和社会致力于教育机会分配公平性改革最迫切需要排名前三位的措施"的各人口学变量进行交叉列联表分析的卡方检验值(2-sided)

人口学变量	卡方值、Sig	排第一位的 加大对贫困地区学校和困难群体子女上学的支持力度	排第二位的 加快高考制度改革,全国统一一张试卷考试,各地录取分数线不应差别太大	排第三位的 提高毕业生的待遇及就业率
	比例	26.2%	17.5%	12.1%
地区	χ^2	2.428E2	2.428E2	98.079
	Sig	0.000	0.000	0.000
省份	χ^2	6.036E2	6.036E2	3.220E2
	Sig	0.000	0.000	0.000
性别	χ^2	49.325	49.325	53.556
	Sig	0.000	0.000	0.000
家庭子女排序	χ^2	1.082E2	1.082E2	69.567
	Sig	0.000	0.000	0.000
年龄	χ^2	1.238E3	1.238E3	5.073E2
	Sig	0.000	0.000	0.000

人口学变量	卡方值、Sig	排第一位的 加大对贫困地区学校和困难群体子女上学的支持力度	排第二位的 加快高考制度改革,全国统一一张试卷考试,各地录取分数线不应差别太大	排第三位的 提高毕业生的待遇及就业率
	比例	26.2%	17.5%	12.1%
学段	χ^2	1.493E3	1.493E3	3.764E2
	Sig	0.000	0.000	0.000
家庭住所	χ^2	1.957E2	1.957E2	76.009
	Sig	0.000	0.000	0.000
父亲职业	χ^2	3.199E2	3.199E2	2.095E2
	Sig	0.000	0.000	0.000
母亲受教育水平	χ^2	3.045E2	3.045E2	1.302E2
	Sig	0.000	0.000	0.000
家庭年收入水平	χ^2	1.986E2	1.986E2	95.584
	Sig	0.000	0.000	0.000
学校所在地	χ^2	4.074E2	4.074E2	1.600E2
	Sig	0.000	0.000	0.000

注:表格中 Sig 值小于 0.1 即为各人口学变量下的各选项(子变量)间存在显著差异,各认识下对各人口学变量进行的交叉列联表分析的数据表格因数据太过于庞大,为节省版面此处不再呈现,仅在相关结果呈现中摘取需要的具体数据。

说明:在数据分析时发现排第二位最迫切措施中比例最大的选择仍然与排第一位最迫切措施中比例最大的选择"加大对贫困地区学校和困难群体子女上学的支持力度"一致,只是具体的选择比例值不一样,是 17.5%,而排第二位最迫切措施中比例第二高的是"加快高考制度改革,全国统一一张试卷考试,各地录取分数线不应差别太大",此时比例是 17.0%,然而在排第一位最迫切措施中比例第二高的也是"加快高考制度改革,全国统一一张试卷考试,各地录取分数线不应差别太大",此时比例是 17.5%,鉴于此种特殊情况,我们在选择此处的排第二位最迫切措施就以排第一位最迫切措施中选择比例第二高的"加快高考制度改革,全国统一一张试卷考试,各地录取分数线不应差别太大"为准,如果这里还用"大大原则"来确定排第二位最迫切措施则仍然是"加大对贫困地区学校和困难群体子女上学的支持力度",显得重复了,比例也变小了,没有体现出最迫切措施的差异,故这里做了这样的特殊处理。

可见,在关于您认为政府和社会致力于教育机会分配公平性改革最迫切需要排名第一位的措施是"加大对贫困地区学校和困难群体子女上学的支持力度"的认识上,学生的人口学变量在地区、省份、性别、家庭子女排序、年龄、学段、家庭住所、父亲职业、母亲受教育水平、家庭年收入水平、学校所在地上均存在显著差异。西部三省的该项认同比例要明显高于东部三省及中部三省的,女生比男生及老二、老大比独生子女更倾向于该项认识,基本上是家住越是在乡镇及农村、父亲职业社会经济地位越低、母亲受教育水平越低、家庭年收入水平越低的学生越倾向于认为政府和社会致力于教育机会分配公平性改革最迫切需要排名第一位的措施是"加大对贫困地区学校和困难群体子女上学的支持力度"。

(二)您认为政府和社会致力于教育机会分配公平性改革最迫切需要排名第二位的措施——"加快高考制度改革,全国统一一张试卷考试,各地录取分数线不应差别太大"的人口学变量差异分析

由表6—6可知,在关于您认为政府和社会致力于教育机会分配公平性改革最迫切需要排名第二位的措施是"加快高考制度改革,全国统一一张试卷考试,各地录取分数线不应差别太大"的认识上在地区间存在显著差异,中部三省22.6%要明显高于东部三省16.4%、西部三省13.6%,即中部人口大省高考竞争激烈的省份最希望加快高考制度改革,全国统一一张试卷考试,各地录取分数线不应差别太大来致力于教育机会分配公平性改革;在省份间存在显著差异,河南32.3%、安徽20.9%、江苏19.2%、浙江18.8%要高于陕西15.1%、江西14.5%、四川13.7%、贵州12.0%、广东11.1%,即河南的学生最倾向于该项认识;在性别上存在显著差异,男生18.6%要高于女生16.8%;在家庭子女排序上存在显

著差异,独生子女 20.5%要高于老二 16.2%、老大 15.5%;在年龄上存在显著差异,12—26 岁在 12.5%—28.9%之间,基本上是年龄越大的学生越认同该选项;在学段上存在显著差异,高中生 26.7%、研究生 23.2%要明显高于大专生 16.4%、本科生 16.1%、初中生 13.5%、中职中专生 10.9%;在家庭住所上存在显著差异,城市 20.9%、县城 18.7%要高于乡镇 17.4%、农村 15.6%,即家住越是在县城、城市的学生越认同该选项;在父亲职业上存在显著差异,体制内正科级 26.9%、体制内副处级及以上 25.3%、教师 23.5%、体制内普通职员 22.2%、私营业主 20.4%、体制内副科级 19.1%、小企业主 17.9%、个体工商户 17.8%要高于农民 15.6%、工人(农民工)15.1%,即基本上是父亲职业社会经济地位越高的学生越倾向于该项认识;在母亲受教育程度上存在显著差距,本科 24.5%、大专(高职高专)21.8%、高中(中职中专)19.8%、研究生 19.7%要高于初中 16.9%、文盲 14.8%、小学 14.5%;在家庭年收入上存在显著差异,5—8 万元之间 20.9%、8 万元及以上 19.6%、3—5 万元之间 18.9%要高于 1—3 万元之间 16.6%、1 万元以下 14.6%,即基本上是家庭年收入水平越高的学生越倾向于该项认识;在学校所在地上存在显著差异,城区(地级市)18.5%、大城市(省会及以上)17.7%要高于县城 16.3%、小城镇 16.1%、山区 9.8%,即基本上学校越是位于大城市、城区的学生越认同该选项。

可见,在关于您认为政府和社会致力于教育机会分配公平性改革最迫切需要排名第二位的措施是"加快高考制度改革,全国统一一张试卷考试,各地录取分数线不应差别太大"的认识上,学生的人口学变量在地区、省份、性别、家庭子女排序、年龄、学段、家庭住所、父亲职业、母亲受教育水平、家庭年收入水平、学校所在地上均存在显著差异。中部三省的该项认同比例要明显高于东部三省及西部三省的,男生比女生及独生子女比老二、老大更倾向于该选项,基本上是年龄越大、家住越是在县城及城市、父亲职业社会经济地位越高、家庭年收入水平越高、学校越是位于大城市及城区的学生越倾向于认为政府和社会致力于教育机会分配公平性改革最迫切需要排名第二位的措施是"加快高考制度改革,全国统一一张试卷考试,各地录取分数线不应差别太大"。

(三)您认为政府和社会致力于教育机会分配公平性改革最迫切需要排名第二位的措施——"提高毕业生的待遇及就业率"的人口学变量差异分析

由表6—6可知,在关于您认为政府和社会致力于教育机会分配公平性改革最迫切需要排名第三位的措施是"提高毕业生的待遇及就业率"的认识上在地区间存在显著差异,西部三省12.4%要高于东部三省12.0%、中部三省11.9%;在省份间存在显著差异,陕西14.1%、浙江13.2%、安徽12.7%要高于四川12.0%、广东11.9%、河南11.6%、江西11.5%、贵州11.1%、江苏11.0%;在性别上存在显著差异,女生12.7%要高于男生11.1%;在家庭子女排序上存在显著差异,老二13.1%要高于老大11.9%、独生子女24.2%,即越是多子女家庭及家庭子女排序靠后的学生越是倾向于该项认识;在年龄上存在显著差异,12—26岁在9.5%—16.2%之间;在学段上存在显著差异,中职中专生13.2%、大专生12.8%、研究生12.3%、高中生12.2%要高于本科生11.7%、初中生10.4%;在家庭住所上存在显著差异,县城13.1%、乡镇12.5%、农村12.1%要高于城市11.0%;在父亲职业上存在显著差异,体制内普通职员13.3%、体制内副处级及以上12.9%、农民12.3%、工人(农民工)12.1%要高于私营业主11.8%、个体工商户11.6%、教师11.6%、体制内副科级11.6%、小企业主11.2%、体制内正科级 6.9%;在母亲受教育程度上存在显著差距,本科 12.8%、小学 12.5%、初中 12.4%要高于文盲 11.8%、研究生 11.8%、高中(中职中专)11.7%、大专(高职高专)10.9%;在家庭 年收入上存在显著差异,1万元以下 12.6%、8万元及以上 12.4%、 1—3万元之间 12.3%要高于5—8万元之间 11.5%、3—5万元之 间 11.2%;在学校所在地上存在显著差异,县城 14.3%、城区(地 级市)12.2%要高于大城市(省会及以上)11.6%、小城镇 10.5%、 山区 10.2%。

可见,在关于您认为政府和社会致力于教育机会分配公平性 改革最迫切需要排名第三位的措施是"提高毕业生的待遇及就业 率"的认识上,学生的人口学变量中在地区、省份、性别、家庭子女 排序、年龄、学段、家庭住所、父亲职业、母亲受教育水平、家庭年收 入水平、学校所在地上均存在显著差异。西部三省的该项认同比 例要高于东部三省及中部三省的,女生比男生及老二比老大、独生 子女更倾向于认为政府和社会致力于教育机会分配公平性改革最 迫切需要排名第三位的措施是"提高毕业生的待遇及就业率"。

第三篇

实证研究篇

第七章 义务教育阶段教育机会
分配公平性问题分析

义务教育阶段由于入学是按片区就近入学,且近年来取消了择校生,作为受教育起点上及受教育过程中的对待而言的教育机会分配公平性,主要问题表现在农村留守儿童与城市流动儿童的受教育机会问题及其得到的关怀与照顾问题。在受教育中的教育内容与对待方面主要是所接受和能开设的课程门数及其内容的城市倾向问题。义务教育作为纯公共产品,是公民的一项基本权利,需要在尽可能大的区域内实现均衡发展,这是作为未成年的学生构建其将来基本生活能力的一种基本途径与重要保障。

第一节 "流动"抑或"留守":中国农村儿童
受教育之痛——基于南宁市西乡塘区
城市流动儿童与农村留守儿童的调查

流动与留守儿童属于教育弱势群体,本调查根据自编问卷调查中国大陆南宁市西乡塘区 2500 多名流动及留守儿童的教育与心理问题。通过对流动儿童与非流动儿童及留守儿童与非留守儿童的比较,调查后发现流动儿童因证件不齐无法进入公办学校,同时也存在上下学交通安全与课后托育等问题;留守儿童更有缺少亲情关怀、课后生活枯燥、易染上不良习惯等问题。在心理上有些测试问题表现无显著差异,有些则存在显著差异。可见流动与留守儿童都存在教育难、难管理及心理适应性不强的问题,弱势地位更明显。本调查建议政府、学校、社会及家庭应通力合作,并加强对流动儿童与留守儿童的心理辅导,不放弃任何一位儿童,让流动儿童"进得去,留得住,学得好",让留守儿童"留得住,留得好,学得好"。

一、流动与留守儿童受教育问题简述

(一)流动与留守儿童受教育问题研究简述

随着中国大陆社会的经济发展,城市化进程加快,每年有 1.5 亿农民工在城乡间流动,6000 多万人跨省流动,其子女:

> 随着父母流动到城市,就成了城市流动儿童;随父母的一方或者其他亲戚留在农村就成了农村留守儿童。留守与流动是同一原因不同情境下的两种结果,这两种结果的发生又是单一的,只能满足一种,要么流动,要么留守。①

流动与留守本身并无褒贬之意,仅是因为父母为了生存需要,儿童被动呈现的选择与状态。这些农民工子女无论是流动到城市还是留守在农村,其教育、监护与心理等方面或多或少都存在问题。②

中国大陆为解决流动儿童教育问题,从社会和谐和教育公平

---

① 徐阳:《农村留守儿童教育问题研究》,华东师范大学 2006 年博士学位论文,第 17 页。
② 范元伟:《流动儿童与本地学生相互融合研究》,《当代青年研究》2008 年第 6 期。

的观点出发,制定以流入地政府管理与公办中小学"两为主"①的教育政策。但冯帮从经济排斥的视角分析流动儿童教育公平的问题,发现流动儿童教育在经济消费能力上受排斥的不公平现象,即由于农民工教育支付能力较低,多数只能选择收费较为低廉的民工子弟学校,而不是公办学校②。王一涛的研究也指出,阻碍农民子弟通过教育获得社会地位的关键因素,在于贫困家庭对义务教育的支付能力③。另外,徐玲与白文飞发现,户籍制度及城乡二元结构体制、义务教育办学体制、财政拨款体制、升学制度等,是促使流动儿童在城市生活与受教育时处于不利地位的因素④。周国华与翁启文归纳流动儿童教育问题相关研究主要有六⑤:

　　第一,农民工子女教育的社会调查、个案观察及部分地方政府的实践探索;

　　第二,主要从社会融合与排斥的视角对农民工子女教育的社会学研究;

　　第三,从教育经费投入方式、体制、责任等视角进行农民工子女教育的经济学研究;

　　第四,对农民工子受教育权的法理学研究;

---

① 中国政府规定各地在接受流动儿童入学时,以流入地政府为主,以流入地的公办学校为主,简称"两为主"。

② 冯帮:《经济排斥与流动儿童的教育公平》,《教育与经济》2011年第1期。

③ 王一涛:《农村教育与农民的社会流动——基于英县的个案分析》,社会科学文献出版社2008年版,第1页。

④ 徐玲、白文飞:《流动儿童社会排斥的制度性因素分析》,《当代教育科学》2009年第1期。

⑤ 周国华、翁启文:《流动儿童教育问题文献研究述评》,《人口与发展》2007年第5期。

第五,对农民工子女教育政策的理念、执行等问题的政策分析研究;

第六,对农民工子女教育进行比较研究。

对流动儿童这一受教育问题产生的原因及其具体表现,之前的研究从不同视角对流动儿童入学难进行研究,但是对其具体表现与非流动儿童比较之研究则很难见到。

在解决流动儿童教育问题上,吕绍清认为要加强对流动儿童教育政策实施过程的监督,加大对民工子弟学校的扶持力度,打破户籍制度的束缚,给予农民市民待遇①。而付尧主张中央政府建立流动儿童义务教育经费财政转移支付专项资金,按照地方流动儿童数量的多少进行分配,逐年核拨,例如以教育券的形式发到流动家长手中,家长用教育券向学校支付学费②。

至于农村留守儿童从概念上:农村留守儿童一般是指农村小区中因父母双方或单方长期外出务工或经商,由父母单方、长辈、他人抚养和教育的儿童或无人照顾的儿童,年龄一般在 6—16 周岁左右③。留守儿童教育问题产生的因素包括:一是家庭教育的缺失,二是学校管理与教育的失误,三是城乡长期"二元分割"的结果④。

---

① 吕绍清:《留守还是流动——民工潮中的儿童研究》,中国农业出版社 2007 年版,第 1 页。

② 付尧、孟大虎:《农民工子女义务教育供给研究——基于成本分担理论的分析》,《教育发展研究》2008 年第 17 期。

③ 徐阳:《农村留守儿童教育问题研究》,华东师范大学 2006 年博士学位论文,第 18 页。

④ 范先佐:《农村"留守儿童"教育面临的问题与对策》,《国家教育行政学院学报》2005 年第 7 期。

　　因此范先佐认为经济承受能力、学校承受能力、政府支持能力和学生的适应能力则是农民工不能将子女带进城接受教育的主要因素①。而解决留守儿童教育问题的治本之策,唐喜梅与卢清主张要加快户籍制度改革,逐步拆除城乡壁垒,加强对流动儿童教育政策实施过程的监督,大力吸纳农民工子女入学②。吴支奎则提出要逐步增加农村基础教育财政投资,完善财政分配制度,并继续推动课程教材和考试制度改革③。此外,邓勇认为在学校职责方面要加强对留守儿童的学习辅导、心理辅导,采用寄宿制、分片管理制以及追踪辅导制等措施④。

　　广西境内有极少数学者对少数民族流动儿童的社会化进行调查研究⑤,但是尚未对广西南宁市的城市流动儿童与农村留守儿童教育与心理问题的研究。本调查乃对广西南宁市西乡塘区城市流动儿童及农村留守儿童的受教育问题现状进行调查分析,并据此提出解决对策与建议。

　　(二)本调查的研究思路

　　本调查首先简要综述中国大陆农村学童的流动与留守现象的产生、问题与对策;然后说明本文采用之研究选题与实施过程;继之,分析问卷调查及访谈所获得的数据与数据,并比较大陆广西南

① 范先佐:《农村"留守儿童"教育面临的问题与对策》,《国家教育行政学院学报》2005 年第 7 期。
② 唐喜梅、卢清:《农村留守儿童亲子教育缺失问题及对策研究》,《江西教育科研》2006 年第 9 期。
③ 吴支奎:《制度突破:农村留守儿童教育问题的出路》,《教育导刊》2010 年第 6 期。
④ 邓勇:《农村留守儿童教育问题的思考与对策》,四川大学 2007 年硕士学位论文,第 1 页。
⑤ 崔娟:《广西少数民族流动儿童的社会化研究——以柳州市 XZ 农民工子弟学校为例》,广西师范大学 2010 年硕士学位论文,第 1 页。

宁市西乡塘区的城市流动儿童及农村留守儿童的受教育与心理问题及差异;最后,根据资料分析得出南宁市西乡塘区城市流动儿童与农村留守儿童受教育问题的结论,提出相应的对策建议。具体研究架构如图7—1所示。

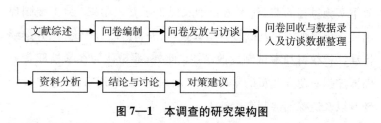

图7—1 本调查的研究架构图

(三)南宁市西乡塘区义务教育基本概况

南宁市西乡塘区位于南宁市西部,辖区内既有城市小区,又有农村行政村,是典型的城市与农村并存的一个行政区,西乡塘区多数地区是城乡结合部,在城区工作的流动人口比较多,随其迁入城市的子女就成了城市流动儿童;在行政村由于学童父母外出打工而将孩子留在农村老家的就成了农村留守儿童。西乡塘区总面积1298平方公里,辖3个镇10个街道办事处,26个行政村、71个小区,人口约有100多万(常住人口76.25万,流动人口23.75万),现有公办中小学114所,其中初中学校13所,九年一贯制学校10所,截至2012年春季学期城市流动儿童共23991人(其中初中生6405人,小学生17586人),农村留守儿童共801人(其中初中生174人,小学生627人),含市区留守儿童共1108人(西乡塘区教育局提供截至2012年秋季入学时的学生数)。

二、本调查的研究设计与实施

(一)选题缘由与实施过程

《西乡塘区城市流动儿童与农村留守儿童受教育问题研究》

(以下简称课题组)是由本人负责组织实施的一项调查研究,旨在发现西乡塘区城市流动儿童与农村留守儿童的教育问题,并据此向当地政府提出可行的政策建议。

课题组实地调研部分,课题组先后到 FZ 学校、HX 小学、SSW中学、NLMZ 中学、JLZJL 小学实地调研,每所学校都由校长、教师代表、学生代表、家长代表组成座谈会,倾听和反映西乡塘区城市流动儿童与农村留守儿童的教育问题,在座谈会上各代表都踊跃发言,提出若干建议与解决之道。

课题组参考相关课题研究后,自编《西乡塘区城市"流动儿童"教育研究问卷(学生卷)(3—9 年级)》和《西乡塘区农村"留守儿童"教育研究问卷(学生卷)(3—9 年级)》,问卷采取抽样取样的方式发放,主要在城市流动儿童和农村留守儿童比较集中的学校发放。流动儿童部分主要取样在公办学校,因公办学校接受流动儿童入学率在 60% 左右,故在民办学校也取样;留守儿童只在农村学校取样。问卷在课题组实地调研前,发到受访学校,回收的问卷由课题组带回,问卷数据输入后采用 SPSS11.5 统计。

(二)问卷发放与回收情况及数据分析

1.城市"流动儿童"受教育问题部分

本课题组定义"流动儿童"为"离开自己爸爸/妈妈户籍所在地,且在父母工作所在地学习半年(含)以上的儿童"。

本课题组参考国内对流动与留守儿童受教育问题的问卷,并增加心理测验,编制"城市流动儿童受教育问题调查问卷(学生卷)"与"农村留守儿童收教育问题调查问卷(学生卷)"。问卷前半部分是围绕流动儿童与留守儿童在家庭监护、学校教育、政府与社会支持、学生期待的解决办法等方面,展开不同选项的选择式问题;问卷的后半部分则测试心理问题,即在性格、行为、情绪、社会适应、学习五个维度,每个维度分别设计2—3个问题,验证有无显著差异,心理测验以五分值来计分,属于连续变量。经分析,"城市流动儿童受教育问题调查问卷(学生卷)"的分半信度为0.700,相关系数在0.229—0.538之间,且有显著差异;"农村留守儿童收教育问题调查问卷(学生卷)"的 α 系数为0.523,相关系数在0.118—0.404之间,且有显著差异。

课题组共向6所中小学(其中公办学校4所分别为 SSW 中学、HXL 小学、WXL 小学、XL 学校,2所民办学校分别为 YX 学校、FZ 学校)发放学生问卷2610份,回收2502份,回收率为95.86%,每份问卷有5题以上未回答者即视为无效问卷,有效问卷为1903份,有效问卷为72.91%,具体问卷发放与回收情况如表7—1所示。

表7—1 西乡塘区城市流动儿童受教育问题
研究问卷发放与回收一览表

学校	发放问卷(份)	回收问卷(份)	问卷回收率(%)	有效问卷(份)	问卷有效率(%)
SSW 中学	330	320	96.97	258	78.18
HXL 小学	400	390	97.50	294	73.50
WXL 小学	370	364	98.38	275	74.32
XL 学校	650	586	90.15	481	74.00
YX 学校	400	386	96.50	310	77.50
FZ 学校	460	456	99.13	285	61.96
其中公办学校	1750	1660	94.86	1308	74.74
其中民办学校	860	842	97.91	595	69.19
城市(非)流动儿童	2610	2502	95.86	1903	72.91

在 1903 份回收有效样本中,流动儿童 1159 人,占样本量的 60.9%;非流动儿童 722 人,占样本量的 37.9%。男生 941 人,占样本量的 49.4%;女生 945 人,占样本量的 49.7%。公办学校的有 1308 人,占样本量的 68.7%;民办学校的有 595 人,占样本量的 31.3%。

2.农村"留守儿童"受教育问题部分

本课题组定义"留守儿童"为"留在自己爸爸/妈妈户籍所在地,没有跟着爸爸/妈妈外出,而是留在家乡学习半年(含)以上的儿童"。

课题组向 JLZJL 小学、NLMZ 中学发放学生问卷 950 份,回收 919 份,回收率为 96.74%,在回收的问卷中,每份问卷有 5 题以上未做回答者为无效问卷,有效问卷计 632 份(其中留守儿童 301 人),问卷有效率为 66.53%,具体问卷发放与回收情况如表 7—2 所示。

表 7—2　西乡塘区农村留守儿童受教育问题研究
问卷发放与回收一览表

学校	发放问卷 (份)	回收问卷 (份)	问卷回收率 (%)	有效问卷 (份)	问卷有效率 (%)
JLZJL 小学	250	240	96.00	141	56.40
NLMZ 中学	700	679	97.00	491	70.14
农村(非)留守儿童总计	950	919	96.74	632	66.53

3.资料分析

本调查之量化研究采用 SPSS11.5 软件进行分析,用卡方检验判断流动儿童与非流动儿童的差异情况。问卷的后半部分为对性格、行为、情绪、社会适应、学习 5 个方面设计 5 点计分量表,并对各个测量题目进行独立样本 t 检验来判断两者是否存在差异。

三、城市流动儿童与农村留守儿童教育的主要问题

(一)问卷调查及座谈中反映出来的具体问题

根据调研座谈会和问卷调查的整理和分析发现,城市流动儿童与农村留守儿童教育的主要问题表现在以下几方面:

1.家庭监护方面

(1)流动儿童流动性大,家长忙于生计,少有闲暇接送孩子,学校管理难度大。

首先是部分学校及班级流动儿童比例较大,父母工作流动性强;接收流动儿童为主的学校,其班级的流动儿童都超过 50%。如某班级 45 人就有 24 人是流动儿童,某班级 45 人中有 28 人是流动儿童。部分家长因工作地点变动而不得不常常搬迁,子女随迁到新校就读;而部分流动儿童则因未能及时办理完转学所需手续而未能安置在新住所附近的学校,只能继续留在原学校就读,产生学生接送的安全问题。

根据调查显示,流动儿童转学 2 所学校的比例为 28.4%,而非流动儿童为 22.6%;流动儿童转学 3 所学校的比例为 14.7%,而非流动儿童为 8.3%;流动儿童转学 5 所以上学校的比例为 2.5%,而非流动儿童为 2.2%。可见流动儿童因父母工作生活场所变更造成的转学现象明显,且与非流动儿童的转学现象存在显著差异($\chi^2 = 31.938$,$p = 0.000$)。

其次,流动儿童家庭多为贫困家庭,家长忙于生计无暇照顾子女。流动儿童的家长多是做小生意、贩卖蔬果、做建筑或装修零工、清洁工等低收入且繁忙的工作,他们大多无暇照顾子女的生活

与学习。整体而言,流动儿童家庭的教育环境比较差,父母亲为生活奔波,学生学习之余还要帮父母干活。有些流动家庭是年龄大的孩子带年龄小的孩子,家长的关心和辅导非常欠缺。如一位在烧烤店工作的家长,凌晨2点才能回来,学生上学时家长尚未起床,对子女的教育根本无法配合。据问卷调查显示,流动儿童上下学没人接送的比例为77.8%(非流动儿童为68.6%),留守儿童没人接送的比例为69.0%(非留守儿童为55.3%)。

(2)部分流动及留守儿童家长素质不太高,不能积极配合学校教育。

据调研座谈会的教师反映,流动儿童家长素质相对来说偏低,自己没有时间管孩子也不积极配合学校管孩子。为提高教育教学质量,教师课后查缺补漏,部分家长却认为在浪费时间,以自己事情忙为理由,拒绝让孩子留校久一点。

有些留守儿童家长的文化水平相对低,对孩子的教育意识也差,不懂如何指导作业,如何管教孩子,最后发展成不学习、不写作业的放任孩子。

(3)部分流动与留守儿童得不到课后辅导,尤其是留守儿童更容易处于作业无人监管状态。

据调研座谈会反映,部分流动及多数留守儿童在课后家庭作业很少得到家长及监护人的监管与辅导。作业交不了的多是留守儿童,放学后不能留学生,因为留学生在学校时,教师会饿,学生也会饿,故只能让学生带作业回家去做,可是学生并没做作业。寄宿学校基本上有相同情况,但晚上如有教师进行作业辅导,效果会好一些;非寄宿制学校课后辅导功课,家长反而会质问怎么不按时放学,但若不辅导,其家长也不会指导。

问卷调查显示,流动儿童放学后家里没有人辅导或检查其家庭作业的有 33.7%,非流动儿童为 29.6%,未达显著差异 ($\chi^2 = 3.457$, $p = 0.063$)。留守儿童放学后家里没有人辅导或检查其家庭作业的有 67.8%,非留守儿童为 53.2%,存在显著差异 ($\chi^2 = 14.020$, $p = 0.000$),即近70%的留守儿童在放学后无人辅导或监督其家庭作业的完成。(JL 小学)一班主任反映在他班上布置完课外作业后,38 位同学中能完成作业的不到 8 位,可见留守儿童在课后作业辅导及监管几乎处于无人监管状态。

(4)流动儿童最多的是和父母居住,而留守儿童更多的是隔代居住,流动儿童的监护人比留守儿童的监护人的教养态度来得好。

问卷调查显示,流动儿童随爸爸居住的(39 人)占 3.4%,随妈妈居住的(93 人)占 8.1%,随爸爸和妈妈居住的(927 人)占 81.0%,随爷爷/奶奶或外公/外婆居住的(54 人)占 4.7%,随其他人居住的(32 人)占 2.8%。

留守儿童随爸爸或妈妈居住的(43 人)占 14.3%,随爸爸妈妈居住的(48 人)占 16.0%,随爷爷/奶奶或外公/外婆居住的(188 人)占 62.7%,随其他亲戚居住的(16 人)占 5.3%,随其他人居住的(5 人)占 1.7%。

对流动儿童而言,监护人对其态度特别好的(637 人)占 55.1%(非流动儿童为51.6%),比较好的(371 人)占 32.1%(非流动儿童为 32.2%),一般的(136 人)占 11.8%(非流动儿童为14.0%),比较差的(10 人)占 0.9%(非流动儿童为1.0%),很差的(3 人)占 0.3%(非流动儿童为1.2%)。

对留守儿童而言,监护人对其态度特别好的(122 人)占 41.1%(非留守儿童为32.0%),比较好的(125 人)占 42.1%(非留守儿童为 42.2%),一般的(40 人)占 13.5%(非留守儿童为

24.3%),比较差的(6 人)占 2.0%(非留守儿童为 1.2%),很差的(4 人)占 1.3%(非留守儿童为 0.3%)。

(5)流动与留守儿童平时与父母沟通交流最多的是学习情况,其次是饮食健康与安全问题,较少谈及父母的工作和生活情况,更少谈及学生的心理问题。

问卷调查显示,流动儿童平时与父母沟通主要交谈学习情况的有 705 人,占 62.2%(非流动儿童为 63.2%),谈饮食健康与安全者有 358 人,占 31.6%(非流动儿童为 30.3%),谈心理问题者(186 人)占 16.4%(非流动儿童为 15.8%),谈父母的工作和生活者有 180 人,占 15.9%(非流动儿童为 14.4%),谈其他话题者 485人,占 42.8%(非流动儿童为 39.4%)。

留守儿童平时与父母沟通主要交谈学习情况者 239 人,占79.4%(非留守儿童为 76.4%),谈饮食健康与安全者 128 人,占42.5%(非留守儿童为 39.9%),谈心理问题者 48 人,占 15.9%(非留守儿童为 12.7%),谈父母的工作和生活者 62 人,占 20.6%(非留守儿童为 14.5%),其他话题者 84 人,占 27.9%(非留守儿童为 19.0%)。

(6)流动儿童与留守儿童的监护权不明确,增加学校教育难度。

调研座谈会教师们(如 HXL 小学 W 老师、JL 小学 L 老师等)反映,孩子的监护权不明确,学生出了问题找不到监护人,没有很好的沟通渠道,难为教师了。相关政策定位孩子的监护权不明晰,社会就把这个压力转到学校来。如在 HXL 小学座谈时 A 教师说道:孩子的监护权是不明确的,到底是找爷爷奶奶还是爸爸妈妈,父母离异留给爷爷奶奶的,监护权模糊不清,这个就留给老师了,找不到监护人,没有很好的沟通渠道。社会上怎么定位孩子的监护权,把这个压力转到学校来了。又如 NL 中学 L 校长讲道:学生父母在外地打工,有的是在本地打工,但是早出晚归,这些人我们联系都很难。

(7)流动与留守儿童从其监护人那里得到的关怀不足,存在情感缺失,需要加强对家长及孩子的心理辅导与帮助。

对留守儿童而言,主要由其爷爷奶奶带大,常常不能与其父母见面和沟通,容易产生隔代教养问题,小孩与父母从小分离,感情基础薄弱,没有沟通,关爱又少,易产生逆反心理和行为;有的孩子见到父母不喊爸爸妈妈,也不敢、不愿和父母讲话。

由于留守儿童长期与父母分隔两地,造成情感缺失,加大留守儿童的教育难度;此外,由于留守儿童的低龄化趋势,因此学校的工作重点放在对其思想与心理的辅导。对流动儿童或留守儿童的家长或监护人而言,缺乏家庭教育知识、工作又繁忙,与学生的沟通也不多,容易造成父母与孩子间的心理问题。教师们反映,应该对家长和孩子进行家庭教育及心理辅导,而很多学校却无专门的心理辅导教师及相关课程,造成问题无法解决。

2.社会支持方面

(1)城市流动儿童住宿分散,午托及晚托问题突出。

进城务工子女的居住地比较分散,离学校较远,流动儿童家长中午没办法接送小孩,因此强烈要求办午托、午餐,有的家长还要求晚托到晚上 8 点至 10 点。学校因考虑到流动儿童中午回家吃饭的安全问题和路途奔波辛苦,承担午、晚托的责任,尽量安排最远的同学在校吃住,解决食宿和午休问题,并提供晚餐和晚托,晚自习后再让学生回家,不仅满足流动儿童家长的需求,亦可防止学生不回家吃饭,在学校附近网吧沉迷游戏的情况发生。

因公办学校办午托的政策不是很明朗,为填补这一块的空缺和需求,公办学校周围的私立午托机构很多,这种午托机构隐患很大,大多数家长担心学生的安全问题和食宿得不到保障,不放心把孩子送到私立午托机构,而午托问题涉及消防、卫生、安全等因素限制,也需要规范,希望政府能尽快解决公办学校办午托的问题。

(2)城市流动儿童上学及放学时,学校门口周边道路安全隐患大;农村留守儿童则容易发生溺水等事故。

由于现在城市车流量增多,很多学校门口周边没有红绿灯,校门口车多、人多、车辆乱停乱放,各种车辆也不注意规避行人,安全堪忧。学校及家长普遍希望政府能安排交警在上下学期间到校执勤,保护学生安全。对农村儿童而言,由于部分学校周边水塘较多,放学后家长监管不到位,学生经常因游泳而造成溺水事故。

问卷调查显示,除第一多事故为其他外,流动儿童及其同学周围发生第二多的事故为"发生交通事故受伤或死亡",占27.6%,非流动儿童为30.1%。留守儿童及其同学周围发生第一多的事故即为"游泳溺亡",比例为41.0%,非留守儿童为37.0%。

(3)城市流动儿童与农村留守儿童明显弱势,容易受到侵害。

调查显示,儿童受侵害依次是"被同学或社会人员威胁或殴打或辱骂",流动儿童选择该项侵害者有105人,占13.1%,非流动儿童为99人,占15.9%。其次是"被监护人殴打或辱骂",流动儿童选择该项侵害者71人,占29.5%,非流动儿童有68人,占38.2%;再次是"被教师殴打或辱骂",流动儿童选择该项侵害的有38人,占18.7%,非流动儿童有21人,占12.6%。

留守与非留守儿童受侵害依次是"被监护人威胁或殴打或辱骂",选择该项侵害者有50人,占22.1%,非留守儿童有36人,占14.7%;其次为"被教师殴打或辱骂",留守儿童选择该项侵害的有72人,占40.4%,非留守儿童有56人,占35.2%;再次是"被同学或社会人员威胁或殴打或辱骂",留守儿童选择该项侵害的有52人,占29.9%,非留守儿童有32人,占21.3%。

由上述可见,无论是流动儿童还是留守儿童,都有不小比例的儿童受到同学或社会人员、监护人、教师的威胁和殴打或辱骂,只是留守儿童大多来自其监护人的殴打辱骂或威胁,而流动儿童则更多来自同学或社会人士的殴打辱骂或威胁。

(4)社会风气的恶化,滋长流动及留守儿童的不良习惯,影响其教育效果,家长和教师们担心在周末的2天受社会不良行为和风气的影响,导致在学校5天的教育效果会被抵消,从而产生"5+2=0"的效果。

家长和教师们担心孩子在周末2天与社会青年泡网吧、飙车等;有的受其父母的不良行为的影响,如父母赌博、买六合彩、不务正业等。学生受到社会上的负面影响比较大,教师监管能力有限,学校积极上进的氛围不浓,致使教师的努力达不到理想效果,部分学生失去了人生奋斗方向。

3.基础设施建设有待加强

(1)部分学校的基础设施建设有待加强,亟须进一步普及标准化建设。

调查发现,城市的部分学校缺乏多媒体教学设备,缺乏图书,而农村的部分学校则连基本的医务室都没有。如 NLMZ 中学(农村初中)距离最近的卫生院4公里,学生教师生病问题难以解决,教师学校多次与上级沟通,因编制的问题,直到现在配备校医及建医务室的需求仍未获得到解决。又如 HXL 小学(城市学校)有12个班,只有4个班有多媒体教学,还缺8个班的多媒体教学设备。因此在学校标准化建设过程中,还需加大对弱势学校的扶持力度,配备齐全基本的教育教学设施。

（2）农村留守儿童及教师住校条件有待进一步改善，部分城市流动儿童家庭住宿条件堪忧。

座谈会中校长和教师们普遍反映：住宿条件紧张，希望改进。如那龙民族中学教师宿舍由 2 栋变为 1 栋，部分教师只能住到学生宿舍，而学生宿舍也由原先的 8 人一间，转变为 12 人一间，学校宿舍楼供水也不足。

城市流动儿童多来自社会最底层的弱势群体家庭，其父母工作艰辛，住宿条件堪忧。据三十五中的一个案例显示，该校一位学生一家四人住 20 多平方米的房子，房子既用于卖菜，也用于住宿，门面卖菜，房后放 4 张架子床，旁边就是臭鸭毛，窘境可想而知。

4.学习态度表现方面

（1）流动儿童与留守儿童都很爱读书，都认为读书很重要，但是流动儿童的比例高于留守儿童，且部分儿童不能养成自觉学习的习惯。

问卷调查显示，流动儿童特别喜欢上学的有 604 人，占 53.5%，非流动儿童有 324 人，占 45.6%；留守儿童特别喜欢上学的有 119 人，占 39.5%，非留守儿童有 103 人，占 31.2%；流动儿童认为读书非常重要的有 851 人，占 75.3%，非流动儿童有 531 人，占 74.8%；留守儿童认为读书非常重要的有 197 人，占 65.7%，非留守儿童有 184 人，占 56.8%。

在出勤情况上，流动儿童从不迟到的有 617 人，占 54.8%，而非流动儿童有 372 人，占 52.4%；留守儿童从不迟到的有 137 人，占 45.8%，而非流动儿童有 102 人，为 31.2%。

由上可见，流动儿童与留守儿童和非流动儿童与非留守儿童，都珍惜宝贵的读书机会。但是，据调研座谈反映，部分小孩不能养成自觉学习的习惯，是否得到家长的关照，是孩子学习的关键。

（2）城市流动儿童比非流动儿童倾向于做家庭作业，而农村留守儿童不如非留守儿童。

问卷调查显示，流动儿童放学后花费时间最多的活动是做家庭作业，其（728 人）比例为 66.5%，非流动儿童（460 人）的比例为 65.4%；流动儿童放学后花费时间第二多的活动是看课外书，其（343 人）比例为 31.4%，非流动儿童（245 人）的比例为 35.1%；流动儿童放学后花费时间第三多的活动是看电视，其（264 人）比例为 24.6%，非流动儿童（170 人）的比例为 25.0%。

留守儿童放学后花费时间最多的活动也是做家庭作业，其（96 人）比例为 32.0%，非留守儿童（126 人）的比例为 38.8%；留守儿童放学后花费时间第二多的活动是做家务，其（77 人）比例为 25.7%，非留守儿童放学后花费第二多的活动是和小伙伴玩（68 人），其比例为 20.9%；留守儿童放学后花费时间第三多的活动是看电视，其（92 人）比例为 31.1%，非留守儿童（88 人）的比例为 27.2%。

由上可见，流动儿童放学后从事最多的活动依次是做家庭作业、看课外书、看电视，与非流动儿童没有明显差异。而留守儿童放学后从事最多的活动依次是做家庭作业、做家务、看电视，与非留守儿童存在明显差异。

（3）流动儿童成绩在前 10 名的比例不如非流动儿童高，但是成绩在班级排名后 10 名的比例比非流动儿童低；留守儿童则成绩在班级前 10 名的比例比非留守儿童高，成绩在班级排名后 10 名的比例也比非留守儿童低，即留守儿童的学业表现比非留守儿童的表现好。另外，流动儿童在流动前成绩提高的比例高于留守儿童，比其父母没有外出前成绩提高的比例要高得多。其数据如次：流动儿童的成绩与其没有随父母流动前的成绩相比较，提高者

475 人,占 41.2%,下降者 190 人,占 16.5%;其成绩在班级前 10
名者有 176 人,占 15.4%(非流动儿童为 18.5%),比较后 10 名者
233 人,占 20.3%(非流动儿童为 21.6%);留守儿童的成绩与其父
母没有外出工作前的成绩相比较,提高者有 57 人,占 19.2%,下降
者 60 人,占 20.2%;成绩在班级前 10 名者 57 人,占 19.1%(非留
守儿童为 14.6%),比较后 10 名者 83 人,占 27.9%(非留守儿童
为 31.4%)。

　　流动儿童与留守儿童成绩之所以提高,学生想考好高中,考好
大学,是因为其父母每周打电话时,会灌输孩子读书可以改变命运
的想法。因此从调研座谈会的数据反映来看,教师们认为流动儿
童和地段生(在户籍所在地上学的学生)成绩没有什么差异,差距
在于家长的配合方面,尤其忙于生计、流动得很厉害,或工作很忙
的,学生都顾不上的家长。

　　5.学习与生活受挫时,学生向教师、父母还是同学寻求帮助或
获得关怀

　　(1)留守与流动儿童在学习上遇到困难时,首先求助的不是
教师,而是好朋友或同学,在生活上遇到困难时首先求助的是
父母。

　　问卷调查显示,流动儿童在学习上遇到困难常常向教师寻求
帮助的有 521 人,比例为 46.1%(非流动儿童为 41.6%),常常向
好朋友或同学寻求帮助的有 843 人,比例为 74.7%(非流动儿童为
69.5%),常常向爸爸/妈妈寻求帮助的有 485 人,比例为 42.9%
(非流动儿童为 50.1%),常常向父母之外的亲戚寻求帮助的有 73
人,比例为 6.5%(非流动儿童为 11.2%)。

　　留守儿童在学习上遇到困难常常向教师寻求帮助的有 144
人,比例为 47.8%(非留守儿童为 47.7%),常常向好朋友或同学

寻求帮助的有 256 人,比例为 85.0%(非留守儿童为 80.6%),常常向爸爸/妈妈寻求帮助的有 108 人,比例为 35.9%(非留守儿童为 32.9%),常常向父母之外的亲戚寻求帮助的有 17 人,比例为 5.6%(非留守儿童为 5.7%)。

流动儿童在生活上遇到困难,常常向教师寻求帮助的(228 人)比例为 20.2%(非流动儿童为 22.6%),常常向好朋友或同学寻求帮助的(503 人)比例为 44.6%(非流动儿童为 42.9%),常常向爸爸/妈妈寻求帮助的(802 人)比例为 71.0%(非流动儿童为 74.0%),常常向父母之外的亲戚寻求帮助的(134 人)比例为 11.9%(非流动儿童为 15.9%)。

留守儿童在生活上遇到困难常常向教师寻求帮助的有 93 人,比例为 30.9%(非留守儿童为 31.7%),常常向好朋友或同学寻求帮助的有 191 人,比例为 63.5%(非留守儿童为 57.1%),常常向爸爸/妈妈寻求帮助的有 207 人,比例为 68.8%(非留守儿童为 65.6%),常常向父母之外的亲戚寻求帮助的有 54 人,比例为 17.9%(非留守儿童为 14.8%)。

可见,流动与留守儿童在学习上遇到困难时,首先想到的是向好朋友或同学求助,教师、父母、父母之外的亲戚分别排名第二、三、四。流动儿童与留守儿童在生活上遇到困难时首先想到的是父母,好朋友或同学、教师、父母之外的亲戚分别排名第二、三、四。可见,教师在学习上的陪伴有待加强。

(2)留守儿童比流动儿童更加弱势,在学习和生活上也更少得到教师的关心。

问卷调查显示,流动儿童比留守儿童更容易得到教师关心。流动儿童得到教师"经常关心"其学习和生活的有 850 人,比例为 75.2%(低于非流动儿童的 76.6%),从不关心的有 29 人,比例为

2.6%（高于非流动儿童的 2.3%）；而留守儿童在学校里得到教师"经常关心"其学习和生活的有 136 人，比例为 46.7%（低于非留守儿童的 46.9%），从不关心的有 70 人，比例为 24.1%（高于非留守儿童的 16.9%）。

问卷调查显示，流动儿童比留守儿童更容易得到教师的家访。流动儿童得到教师"经常家访"的（297 人）比例为 26.5%（高于非流动儿童的 16.1%），从不家访的（437 人）比例为 38.9%（高于非流动儿童的 35.9%）；留守儿童得到教师"经常家访"的（33 人）比例为 11.1%（高于非留守儿童的 9.7%），从不被家访的（167 人）比例为 56.0%（低于非留守儿童的 65.7%）。

可见，虽然无论流动儿童或留守儿童、非流动或非留守儿童，在学习和生活上都能得到教师的关心，但是留守儿童受到教师关心的程度还未超过 50%，仍有 24.1% 的留守儿童从未得到教师的关心；教师对流动与留守儿童的家访还远远不够，仅有 26.5% 的流动儿童得到教师经常家访，而教师经常家访的留守儿童比例仅为 11.1%，教师从未家访的留守儿童高达 56.0%，由此说明学校和教师亟须进一步提升对流动和留守儿童的关爱程度，也要关心其学习和生活，并经常家访。

（3）流动儿童得到最多的关怀来自父母、同学，来自教师的关怀没有排进前三位，留守儿童得到最多的关怀分别来自父母、同学和教师。

问卷调查显示，在学习和生活上，流动儿童得到最多的关怀来自父母（468 人）的占 42.8%（非流动儿童为 45.1%），得到第二多的关怀来自同学（391 人）的占 36.9%（非流动儿童为 35.5%），得到第三多的关怀仍然来自同学（269 人）的占 26.3%（非流动儿童为 26.8%），在学生心目中教师的关怀还不够多，还没有排入前三位。

在学习和生活上,留守儿童得到最多的关怀来自父母(106人)占35.9%(非留守儿童为35.5%),得到第二多的关怀来自同学(79人)占26.7%(非留守儿童为46.7%),得到第三多的关怀来自教师(65人)占22.0%(非留守儿童为20.5%)。

(4)流动儿童与留守儿童最期望的是能得到教师的指导、同学的帮助与关怀以及父母的关爱与指导。

问卷调查显示,流动儿童最期待的是教师多些学习指导和生活关怀(473人)占43.7%(非流动儿童为50.2%),第二期望的事情是能多得到同学的帮助和关怀(369人)占34.8%(非流动儿童为42.3%),第三期望的事情是父母多些关怀与指导(257人)占24.7%(非流动儿童为34.8%),可见流动儿童期望这三件事的程度不如非流动儿童那样强烈。

留守儿童最期待的事情是父母能常回家看孩子(99人)占33.9%(非留守儿童为期待教师多些学习指导和生活关怀,占48.7%),第二期望的事情是能多得到同学的帮助和关怀(72人)占24.6%(非留守儿童为32.5%),第三期望的事情仍是能多得到同学的帮助和关怀(65人)占22.6%(非留守儿童为得到监护人能更多地关爱和理解24.9%)。

6.家庭经济状况方面

(1)留守儿童家庭虽然在其父母外出工作后,家庭经济状况有很大改善,但是父母与留守儿童的联系沟通频率有待加强,有近9%的父母未与留守儿童联系。

问卷调查显示,留守儿童的家庭经济状况与其父母没有外出前相比提高的有151人,占51.5%,没有提高的有38人,占13.0%;留守儿童每个月与其外出工作父母联系的频率达4次以上的有 141 人,占 47.5%,联系 3—4 次(含)以上的有 51 人,占 17.2%,联系 1—2 次(含)以上的(79 人)占 26.6%,没有联系的(26 人)占 8.8%。

(2)流动儿童比非流动儿童更容易从父母那里得到零用钱,留守儿童每周得到 10 元以下零用钱的几率要大于非留守儿童,但是非留守儿童得到超过 10 元以上零用钱的几率要大于留守儿童。

问卷调查显示,每周家里不给流动儿童零用钱者有 263 人,比例为 23.4%(非流动儿童为 32.9%),每周零用钱在 1—10 元的(492 人)比例为 43.9%(非流动儿童为 41.5%),每周零用钱在 10—30 元的(216 人)比例为 19.3%(非流动儿童为 15.5%),每周零用钱在 30—50 元的(86 人)比例为 7.7%(非流动儿童为 4.9%),每周零用钱在 50 元以上的(65 人)比例为 5.8%(非流动儿童为 5.1%)。

留守儿童每周家里不给零用钱的(49 人)比例为 16.4%(非留守儿童为 18.8%),每周零用钱在 1—10 元的(175 人)比例为 58.5%(非留守儿童为 52.9%),每周零用钱在 10—20 元的(60 人)比例为 20.1%(非留守儿童为 21.6%),每周零用钱在 20 元以上的(15 人)比例为 5.0%(非留守儿童为 6.7%)。

7.政府政策支持与落实方面

(1)流动儿童因"六证"不齐全,难以得到公办学校的接纳,只能上民办学校,增加家长的负担。

目前南宁市规定,公办学校接收流动儿童需要家长出具"六证"(户口本、暂住证、身份证、劳动务工就业证明、居住证明、流动人口婚育证明)。而很多家长却办不全"六证",因为有的工作单位不和他们签劳动合同,有的是农村出生的孩子没有办流动人口婚育证明,多数流动儿童是因这两证不齐全而被公办学校拒收。

一旦被公办学校拒收,就只能转上民办学校,而民办学校一年的学费至少 1 千元以上,增加父母的负担,而如果其子女要是能在公办学校就读的话,是不需要支付学费的。

(2)需要扩大对贫困学生的资助程度。

教师及家长们反映,寄宿生活补助需要提高,受助面再广一点。目前"两免一补"①标准提高,受助人数有减少现象。如 NLMZ 中学今年有 60%以上的儿童享受资助,672 名受资助农村困难学生和寄宿的学生。每位学生一年 1000 元,相当于 1 个月 100 元,一天 3 元,希望现在寄宿生补助面再广一点。部分民办学校资助经济困难学生只能靠社会爱心基金。如 FZ 学校(城市民办九年一贯制学校)每年有 200—300 名社会爱心补助生,每生 400—500 元的资助额度,但是这种社会爱心资助不具持续性,一旦需资助学生没有得到连续资助,学生就无法再上学了。

(3)对民办学校的扶助政策有待落实。

据调研的民办学校反映,2005 年南宁出台"312 工程",公办、子弟学校、民办学校接受农民工子弟纳入国家计划,由国家给予经费资助,但迄今未曾落实经费。每年九月都有政策下来,加大对民办学校的扶持,但是因当地区一级政府财政收入有限,加之对民办学校的不重视,这种市一级政府要求的对民办学校的资助,在财政能力有限的区一级政府却不能兑现。

武鸣县与百色市的民办学校给予"两免一补",FZ 学校反映:

---

① "两免一补"是"全部免除农村义务教育阶段学生学杂费,对贫困家庭学生免费提供教科书并补助寄宿生生活费"的简称,是中国政府首先于 2005 年在全国 592 个国家扶贫开发工作重点县开始实施的教育惠民政策,其后实施范围扩展至全国范围内。2005 年,国家和地方政府共投入 70 多亿元,使 3400 多万名贫困家庭学生从中受益。

何以百色市和武鸣县的民办学校有政府资助,而在南宁市的民办学校却没有补助?他们认为政府希望民办学校自生自灭。

如 FZ 学校 Z 校长反映道:每年人大、政协都有扶持民办教育的提案,但都没有执行。希望政府领导能解决此实际问题,加大对民办学校的扶持力度,并落实到位。

(二)心理测量反映出的具体问题

为比较城市"流动与非流动儿童"和农村"留守与非留守儿童"在性格、行为、情绪、社会适应、学习方面有无明显差异,上述五个维度各设计 14 个问题,每个题目以五分值来计分, 1、2、3、4、5 分别对应"非常不同意""不同意""不确定""同意""非常同意"。

具体问题如下:(1)在性格方面为"我感到自己是个有价值的人,至少与其他人在同一水平上""归根结底,我倾向于觉得自己是个失败者"。(2)在行为方面分别为"我经常不听管教""我时常说谎""我欺负别的孩子"。(3)在情绪方面分别为"我容易哭泣""我感到害怕""我不能控制地大发脾气"。(4)在社会适应方面分别为"我很容易在学校交新朋友""我和小伙伴一起时很少说话""我感到我什么事也做不好"。(5)在学习方面分别是"与同学相比,我感到自己必须学习更努力,才能取得和他们一样的成绩"与"同龄儿童相比,我的词语理解能力非常差""我对同学的交谈理解差,注意力也不集中"。统计如表 7—3、表 7—4 所示。

城市流动儿童与非流动儿童在性格、行为、情绪、社会适应、学习的独立样本 t 检验的具体参数值如表 7—3 所示。

表 7—3　城市（非）流动儿童在性格、行为、情绪、社会适应、学习 t 检验

测度问题	样本量	均值	标准差	Mean Difference	t	Sig. (2-tailed)
我感到到我是一个有价值的人，至少与其他人在同一水平上	流动儿童（n=1159）	3.81	1.131	0.16	3.073	0.002
	非流动儿童（n=722）	3.64	1.109			
归根结底，我倾向于觉得自己是一个失败者	流动儿童（n=1159）	1.81	1.045	-0.02	-0.426	0.670
	非流动儿童（n=722）	1.83	1.056			
我经常不听管教	流动儿童（n=1159）	1.85	1.027	-0.06	-1.289	0.198
	非流动儿童（n=722）	1.92	0.988			
我时常说谎	流动儿童（n=1159）	1.77	0.953	-0.09	-2.025	0.043
	非流动儿童（n=722）	1.87	0.995			
我欺负别的孩子	流动儿童（n=1159）	1.52	0.828	-0.04	-0.984	0.325
	非流动儿童（n=722）	1.56	0.836			
我容易哭泣	流动儿童（n=1159）	1.97	1.158	-0.09	-1.599	0.110
	非流动儿童（n=722）	2.06	1.155			
我感到害怕	流动儿童（n=1159）	2.04	1.168	-0.13	-2.378	0.018
	非流动儿童（n=722）	2.17	1.160			

续表

测度问题	样本量	均值	标准差	Mean Difference	t	Sig. (2-tailed)
我不能控制地大发脾气	流动儿童（n=1159）	2.25	1.291	-0.03	-0.471	0.637
	非流动儿童（n=722）	2.28	1.274			
在学校交新朋友对我很容易	流动儿童（n=1159）	3.66	1.335	0.19	2.943	0.003
	非流动儿童（n=722）	3.47	1.337			
我和小伙伴一起时很少说话	流动儿童（n=1159）	1.82	1.096	-0.17	-3.269	0.001
	非流动儿童（n=722）	1.99	1.165			
我感到我什么事也做不好	流动儿童（n=1159）	1.98	1.188	-0.10	-1.862	0.063
	非流动儿童（n=722）	2.08	1.167			
与同学相比，我感到自己必须努力更努力，才能取得和他们一样的成绩	流动儿童（n=1159）	3.52	1.371	-0.15	-2.323	0.020
	非流动儿童（n=722）	3.67	1.332			
与同龄儿童相比，我的词语理解能力非常差	流动儿童（n=1159）	2.00	1.109	-0.16	-2.966	0.003
	非流动儿童（n=722）	2.16	1.149			
我对同学的交谈理解差，注意力也不集中	流动儿童（n=1158）	1.85	1.048	-0.14	-2.644	0.008
	非流动儿童（n=722）	1.98	1.121			

1.城市流动儿童与非流动儿童的差异

就城市流动儿童与非流动儿童的差异而言,通过独立样本 t 检验后发现:

第一,城市流动儿童与非流动儿童在性格方面的两个问题中,在"自我价值感"方面存在显著差异,流动儿童的自我价值感(3.81)高于非流动儿童的(3.64)。在"自我是否是个成功者"方面无显著差异。

第二,城市流动儿童与非流动儿童在行为方面的三个问题中,在是否"时常说谎"方面存在显著差异,流动儿童(1.77)比非流动儿童(1.87),更倾向于说谎。在是否"常不听管教"及是否"欺负别的孩子"方面无显著差异。

第三,城市流动儿童与非流动儿童在情绪方面的三个问题中,对是否"感到害怕"方面存在显著差异,流动儿童(2.04)比非流动儿童(2.17),更倾向于害怕,即流动儿童存在安全忧患。在是否"容易哭泣"及"不能控制自己的脾气"方面无显著差异。

第四,城市流动儿童与非流动儿童在社会适应方面的三个问题中,在是否"容易在学校结交新朋友"和"平时和小伙伴很少说话"这两个方面存在显著差异,流动儿童(3.66)比非流动儿童(3.47)更容易结交新朋友,流动儿童(1.82)比非流动儿童(1.99)更倾向于与其伙伴说话交流。关于对是否"感觉自己什么事也做不好"方面无显著差异。城市流动儿童与非流动儿童在学习方面的三个问题中均存在显著差异,在"要更努力学习才能取得与其他人一样的成绩"存在显著差异,流动儿童(3.52)比非流动儿童(3.67)的学习效能差一些;在"词语理解能力比同龄儿童差"存在显著差异,流动儿童(2.00)比非流动儿童(2.16)认同其词语理解能力比同龄儿童差;"对同学的交谈理解差,注意力也不集中"方面也存在显著差异,流动儿童(1.85)比非流动儿童(1.98)更认同其对同学的交谈理解差,注意力也不集中。

2.农村留守儿童与非留守儿童的差异

农村留守儿童与非留守儿童在性格、行为、情绪、社会适应、学习的独立样本 t 检验的具体参数值如表 7—4 所示。

就农村留守儿童与非留守儿童的差异而言,有如下发现:

第一,农村留守儿童与非留守儿童在性格、行为、情绪方面均无显著差异。

第二,农村留守儿童与非留守儿童在社会适应方面的三个问题中,在"容易在学校结交新朋友"和"平时和小伙伴很少说话"存在显著差异,留守儿童(2.86)比非留守儿童(3.09)更难结交新朋友,留守儿童(2.41)比非留守儿童(2.23)更不倾向于与伙伴说话交流。关于"感觉自己什么事也做不好"无显著差异。

第三,农村留守儿童与非留守儿童在学习方面,"要更努力学习才能取得与其他人一样的成绩"方面存在显著差异,留守儿童(3.36)比非留守儿童(3.68)的学习效能差一些;在"词语理解能力比同龄儿童差"及"对同学的交谈理解差,注意力也不集中"方面均无显著差异。

四、研究结论与政策建议

(一)研究结论

依据上述座谈与统计分析,本文归纳下列结论:

第一,流动儿童与留守儿童的监护权不明确,出现问题时学校不能及时联系;流动与留守儿童从其监护人那里得到的关怀较少,缺乏情感基础,需加强对家长及孩子的心理辅导与帮助;孩子与家长之间的沟通不够多,家长忙于生计,少有闲暇接送或回家看望孩

表7—4 农村(非)留守儿童在其性格、行为、情绪、社会适应、学习 t 检验

测度问题	样本量	均值	标准差	Mean Difference	t	Sig. (2-tailed)
我感到我是一个有价值的人,至少与其他人在同一水平上	留守儿童(n=301)	3.32	1.050	0.04	0.557	0.578
	非留守儿童(n=331)	3.27	0.924			
归根结底,我倾向于觉得自己是一个失败者	留守儿童(n=301)	2.31	1.119	0.05	0.559	0.577
	非留守儿童(n=331)	2.26	1.078			
我经常不听管教	留守儿童(n=301)	2.18	0.907	0.05	0.619	0.536
	非留守儿童(n=331)	2.14	0.986			
我时常说谎	留守儿童(n=301)	2.05	0.895	0.05	0.680	0.497
	非留守儿童(n=331)	2.00	0.837			
我欺负别的孩子	留守儿童(n=301)	1.84	0.819	0.03	0.428	0.669
	非留守儿童(n=331)	1.81	0.800			
我容易哭泣	留守儿童(n=301)	2.20	1.001	0.07	0.888	0.375
	非留守儿童(n=331)	2.13	0.973			
我感到害怕	留守儿童(n=301)	2.27	0.984	0.07	0.928	0.354
	非留守儿童(n=331)	2.19	0.975			

续表

测度问题	样本量	均值	标准差	Mean Difference	t	Sig. (2-tailed)
我不能控制地大发脾气	留守儿童(n=301)	2.40	0.997	-0.07	-0.858	0.391
	非留守儿童(n=331)	2.46	0.963			
在学校交新朋友对我来说很容易	留守儿童(n=301)	2.86	1.172	-0.23	-2.563	0.011
	非留守儿童(n=331)	3.09	1.115			
我和小朋友一起时很少说话	留守儿童(n=301)	2.41	1.165	0.18	2.064	0.039
	非留守儿童(n=331)	2.23	1.045			
我感到我什么事也做不好	留守儿童(n=301)	2.56	1.169	0.14	1.526	0.128
	非留守儿童(n=331)	2.42	1.107			
与同学相比,我感到自己必须更努力学习,才能取得和他们一样的成绩	留守儿童(n=301)	3.36	1.330	-0.32	-3.208	0.001
	非留守儿童(n=331)	3.68	1.199			
与同龄儿童相比,我的词语理解能力非常差	留守儿童(n=301)	2.64	1.035	0.15	1.859	0.063
	非留守儿童(n=331)	2.49	1.016			
我对同学的交谈理解差,注意力也不集中	留守儿童(n=301)	2.43	0.979	0.08	0.962	0.336
	非留守儿童(n=331)	2.35	0.981			

子,也少有时间甚至不知道如何辅导孩子的课后作业。

第二,城市流动儿童住宿分散,午托及晚托问题突出,午托问题涉及消防、卫生、安全等因素限制,也需要规范;城市流动儿童上学及放学时学校门口周边道路安全隐患大,农村留守儿童则容易发生溺水等事故;社会风气的恶化滋长了流动儿童及留守儿童的不良习惯,影响其教育教学效果,产生"5+2=0"的后果。

第三,学校基础设施建设有待加强,部分学校缺乏基本的教室、实验室、医务室、食堂等,亟须加快普及标准化建设步伐;农村留守儿童及教师住校条件有待改善,部分城市流动儿童家庭住宿条件堪忧。

第四,流动与留守儿童都很爱读书且认为很重要,但是许多儿童不能养成自觉学习的习惯;城市流动儿童在放学后比非流动儿童更倾向于做家庭作业,而农村留守儿童在放学后不如非留守儿童那样倾向于做家庭作业;流动儿童成绩在班级前10名的同学的比例不如非流动儿童的高,但是成绩在班级排名靠后的比例比非流动儿童低,原因可能是他们知道父母的辛苦劳作,自己需要加倍努力,才能改善自己未来的处境和实现父母的期望,因而学习努力;留守儿童则成绩在班级前10名的同学的比例比非留守儿童的要高,成绩在班级排名靠后的比例也比非留守儿童的低,即留守儿童的学业表现比非留守儿童的表现要好;另外,流动儿童在流动前,成绩提高的比例比留守儿童与其父母没有外出前成绩提高的比例要高得多。

第五,留守与流动儿童在学习上遇到困难时,首先求助的不是教师,而是好朋友或同学,在生活上遇到困难首先求助的是父母;留守儿童与流动儿童相比,处于更加弱势地位,在学习和生活上更少得到教师的关心;流动与留守儿童最期望的是能多得到教师的学习指导、同学的帮助与关怀以及父母多些关爱与指导。

第六,留守儿童家庭虽然在其父母外出工作后,家庭经济状况有较大幅度改善,但是父母与留守儿童的联系沟通频率有待加强,有近9%的父母未与留守儿童联系。流动儿童与非流动儿童相比,更容易从父母那里得到零用钱,留守儿童每周得到人民币10元以下零用钱的几率要大于非留守儿童。

第七,流动儿童因"六证"不齐全,难以进入公办学校,只能上民办学校,增加家长的负担;政府对贫困生的资助力度还不够高且对民办学校的扶助政策有待落实。

第八,城市流动儿童与非流动儿童在性格方面的"自我价值感"存在显著差异,"自我是否是个成功者"无显著差异;在行为方面的"时常说谎"存在显著差异,在"常不听管教"及"欺负别的孩子"无显著差异;在情绪方面的"感到害怕"存在显著差异,在"容易哭泣"及"不能控制自己的脾气"则无显著差异;在社会适应方面的"容易在学校结交新朋友"和是否"平时和小伙伴很少说话"存在显著差异,在是否"感觉自己什么事也做不好"无显著差异;在学习方面的"要更努力学习才能取得与其他人一样的成绩""词语理解能力比同龄儿童差""对同学的交谈理解差,注意力也不集中"均存在显著差异。

农村留守儿童与非留守儿童在性格、行为、情绪方面均无显著差异。在社会适应方面的"容易在学校结交新朋友""平时和小伙伴很少说话"存在显著差异,在"感觉自己什么事也做不好"无显著差异;在学习方面的"要更努力学习才能取得与其他人一样的成绩"存在显著差异,在"词语理解能力比同龄儿童差"、对"同学的交谈理解差,注意力也不集中"均无显著差异。

(二)对教育政策的建议

根据上述讨论,以下提出对教育政策的建议:

第一，明确流动与留守儿童的监护权，引导监护人承担孩子的监护责任，积极配合学校教育。在小区、居民集中的地方多开设青少年活动中心，丰富流动儿童与留守儿童的课余生活与周末生活。政府和社会可办理亲子活动，增加流动儿童、留守儿童与其父母相聚和沟通的机会。要增加学校辅导人员编制，积极引进心理健康辅导方向的教师，对城市流动儿童与农村留守儿童进行心理疏导。同时，建议对家长进行家庭教育与心理问题方面的教育与培训。

第二，制定相应的午托、晚托政策，规范私人和公办学校举办午托和晚托行为，做到既保障安全、又解决家长后顾之忧。为孩子健康成长培育积极向上、文明的土壤，积极营造健康的社会风气。积极保护城市流动与农村留守儿童，避免其受到伤害，尤其要防范来自教师体罚，甚至是性侵犯、猥亵以及社会人员的打架殴斗。通过解决流动儿童上下学途中的交通安全问题及加强父母对流动儿童的监管和沟通，提高流动儿童的安全感。

第三，改善农村留守儿童及教师住宿条件，对部分城市流动儿童家庭进行资助；改善城市学校门口周边道路安全状况，加强对农村留守儿童的安全教育。

第四，积极引导流动与留守儿童，使其养成自觉学习的习惯；在课后留城市流动儿童与农村留守儿童一段时间，请教师帮助学生解答家庭作业的疑惑问题，并建议教师多辅导，家长多监督和关爱，提高儿童的学习效能。

第五，要求教师更关爱留守与流动儿童。教师要在儿童学习和生活上遇到困难时发挥积极作用；此外，教师也要引导父母、老师、同学、社会更多地关注和爱护流动儿童与留守儿童。

第六，父母尽量在经济上不要苦了孩子，不要一味地穷养儿女，要给孩子基本的生活费与零用钱，确保孩子获得足够的营养与社会交往所需之资财,以免孩子养成不良的性格与心态,甚至铤而走险去做违法犯罪的事情。

第七,希望政府介入公办学校接收流动儿童,减少对"六证"的要求,尽量让流动儿童在公办学校就读,让流动儿童能随其父母就近入学,减轻家长的负担,也更有利于孩子的学习,并加快弱势学校标准化建设,优先扶持农村学校建设,以及扩大对贫困生的资助,落实民办学校的扶助政策。

第八,政府、学校、社会、家庭通力合作,努力不让任何一位流动与留守儿童落后,如政府要强化政府职能,做好带领农民致富奔小康的工作,让农民在自己的家乡,作好土地这篇文章,让他们通过种植、养殖、加工也能发家致富,千方百计引进项目,让本地的农民在自家附近就能找到工作,如此就能减少流动儿童与留守儿童的数量。另外,各职能部门要发挥好职能作用,如教育局、共青团、妇联会、公安局、法院、文体局等职能部门要互相配合、齐抓共管、共同努力做好这项工作。总之,各方必须通力合作,让流动儿童"进(公办学校)得去,留得住,学得好",让留守儿童"留得住,留得好,学得好",让流动儿童与留守儿童在性格、行为、情绪、社会适应、学习方面做到与非流动儿童与非留守儿童一样的表现,在公平的环境中共愉快幸福地生活,让每个孩子都实现心中的梦想。

第二节　义务教育课程开设有失公平,
农村学校及学生处于弱势地位

一、义务教育课程开设中农村学校处于弱势地位

本人曾参与广西某市义务教育课程开设的基线调研,发现义

务教育阶段的课程开设及实施主要存在以下问题①：

（1）师资不足，学科结构不合理，存在结构性缺编，以及教师老龄化严重，存在中青年教师断层现象。尤其是英语及音乐、美术、体育、信息、科学等副科的专任教师极其缺乏，导致语文、数学老师被当作"万金油"来使用。

（2）由于农村地区教师待遇低下，工作条件艰苦，农村中小学很难招聘到英语及美术、体育、音乐等副科科目的教师。也存在教师得了职称不给聘任相应岗位的情况，致使工资持续偏低。

（3）城区/县城及城乡结合部的中小学因学生数不断增加，学生多了，缺教室、缺师资问题变得越来越突出，缺额越来越大，各种实验室、器材室、电教室常被用来改装成教室，致使其各种实验用房更加紧张和减少。此外，硬件设备跟不上，各种教育教学设施缺乏，缺电脑、缺实验室、缺电扇等。

（4）存在部分主科课程（如语文）教学内容过多，而教学时数偏少不够用，以及部分主科课程（如物理、化学）内容看似很少，但是教师下来要补充讲很多内容，才能跟得上考试的要求，教材内容精简了而考试要求却没有降低，让教师和学生都感觉无所适从。

（5）个别学校领导对课程开设认识不到位。对执行国家课程认识的高度不够，仍然存在随意增减课程课时现象，仍然片面追求考试成绩和升学率，重"考试科目"、轻"非考试科

---

① 郑晓华：《广西来宾市义务教育课程开设问题与政策建议》，《人力资源管理》2013 年第 9 期。

目",出现主科课程挤占非主科课时的情况。

二、课程公平是教育机会公平的实质核心内容及其重要保障措施

在义务教育阶段课程开设及实施中存在的问题体现了义务教育课程不公平的问题比较严重。所谓义务教育课程公平,宏观上讲就是指学生在义务教育课程中获得平等的课程利益,即学生在义务教育课程中不出现不平等的等级或序差分化,即使有分化但只要这种分化不是等级或序差上的分化,学生在课程学习中所获得的课程利益就是平等的。[1] 微观上讲,就是基础教育课程的知识在其选择上要照顾各方利益,除了统治阶级的核心价值观,也要满足普通大众为了基本生存而必须具备的知识、技能及其结构,课程知识的选择上也要面向所有受教育者,不因其先赋性因素的不同而区别对待,倡导知识之间的平等对话与多元化认知,并消解知识霸权。[2] 实现课程公平需要通过课程制度来加以保障,课程制度是维护和实现课程公平的保障,规定了课程开设的门类与课时数及其安排,以及每门课的课程标准,同时,也规定了相关的课程支持,需要配备相应的经费、人力、机构、场所等条件来保证课程的实施,而课程支持需要引导课程主体如何从公共利益而不是个人或团体利益出发来提供相应的课程实施条件,并最终达到课程实施的程序公平。[3]

---

[1] 龙安邦:《基础教育课程改革中的效率与公平》,西南大学 2013 年博士学位论文,第 48 页。

[2] 吴支奎:《论课程公平及其实现路径》,《教育导刊》2014 年第 12 期。

[3] 王勇鹏:《应得与公平——课程公平的研究》,湖南师范大学 2008 年博士学位论文,第 145 页。

从课程制度上来看,目前我国义务教育课程存在的问题,一是重视对基础知识和基本技能的训练;二是所有的知识学习都是围绕应试教育展开的,对学生自主学习能力、独立个性关注的课程较少;三是课程开设不均衡,优质学校与普通学校及薄弱学校的课程开设上存在差距,农村地区缺乏音体美、科学等学科的教师,部分学科课时数偏少①。

从课程的实施过程上来看,我国义务教育课程公平主要体现为课堂上的公平对待问题。余保华对我国义务教育阶段学校课堂中的教育机会平等问题展开了研究,发现:第一,我国义务教育阶段,课堂中的教育机会主要是通过教师对学生的认识、课堂中的师生互动以及教师的教学方式三个方面体现,它们集中并直接地决定着学生在课堂中的受教育机会状况。第二,学生在课堂中的受教育机会不平等,主要是由教师、家长、学生的特定行为方式综合造成的,尤其是教师的教学行为方式,其问题根源主要在于文化性因素,而非诸如阶级、阶层、种族等结构性因素。第三,在课堂教学的范围内解决学生的教育机会不平等问题,关键在于教师教学观念与行为方式的转变,具体体现在学生—评价实践、师生互动、具体的教学方式等三个方面②。

从课程的意识形态及内容上来看,课程已不仅仅是教育问题,而是一个意识形态问题,课程设计实质上并不是全体利益和普遍价值的客观表达,而是特定阶级和特殊利益的承载体,准确地说是

① 贾滕:《基础教育"课程公平"研究的回顾与反思》,《教育探索》2015 年第 4 期。

② 余保华:《学校课堂中教育机会平等的文化分析》,北京师范大学 2008 年博士学位论文,第 1 页。

官方知识的载体①。即课程在其价值取向上就没有照顾到受教育者本身作为一个现代人应具有的一些基本功能,如课程除了为学生准备将来的生活外,还应该使人学会自我学习,并具备幸福生活的基本能力,而不是一味地强调课程的知识及其技能训练与道德要求,在内容的价值取向上更不能只照顾强势群体及统治阶级的文化利益诉求,而忽略了弱势群体的基本需求。正如余秀兰对1992—2001年十年高考语文试卷的分析那样,发现高考试卷中存在着不利于农村考生的文化偏向。第一,内容较多地反映城市生活,所反映的热门话题多是城市背景下的,反映农村话题的很少,有些内容农村孩子很生疏,甚至未曾听说过。第二,考试对语言、文字的要求非常规范,完全排斥口语和乡土的、不规范的东西。第三,考生的综合性、技巧性、创造性越来越高,要求考生有扎实的基础知识、宽广的阅历、丰富的想象、多元的思维,这些显然不利于农村考生。第四,信息不对称。很多考题选择城市生活话题,在城市媒体中可以常常接触到,而农村考生则接触较少②。

正如科尔曼(Coleman)认为的那样,教育机会公平包括了提供一定程度的课程,这些课程要满足全体学生达到一定水平(义务教育阶段)的教育程度的需要。以及詹克斯(Jencks)认为教育机会的不均等包括了一些学生选择课程之间机会的不平等③。而为学生开设基本的一定质量与水平上的课程这是为学生将来进入

---

① 贾滕:《基础教育"课程公平"研究的回顾与反思》,《教育探索》2015年4期。

② 余秀兰:《中国教育的城乡差异:一种文化再生产现象的分析》,教育科学出版社2004年版,第152页。

③ 吴德刚:《中国全民教育研究——兼论教育机会平等问题》,教育科学出版社2011年版,第61页。

社会打下基本的生存知识、技能与态度的基础,在这些基础课程的提供上需要对所有学生一视同仁,且对具有智力或身体残障的学生需要提供更多的课程实施保障条件来满足这些学生也能达到基本的生存生活所要求水平的课程知识与能力。在课程实施中公平对待每一个学生,如在座位的安排上、在课堂问答讨论中、在考试升学及评价中客观平等对待每一个学生,对后进生需要给予额外的照顾。即课程公平是教育机会公平的最具实质的核心内容,并且通过课程开设的公平、课程实施的公平,可以很好地保障教育机会公平的实质性实现。

第三节　义务教育机会均等——构建人生基本生活能力的基础与保障

一、阿玛蒂亚·森的基本能力观与义务教育

（一）阿玛蒂亚·森的基本能力观

印度经济学家阿玛蒂亚·森认为一个人的"能力"可以用功能 n 元组合所组成的集合来表示,这个"能力集"（Capability Set）就表示一个人实际上所享有的在他或她可能经历的各种生活之间进行选择的自由与能力①。这些基本的能力要素有,如阅读和写作（通过基本教育）,得到充分的信息和通报（通过自由的传播媒体）,拥有现实的自由参与机会（通过选举、公决以及公民权利的普遍实施）等,乃至人所享有的任何基本人权都需要具有这种基本生活能力（Functioning Capability,有人将其译为"可行能力",实

---

① ［印度］阿马蒂亚·森:《后果评价与实践理性》,应奇译,东方出版社 2006年版,第 236 页。

际上这里应该理解成"功能性能力"或"生活能力")①。森所使用的"基本能力"这个术语旨在分离出将某些特别重要的功能满足到最低的足够水平的能力,低于这个水平的能力即可被认为是公民的基本人权处于被剥夺的状态,公民为此也就会陷入贫困②。

(二)义务教育是构建公民基本生活能力的核心要素

现在转向义务教育发展不均衡分析,确认基本生活能力的一种最低限度的组合是解决义务教育公平分析与度量问题的好方法。同时,我们应该注意到,在不同的个体和不同的社会之间,功能转化为基本生活能力的差异是非常大的,因此,最低可接受水平的基本生活能力可以通过接受差异不大的满足基本的知识、技能与态度要求的义务教育水平来达到③。

通过接受义务教育,公民具备了基本的读写算的能力,具备了获取基本生活信息的能力,具备了掌握基本的媒体信息等而有助其参与政治生活的能力。更重要的是通过文化资本的获得,增进了其自身的人力资本,从而增加个人可预见的货币收益及各种非货币的福利待遇等而提高个人的经济地位,并进而改变个人的社会政治地位,是下层群众实现阶层升迁的最重要的途径,并产生代际效应,为下代人创造更好的条件;受到良好义务教育的人,其待人接物、判断能力、思维能力一般都要高于常人,其处理不平衡及各种不确定性和在众多纷繁复杂情景中选择的能力都能得到增

---

① ［印度］阿马蒂亚·森:《以自由看待发展》,任赜等译,中国人民大学出版社2002年版,第243页。

② ［印度］阿马蒂亚·森:《后果评价与实践理性》,应奇译,东方出版社2006年版,第238页

③ ［印度］阿马蒂亚·森:《后果评价与实践理性》,应奇译,东方出版社2006年版,第239页。

强；最核心的是，使个人把国家、社会的各种自由权利价值观内化为个人自觉的人生观、价值观，养成良好的生活态度，践行各种真善美。这些都从根本上构成并提高了一个人的基本功能性活动，构成并扩展了个人的基本生活能力集。可见接受良好的义务教育是构建公民基本生活能力的核心要素。

二、罗纳德·德沃金的作为资源平等的分配公平

罗纳德·德沃金认为，一个人的资源可以被理解为只包括其财产，或者其财产加上其体格、技能、性格和抱负等人格特征，或除此之外还有他的合法机会和其他一些机会。在人格品质这个宽泛的范畴之内又可进一步严格区分：一方面是从广义理解的一个人的人格，这包括其性格、信念、偏好、动机、嗜好和抱负，另一方面是他的健康、体格、技能等人格资源。政治共同体应致力于消除或降低人与人之间在人格资源上的差异——比如，应致力于改善身体残疾或无力获得满意收入的人们的境况，但不应当致力于减小或弥补人格差异①。即一个人的资源既包括货币之类的非人格资源或可转移资源，也包括健康和生理能力这类人格资源②。

我们知道，对于大多数人来说，无法获得幸福、自尊和在共同体生活中发挥良好的作用，是因为缺少资源——主要是包括教育在内的非人格资源，但是在许多情况下也包括人格资源。而我们通过资源再分配和创造机会而要做到的事情，就是改善人们这些

---

① ［美］罗纳德·德沃金：《至上的美德——平等的理论与实践》，冯克利译，江苏人民出版社 2003 年版，第 330 页。

② ［美］罗纳德·德沃金：《至上的美德——平等的理论与实践》，冯克利译，江苏人民出版社 2003 年版，第 346 页。

重要权益上获得保障的能力,并改善人们的基本生活能力①。即从资源平等的要点上来说就是人们应当支配同等的外部资源,在各种不同的特点和功能条件下,达到他们自己所能达到的目标②。而实质上我们所追求的平等就是人格与非人格资源本身的平等,而不是人们用这些资源实现福利的能力的平等,并且应该增加那些人格资源从不同方面受到损失的人的非人格资源③。

三、作为基本生活能力剥夺的义务教育机会分配的不均等

义务教育影响的基本生活能力也可以以森的"交换权利映射"(Exchange Entitlement Mapping)来理解,它是这样一种关系,即它为每一个所有权组合指定了一个交换权利集合。这一关系——缩写为"E—映射"(E-mapping)——界定了对应于每一种所有权情况,一个所拥有的机会。如果一个人的交换权利集合中没有包含足够实现义务教育机会均等所享有的各种功能活动资源组合,那么,这个人就可能面临着这种基本生活能力被剥夺的威胁④。一个人所具有的在义务教育方面的交换权利还取决于他在义务教育的社会经济等级结构中的地位,以及义务教育在经济中的生产方式。他所拥有的东西会随着他所在的那一阶层的变化而变化。即使 E—映射完全不变,实际交换权利也会随其所有权地

---

① [美]罗纳德·德沃金:《至上的美德——平等的理论与实践》,冯克利译,江苏人民出版社 2003 年版,第 349 页。
② [美]罗纳德·德沃金:《至上的美德——平等的理论与实践》,冯克利译,江苏人民出版社 2003 年版,第 90 页。
③ [美]罗纳德·德沃金:《至上的美德——平等的理论与实践》,冯克利译,江苏人民出版社 2003 年版,第 350 页。
④ [印度]阿马蒂亚·森:《贫困与饥荒——论权利与剥夺》,王宇等译,商务印书馆 2001 年版,第 8 页。

位的变化而变化①。

我国现实的义务教育机会分配的不均等(如城乡间、群体间、区域间及区域内的分配不均等),影响着公民基本生活能力的获得,尤其是那些因为家庭贫穷、身体残障而无法上学的孩子,还有那些因农村中小学布局调整而造成上学距离过远而辍学的孩子,以及那些在接受义务教育过程中由于各种物质经济资源的保障不足或者课程资源的不公而造成的其教育成就及未来生活前景预期不如意的孩子来说,这种义务教育机会分配的不均等是对他们基本生活能力的根本剥夺。从而产生社会成员在社会政治经济生活等方面的实际地位不平等的复制与强化,反过来又强化了他们的基本生活能力的继续获得与发展的不平等,这种差距有可能一代人甚至几代人都无法纠正过来。义务教育作为基本可行能力的核心构成要素,我国那些处于社会经济地位不利的群体,在享受基本生活能力集获得的义务教育机会及其资源保障方面存在着不平等,而这种不平等又在现存的教育制度下强化及复制了其不利地位,正如诺齐克所说的,"那些现在处境最差者可能是那些最多的遭受了不正义侵害的人或其后裔"②。

四、政府提供公平的义务教育机会保障公民基本生活能力获得的平等

(一)政府的责任使然

义务教育作为社会效益外溢性很强的公共产品,甚至可以认

---

① [印度]阿马蒂亚·森:《贫困与饥荒——论权利与剥夺》,王宇等译,商务印书馆 2001 年版,第 10 页。

② [美]罗伯特·诺齐克:《无政府、国家与乌托邦》,何怀宏等译,中国社会科学出版社 1991 年版,第 18 页。

为是纯公共产品,而现代政府存在的根本原因之一就是为社会提供公共产品,满足公民的公共利益的需要,因此,提供义务教育是政府的重要职能和责任。然而单单就政府在法律意义上规定接受义务教育为公民的基本权利,还不足保证公民实际享有这项权利和政府真正尽到了其应有责任。因为一个人仅仅具有对某种东西的平等的法律权利,和一个人具有有效运用这种权利来保护其利益或追求其目标的能力,这两者是根本不同的。因为,平等法律权利的价值毕竟要体现在人们运用它能干什么方面,而且要拥有平等地运用其法律权利的能力,即使这种应用能力存在不平等也应在控制范围之内不过于悬殊①。

因此,在义务教育机会的公平分配上,政府的责任就是要使每个集团或个人能拥有平等的受教育权力的能力或手段,而不仅是字面上的或表面的法律意义上的平等的受教育权。所以在教育政策决定的教育机会及其保障资源的分配中,公正分配的价值追求要求政府运用公共资源来构建几乎所有成员平等地享用各种机会的能力平台,特别是对受损的利益集团成员的能力补偿支持系统。政府有责任为接受义务教育的城乡弱势群体,提供比较公平的教育的能力支持保障系统。政府的义务教育公共财政体系就是要促进教育公平为根本出发点,增加处境不利地区群体的利益,一旦他们原有的利益受损就要加以修复补偿。为此,保证公民接受义务教育权利的公平,是政府发展教育的第一责任②。

(二)政府采取积极政策时应注意其程序公正与结果公正

政府在采取各种积极的义务教育机会分配均等倾向的政策措

---

① ［美］艾伦·布坎南:《伦理学、效率与市场》,廖申白等译,中国社会科学出版社1991年版,第115页。

② 张力:《政府在教育发展中的责任》,《中国党政干部论坛》2005年第7期。

施以保证弱势群体的受教育平等时,要以政策执行的某种程度上的程序公平才能保证义务教育机会分配的一定意义上的结果公平。需要考虑怎样设计政府的义务教育机会分配制度及实现这种机会所需的义务教育资源的配置与补偿救济制度,其中,包括制度(及其实施政策、法律等)本身这种最重要的制度政策资源,及实现其制度设想的可利用的资源,并保证这种资源的配置过程是公平的。即需要制度及其实现制度目标的可资利用资源的分配规则或途径的程序公正,才能保证义务教育机会分配的某种结果公正。即"程序应当很好地适用于产生正义的结果"①。因为教育机会分配制度(政策)本身及其执行的公正是其对教育机会分配结果公正的前提和保障。

例如,在2006年春季对西部贫困农村中小学生实行的"两免一补"政策在具体执行时有失程序公正没有完全达到政策的预期效果,没有把在民办中小学上学的农村学生纳入政策适用范围,把民办中小学校学生应该享受的免除学杂费的中央补助资金却给了公办学校学生。这从某种程度上说,是这种政策执行程序的不公平造成了义务教育机会及其资源分配结果的不公平,从而在一定意义上剥夺了这部分学生的基本生活能力的持续获得与扩展②。

(三)保证公民基本生活能力获得公平的关键是义务教育机会分配的基本平等

根据资源平等的意义,义务教育机会的分配公平首先应该是人们享有的接受义务教育权利的平等,是一种基本善,基本的价

---

① [英]戴维·米勒:《社会正义原则》,应奇译,江苏人民出版社2001年版,第103—104页。

② 沈有禄:《教育政策的执行过程分析与价值分析——兼论"两免一补"政策及其改进》,《教育科学研究》2008年第1期。

值。即人们在这种价值想望上每个主体应受到平等的关切,给予平等的尊重,亦即人们享有接受义务教育方面的人格资源平等。但是,由于各种偶然的及先天的因素,造成人们之间的实质上的社会经济地位不平等,从而造成人们在可资利用的各种形式的资源的不平等,因此造成不利地位人群子女在享有义务教育机会分配上的不均等,这种不均等从根本上影响到他们构建基本生活能力的机会,特别是那些辍学、失学、学习成绩较差者从根本上失去了构建基本生活能力的可能性。为此,需要政府采取补偿措施等积极手段,增加不利地位人群在义务教育机会获得方面的非人格资源,进而达到每个公民实际享有的义务教育机会分配大致平等。政府无论从哪个方面来说对弱势群体都是处于一种强势地位,是社会正义的执行者和纠正者,"就正义来说,保护弱者通常是强者的职责。"①因此,政府需要对弱势群体提供大致平等的义务教育非人格资源,才能从某方面达到义务教育机会分配的人格资源平等,即人人享有平等的机会接受质量大致相同的优质义务教育,保证公民的全面基础性发展,实现基本生活能力的大致平等获得与发展。

为此,按照罗尔斯的正义第二原则中的差别原则,即使要允许现存的社会和经济存在某种程度上的不平等,这种不平等存在的前提也应该是要满足保证利益受损的最少受惠者的最大利益原则②。因此,作为义务教育机会分配中的最少受惠者,政府应对他们提供补偿。但是,罗尔斯的差别原则在补偿纠正这种不公平时

---

① ［英］伦纳德·霍布豪斯:《社会正义要素》,孔兆政译,吉林人民出版社2006年版,第91页。

② ［美］约翰·罗尔斯:《正义论》,何怀宏等译,中国社会科学出版社1988年版,第83页。

还是存在不足的,即如果说对最不利群体的补偿,这就容易造成假如说对最低收入的 10% 人口提供平均的补偿,可是还可能存在最低 5% 人口的状况没有得到根本的改善。因此,应将罗尔斯的对群体的补偿改进为对个人的补偿,即如德沃金所说的对每个公民的平等的关切,给予每个不利地位公民适度的补偿,即相当于把义务教育机会的公平分配这种公共权利的使用权与受益权明晰并分配到每个个人,才能达到根本的教育机会分配的激励与公平效果。如此,才能达到保障每个公民在接受义务教育上形成的大致平等的基本生活能力[1]。

---

[1]　沈有禄:《作为避免基本可行能力剥夺的基础教育资源配置平等》,《辽宁教育研究》2007 年第 10 期。

第八章 "职业教育"抑或"普通教育"：教育分流之差异

根据科尔曼的观点,教育机会公平中非常重要的一点就是要为所有不同社会背景的儿童提供普通课程(义务教育阶段的课程),对接受中等教育及以上的人提供不同前景与倾向的课程,为他们在中等及以上教育阶段开始的分流提供帮助。

第一节 谁上职业院校？为什么上职业院校？有何差异？

选择上职业院校的学生多为家庭社会地位及经济收入水平较低的,学生家庭社会地位越高、收入越高的学生越不倾向于选择上职业院校。独生子女较少倾向于选择职业院校,多子女家庭较倾向于选择职业院校;上职业院校的学生多来自农村及乡镇,父亲职业多为社会地位比较低的农民、工人(农民工)、个体工商户,母亲受教育水平较低多为文盲、小学、初中,家庭年收入多在 3 万元以下。影响学生选择上职业院校的四项最主要原因依次为院校能教会学生某项职业技能,将来更容易就业;与学生自己的考试成绩相匹配;源于政府和社会的压力而造成的学校及教师动员学生积极报考;职业院校资助多,学费相对要少些,家庭教育成本低些。不同地区、省份、性别、年龄、学段、家庭孩子排序、家庭住所、父亲职业的社会地位、母亲的受教育程度、家庭年收入水平间的学生在对中学生选择上职业院校的原因的认识上，基本上绝大多数人口学变量上都存在显著差异。中职中专及高职大专生在对为什么选择上职业院校的原因的认识及排序上不存在明显差距，但是在某些人口学变量上与其他学段的学生及全部样本学生的认识存在较明显差距。

一、研究缘起及研究假设

（一）研究缘起

我在做课题《教育机会分配公平性问题研究》时想了解一下究竟是哪些背景的学生选择上职业院校，以及基于什么原因上职业院校，在问卷中专门设计了一道学生为什么选择上职业院校的选择题。至于是谁上职业院校主要从受调查样本的人口学变量中去寻找相关数据。

基于经验判断，中学生选择上职业院校的最主要原因大致为：

第一，中学生选择上职业院校更多的是受学生自己的成绩所迫，中高考成绩比较差，只能选择上职业院校，即他们上职业院校是与其成绩相匹配的。

第二，近年来国家加大了对职业院校（尤其是中职中专学校）的资助力度，有减免学杂费，提供生活补助，以及职业院校学费相对较低，如此减轻了学生的家庭教育成本负担。

第三，职业院校本身所具有的优势，即职业院校专门从事职业技能教育，学生入学后能学到一技之长，而拥有技能在身，有助于将来在劳动力就业市场上更具有竞争力，容易就业。不排除某些学生是出于职业兴趣的原因也选择上职业院校，这类原因一并归入到此类原因中。

第四,本人在平时的中职教育相关调查中发现,中职学校教师每年暑假前都要去中学宣传招生,有的学校甚至把招生指标任务分配到各个教师,完不成就要扣工资等。高职院校也会在暑假前加强在高中的招生宣传力度。这类原因的根源在于国家普通教育与职业教育的"双轨分流"政策的影响,要求普通教育与职业教育的在校生及招生规模要相当,如此职业院校就有相当大的招生压力,这种压力会传递到中学去,于是有了中学及中学教师会劝导部分学生报考职业院校。有的职业院校甚至与中学之间为此有相关的利益分配。

当然中学生选择职业院校还有其他原因,但其他原因或多或少可以归入上述四类原因中,即使未能归入的,估计也不是最主要原因,故在问卷中未设计其他原因选项。

样本的人口学变量主要设计了性别、年龄、所处学段(受教育阶段)、在家庭孩子中的排序、家庭住所、父亲职业、母亲受教育水平、家庭年收入水平。

(二)研究简述

在谁上职业院校方面,上海市教育科学研究院与麦可思研究院的研究发现,高等职业学校毕业生多来自贫困地区、西部地区与民族地区[1],全国中等职业学校学生绝大部分来自中西部农村地区,且其父母多为农民、工人[2]。以至于前人大校长纪宝成说:"职教简直成了'平民教育'的代名词。很多老百姓的孩子上职业院

① 上海市教育科学研究院、麦可思研究院:《2012 中国高等职业教育人才培养质量年度报告》,《中国教育报》2012 年 10 月 17 日。
② 辛向阳:《实现中国梦就要破解"中国难题"》,《中国青年报》2013 年 6 月24 日。

校是无奈之举。"①

　　在为什么上职业院校方面,宋映泉、罗朴尚、魏建国对西部某省农村初中生的升学意愿进行了研究,发现学习成绩及家庭经济困难是农村学生选择接受中职教育的最重要因素②。于洪娇的研究发现中职学生近一半是迫于家庭的经济能力,或是迫于父母的压力而被迫选择就读职业学校的,只有 47.6% 的中职学生是主动选择就读职业学校③。李兰兰的研究发现无论被调查学生的成绩如何,都不愿意选择职业教育;且初中学生的人口学变量中的父母受教育程度、父母亲职业、家庭社会地位的不同而对上中职意愿的选择有显著差异④。

　　对谁上职校(职业院校)、为什么上职校方面上述学者的研究有所发现,即多来自中西部农村贫困家庭,主要是受制于学习成绩及家庭经济困难而上职校,但其调查样本规模有限,本研究将进一步比较较大样本下得出的结论是否与前人的有所不同。另外在谁基于什么原因上职校的差异方面,本研究将从地区、省份、性别、年龄、学段、家庭孩子排序、家庭住所、父亲职业的社会地位、母亲的受教育程度、家庭年收入水平方面比较其差异,以及各学段的学生与职业院校学生在认识上的差异,以弥补前人研究的不足。

---

① 李剑平:《纪宝成:市长市委书记孩子几乎不上职业院校》,《中国青年报》2013 年 4 月 15 日。

② 宋映泉、罗朴尚、魏建国:《农村初中生的分流意向、教育选择及影响因素》,2011 年 5 月 12 日,见 http://ciefr.pku.edu.cn/publishsinfo_330.html。

③ 于洪娇:《学生选择中职学校原因的实证研究》,《职业技术教育》2010 年第22 期。

④ 李兰兰:《初中学生对高中阶段入学选择实证研究》,《职教论坛》2009 年 8 月(上)。

（三）研究假设

基于上述文献综述与研究内容计划,本研究作出如下假设:

研究假设一:选择上职业院校的学生多为家庭社会地位及经济收入水平较低的,学生家庭社会地位越高、收入越高的学生越不倾向于选择上职业院校。

研究假设二:认为中学生选择上职业院校的最主要原因是学生考试成绩差,上职业院校是与其成绩相匹配的;第二主要的原因是上职业院校能学到技能,将来好就业;第三位的主要原因是职业院校资助多,学费较低,家庭教育成本低些;第四位的主要原因是源于政府与社会的压力而导致的教师动员学生报考。

研究假设三:不同性别、年龄、学段、家庭孩子排序、家庭住所、父亲职业的社会地位、母亲的受教育程度、家庭年收入水平间的学生在对中学生选择上职业院校的原因上存在显著差异。

研究假设四:中职中专及高职大专生在对为什么选择上职业院校的原因的认识上,与其他学段的学生及全部样本学生(含中职中专及高职大专生)的认识是存在显著差异的。

二、样本描述性统计分析

本调查作为课题《教育机会分配公平性问题研究》中的一个设置问题,其问卷的发放与回收与课题《教育机会分配公平性问题研究》问卷的发放与回收是一致的。

选择家庭背景方面人口学变量进行描述统计分析,具体情况为:

（一）样本在家庭孩子排序间的分布

表8—1反映了样本在不同家庭孩子排序间的分布情况。

表 8—1　样本在家庭孩子排序间的分布

家庭孩子排序	频数		百分比(%)		有效百分比(%)	
	全部样本	中职中专高职大专	全部样本	中职中专高职大专	全部样本	中职中专高职大专
独生孩子	3518	1039	34.4	27.7	35.7	29.3
老大	3161	1253	30.9	33.4	32.1	35.3
老二(及以上)	3172	1257	31.0	33.5	32.2	35.4
总计	9851	3549	96.3	94.5	100.0	100.0
缺失值	379	205	3.7	5.5		

由表 8—1 可知,全部样本中学生在其所在家庭孩子排序间所占的比例分别为独生子女 35.7%、老大 32.1%、老二(及以上) 32.2%,未显示家庭孩子排序的个案有 379 个,占样本的 3.7%。中职中专及高职大专样本中学生在其所在家庭孩子排序间所占的比例分别为独生子女 29.3%、老大 35.3%、老二(及以上)35.4%,未显示家庭孩子排序的个案有 205 个,占样本的 5.5%。

(二)样本在家庭住所间的分布

表 8—2 反映了样本在不同家庭住所间的分布情况。

表 8—2　样本在家庭住所间的分布

家庭住所	频数		百分比(%)		有效百分比(%)	
	全部样本	中职中专高职大专	全部样本	中职中专高职大专	全部样本	中职中专高职大专
农村	4704	1989	46.0	53.0	46.4	53.6
乡镇	1441	608	14.1	16.2	14.2	16.4
县城	1719	553	16.8	14.7	17.0	14.9

续表

家庭住所	频数		百分比(%)		有效百分比(%)	
	全部样本	中职中专高职大专	全部样本	中职中专高职大专	全部样本	中职中专高职大专
地级市及以上	2276	562	22.2	15.0	22.4	15.1
总计	10140	3712	99.1	98.9	100.0	100.0
缺失值	90	42	0.9	1.1		

注:表格中"乡镇"指乡政府或镇政府所在地。

由表 8—2 可见,全部样本中不同家庭住所学生所占比例分别为农村 46.4%、乡镇 14.2%、县城 17.0%、地级市及以上 22.4%,未显示家庭住所的个案有 90 个,占样本的 0.9%。中职中专及高职大专样本中不同家庭住所学生所占比例分别为农村 53.6%、乡镇 16.4%、县城 14.9%、地级市及以上 15.1%,未显示家庭住所的个案有 42 个,占样本的 1.1%。

(三)样本在父亲职业间的分布

表 8—3 反映了样本在不同父亲职业间的分布情况。

表 8—3 样本在父亲职业间的分布

样本父亲职业	频数		百分比(%)		有效百分比(%)	
	全部样本	中职中专高职大专	全部样本	中职中专高职大专	全部样本	中职中专高职大专
农民	2887	1232	28.2	32.8	28.5	33.2
工人(含农民工)	2592	1118	25.3	29.8	25.6	30.1
个体工商户	1880	705	18.4	18.8	18.6	19.0

样本 父亲职业	频数		百分比（%）		有效百分比（%）	
	全部样本	中职中专 高职大专	全部样本	中职中专 高职大专	全部样本	中职中专 高职大专
雇员 10人以下的企业主	452	168	4.4	4.5	4.5	4.5
雇员 10人及以上的企业主	299	100	2.9	2.7	3.0	2.7
教师	402	59	3.9	1.6	4.0	1.6
机关企事业单位普通职员	1225	286	12.0	7.6	12.1	7.7
机关企事业单位副科级干部	157	17	1.5	0.5	1.6	0.5
机关企事业单位正科级干部	134	20	1.3	0.5	1.3	0.5
机关企事业单位副处级及以上干部	95	11	0.9	0.3	0.9	0.3
总计	10123	3716	99.0	99.0	100.0	100.0
缺失值	107	38	1.0	1.0		

由表 8—3 可见，全部样本在父亲不同职业间的学生有效比例分别为农民 28.5%、工人（农民工）25.6%、个体工商户 18.6%、雇员 10 人以下的企业主 4.5%、雇员 10 人及以上的企业主 3.0%、教师 4.0%、机关企事业单位的普通员工 12.1%、机关企事业单位的副科级干部 1.6%、机关企事业单位的正科级干部 1.3%、机关企

事业单位的副处及以上级别干部 0.9%，未显示父亲职业的个案有 107 个，占样本的 1.0%。中职中专及高职大专样本在父亲不同职业间的学生的有效比例分别为农民 33.2%、工人（农民工）30.1%、个体工商户 19.0%、雇员 10 人以下的企业主 4.5%、雇员 10 人及以上的企业主 2.7%、教师 1.6%、机关企事业单位的普通员工 7.7%、机关企事业单位的副科级干部 0.5%、机关企事业单位的正科级干部 0.5%、机关企事业单位的副处及以上级别干部 0.3%，未显示父亲职业的个案有 38 个，占样本的 1.0%。

（四）样本在母亲受教育程度间的分布

表 8—4 反映了样本在不同母亲受教育水平间的分布情况。

表 8—4　样本在母亲受教育水平间的分布

样本母亲受教育水平	频数		百分比（%）		有效百分比（%）	
	全部样本	中职中专高职大专	全部样本	中职中专高职大专	全部样本	中职中专高职大专
小学	2494	1114	24.4	29.7	24.5	30.0
初中	3827	1574	37.4	41.9	37.7	42.3
高中（中职中专）	2047	635	20.0	16.9	20.1	17.1
大专（高职高专）	739	136	7.2	3.6	7.3	3.7
本科	441	53	4.3	1.4	4.3	1.4
研究生（硕士、博士及以上）	76	17	0.7	0.5	0.7	0.5
文盲	536	190	5.2	5.1	5.3	5.1
总计	10160	3719	99.3	99.1	100.0	100.0
缺失值	70	35	0.7	0.9		

由表8—4可知,全部样本中母亲不同受教育水平间的学生有效比例分别为小学24.5%、初中37.7%、高中20.1%、大专7.3%、本科4.3%、研究生0.7%、文盲5.3%,未显示母亲受教育水平的个案有70个,占样本的0.7%。中职中专及高职大专样本中母亲不同受教育水平间的学生比例分别为小学30.0%、初中42.3%、高中17.1%、大专3.7%、本科1.4%、研究生0.5%、文盲5.1%,未显示母亲受教育水平的个案有35个,占样本的0.9%。

(五)样本在家庭收入水平间的分布

表8—5反映了样本在不同家庭年收入水平间的分布情况。

表8—5　样本在家庭年收入水平间的分布

样本家庭年收入水平	频数		百分比(%)		有效百分比(%)	
	全部样本	中职中专高职大专	全部样本	中职中专高职大专	全部样本	中职中专高职大专
1万元以下	2426	1175	23.7	31.3	24.3	32.2
1—3万元之间	3039	1202	29.7	32.0	30.4	32.9
3—5万元之间	1936	618	18.9	16.5	19.4	16.9
5—8万元之间	1267	325	12.4	8.7	12.7	8.9
8万元及以上	1331	329	13.0	8.8	13.3	9.0
总计	9999	3649	97.7	97.2	100.0	100.0
缺失值	231	105	2.3	2.8		

由表8—5可知,全部样本中不同家庭年收入水平间的学生有效比例分别为1万元以下24.3%、1—3万元之间30.4%、3—5万元之间19.4%、5—8万元之间12.7%、8万元及以上13.3%,未显

示家庭年收入水平的个案有231个,占样本的2.3%。中职中专及高职大专样本中不同家庭年收入水平间的学生有效比例分别为1万元以下32.2%、1—3万元之间32.9%、3—5万元之间16.9%、5—8万元之间8.9%、8万元及以上9.0%,未显示家庭年收入水平的个案有105个,占样本的2.8%。

三、谁上职业院校

基于受调查的中职中专及高职大专样本的描述性统计中我们发现:

第一,独生子女上职业院校的比例仅为29.3%,比全部样本中独生子女的比例要低6.4个百分点;而在家庭孩子排序老大、老二(及以上)的学生上职业院校的比例分别为35.3%、35.4%,均比全部样本中相同家庭孩子排序的比例要高3.2个百分点。即在多子女(2个及以上)家庭中孩子上职业院校的学生比例要大于全部样本的,而独生子女家庭上职业院校的学生比例要低于全部样本的。

第二,上职业院校的学生家住农村及乡镇的比例为70.0%,比全部样本的要高9.4个百分点,而家住县城及地级市及以上的学生比例比全部样本的要低9.4个百分点。即上职业院校的学生多来自农村及乡镇,而来自县城及以上的仅占30.0%。

第三,上职业院校的学生的父亲职业多为社会地位比较低的农民、工人(农民工)、个体工商户,父亲为这三类职业的学生占82.3%,比全部样本要高9.6个百分点;而父亲职业社会地位比较高(副科级及以上干部)的学生仅占1.3%(其中副处级及以上的仅为0.3%),父亲为企业主的学生占7.2%,比全部样本要低2.5个百分点;父亲职业为机关企事业单位普通职员的学生占7.7%,比全部样本要低4.4个百分点。即上职业院校的学生的父亲职业的社会地位明显要低于全部样本的。

第四,上职业院校的学生的母亲受教育水平较低,其中母亲受教育水平为文盲、小学、初中的占 77.4%,比全部样本要高 9.9 个百分点,母亲受教育水平为高中的占 17.1%,比全部样本要低 3.0 个百分点,母亲受教育水平为大专及以上的仅占 5.6%,比全部样本要低 6.7 个百分点。

第五,上职业院校的学生多来自低收入家庭,其中家庭年收入在 3 万元以下的占 65.1%。比全部样本要高 10.4 个百分点;而家庭年收入在 3 万元以上的比全部样本又要低 10.6 个百分点,家庭年收入在 5 万元以上的仅占 17.9%,比全部样本要低 8.1 个百分点。

四、为什么上职业院校

根据各样本的选择情况,我们发现各样本对学生上职业院校的主要原因的认可(选择)比例如表 8—6 所示。

表 8—6　各样本对学生上职业院校的各主要原因的认可比例及排序

上职业院校的主要原因	全部样本			中职中专及高职大专样本		
	全部样本	中职中专高职大专	全部样本	中职中专高职大专	全部样本	中职中专高职大专
与学生自己的考试成绩相匹配的	5850	57.3%	2	1961	52.2%	2
职业院校资助多,学费相对要少些,家庭教育成本低些	4056	39.7%	4	1529	40.7%	4

续表

上职业院校的主要原因	全部样本			中职中专及高职大专样本		
	全部样本	中职中专高职大专	全部样本	中职中专高职大专	全部样本	中职中专高职大专
职业院校能教会学生某项职业技能，将来更容易就业	5940	58.1%	1	2322	61.9%	1
源于政府和社会的压力而造成的学校及教师动员学生积极报考职业院校	4425	43.3%	3	1594	42.5%	3

注：该表中的有效百分比为样本去除缺失值后的比例，其中全部样本缺失值为12,中职中专及高职大专样本无缺失值。

由表8—6可知，全部样本中认为学生中学毕业后选择上职业院校是因为与自己的考试成绩相匹配的占57.3%；认为是职业院校资助多，学费相对要少些，家庭教育成本低些的占39.7%；认为是职业院校能教会学生某项职业技能，将来更容易就业的占58.1%；认为是源于政府和社会的压力而造成的学校及教师动员学生积极报考职业院校的占43.3%。

中职中专及高职大专样本中认为学生中学毕业后选择上职业院校是因为与自己的考试成绩相匹配的占52.2%；认为是职业院校资助多，学费相对要少些，家庭教育成本低些的占40.7%；认为是职业院校能教会学生某项职业技能，将来更容易就业的占61.9%；认为是源于政府和社会的压力而造成的学校及教师动员学生积极报考职业院校的占 42.5%。

可见,无论是全部样本还是中职中专及高职大专样本在关于这四项主要原因的认可比例所反映的各原因的重要性(选择比例)排序上是一致的。

排名第一位的主要原因是职业院校能教会学生某项职业技能,将来更容易就业,中职中专及高职大专生的此项选择比例为61.9%,比全部样本要高 3.8 个百分点,即中职中专及高职大专生更倾向于认为他们选择上职业院校是因为职业院校本身所具有的优势,出于功利的将来就业需要而选择上职业院校。

排名第二位的主要原因与学生自己的考试成绩相匹配的,中职中专及高职大专生的选择比例为 52.2%,比全部样本要低 5.1个百分点,即全部样本更倾向于认为中学生上职业院校是因为成绩差造成的。

排名第三的主要原因是源于政府和社会的压力而造成的学校及教师动员学生积极报考职业院校,与全部样本相比,中职中专及高职大专生更不倾向于此种认识,其选择比例为 42.5%,比全部样本要低 0.8 个百分点。

排名第四的主要原因是职业院校资助多,学费相对要少些,家庭教育成本低些,与全部样本相比,中职中专及高职大专生更倾向于此种认识,其选择比例为 40.7%,比全部样本要高 1.0 个百分点。

五、上职业院校的各主要原因的人口学变量的差异分析

在对上述上职业院校的四个主要原因分别进行人口学统计各变量的交叉列联表分析,再通过卡方检验,以发现人口学各变量上在各个主要原因认可程度上的差异。表8—7 显示了各原因下各人口学变量的卡方检验值。

表8—7 对上职业院校的四大主要原因的各人口学变量进行交叉列联表分析的卡方检验值（2-sided）

人口学变量	卡方值 Sig	学生升学考试成绩差，是与成绩相匹配的		资助多、学费较少，家庭教育成本低		能学到职业技能，将来好就业		政策等影响造成教师动员学生报考	
		全部样本	中职中专及高职大专	全部样本	中职中专及高职大专	全部样本	中职中专及高职大专	全部样本	中职中专及高职大专
地区	χ^2	1.004E2	86.923	30.078	19.334	24.100	26.203	4.155	16.120
	Sig	0.000	0.000	0.000	0.000	0.000	0.000	0.125	0.000
省份	χ^2	1.179E2	1.078E2	92.209	72.262	28.057	57.508	15.444	33.861
	Sig	0.000	0.000	0.000	0.000	0.000	0.000	0.051	0.000
性别	χ^2	9.792	4.699	0.853	5.712	52.722	20.883	6.641	0.276
	Sig	0.002	0.030	0.356	0.017	0.000	0.000	0.010	0.599
家庭子女排序	χ^2	23.346	0.270	7.798	1.758	15.899	4.002	2.846	0.172
	Sig	0.000	0.874	0.020	0.415	0.000	0.135	0.241	0.917
年龄	χ^2	73.027	32.486	45.185	11.626	59.818	65.974	70.598	26.089
	Sig	0.000	0.006	0.008	0.707	0.000	0.000	0.000	0.037
学段	χ^2	80.637	9.053	34.244	0.715	1.278E2	68.505	72.326	0.034
	Sig	0.000	0.003	0.000	0.398	0.000	0.000	0.000	0.853

续表

人口学变量	卡方值, Sig	学生升学考试成绩差，是与成绩相匹配的		资助多，学费较少，家庭教育成本低		能学到职业技能，将来好就业		政策等影响造成教师动员学生报考	
		全部样本	中职中专及高职大专	全部样本	中职中专及高职大专	全部样本	中职中专及高职大专	全部样本	中职中专及高职大专
家庭住所	χ^2	67.055	5.451	17.434	9.262	36.316	12.344	0.986	1.925
	Sig	0.000	0.142	0.001	0.026	0.000	0.006	0.805	0.588
父亲职业	χ^2	57.866	9.148	36.918	15.471	33.287	17.443	14.301	8.393
	Sig	0.000	0.424	0.000	0.079	0.000	0.042	0.112	0.495
母亲受教育水平	χ^2	20.688	16.738	3.550	16.316	70.845	41.948	11.097	11.465
	Sig	0.002	0.010	0.737	0.012	0.000	0.000	0.085	0.075
家庭年收入水平	χ^2	57.639	3.297	30.186	14.106	15.606	14.032	7.157	6.133
	Sig	0.000	0.509	0.000	0.007	0.004	0.007	0.128	0.189
学校所在地	χ^2	9.484	2.016	13.589	24.729	13.811	9.427	33.841	16.918
	Sig	0.050	0.569	0.009	0.000	0.008	0.024	0.000	0.001

注：表格中 Sig 值小于 0.1 即为各人口学变量（子变量）下的各选项（子变量）间存在显著差异，各原因下对各人口学变量进行的交叉列联表分析的数据表格因数据太过于庞大，为节省版面此处不再呈现，仅在相关结果呈现中摘取需要的具体数据。

对为什么上职业院校的四大主要原因进行人口学变量的交叉列联表分析,并进行卡方检验,就可以发现各原因下各人口学变量的子变量之间是否存在显著差异。

(一)原因一:是"与其成绩相匹配的吗?"的人口学变量差异分析

由表8—7可知,学生上职业院校是因为"与其成绩相匹配的吗?"具体差异情况如下:

1.地区间的差异

全部样本在认为是"与学生自己的考试成绩相匹配的"选项上东部三省(广东、江苏、浙江)、中部三省(安徽、江西、河南)、西部三省(陕西、四川、贵州)间是存在显著差异的($\chi^2 = 1.004E2$, $p = 0.000$)。具体为东部三省与中部三省、西部三省相比均呈现显著差异,分别为64.2%、53.3%、54.3%,东部三省比中部三省、西部三省分别高出10.9和9.9个百分点,而中部三省与西部三省仅仅相差1个百分点,差异不显著。即东部发达三省的学生最倾向于认为中学生毕业后上职业院校是学生成绩差,是与学生成绩相匹配的;而经济不够发达的西部三省的学生却最不倾向于认为中学生毕业后上职业院校是因为学生成绩差,是与学生成绩相匹配的;西部三省学生的此项认可比例又低于中部三省的。

中职中专及高职大专样本在认为是"与学生自己的考试成绩相匹配的"选项上东部三省、中部三省、西部三省间也是存在显著差异的($\chi^2 = 86.923$, $p = 0.000$)。具体为东部三省与中部三省、西部三省相比均呈现显著差异,分别为62.5%、44.1%、50.7%,东部三省比中部三省、西部三省分别高出18.4个百分点和11.8个百分点,而中部三省与西部三省仅相差6.4个百分点。

可见,无论是全部样本还是中职中专及高职大专样本中的东部三省的学生更倾向于认为中学生毕业后选择上职业院校是因为这些学生成绩比较差,是与他们的考试成绩相匹配的,即发达地区比落后地区的学生更倾向于认为学生上职业院校是因为成绩差才去的,而全部样本的认可比例要高于中职中专及高职大专生的认可比例。

全部样本在认为是"与学生自己的考试成绩相匹配的"选项上九省之间也是存在显著差异的($\chi^2 = 1.179E2$,p = 0.000)。具体为广东 64.4%、江苏 61.7%、浙江 66.8%均显著高于安徽 55.3%、江西 53.3%、河南 51.4%、陕西 55.4%、四川 56.6%、贵州 51.0%。中职中专及高职大专样本在认为是"与学生自己的考试成绩相匹配的"选项上九省之间也是存在显著差异的($\chi^2 = 1.078E2$,p = 0.000)。具体为广东 65.4%、江苏 57.7%、浙江 64.3%、陕西 54.8%、四川 52.6%要高于安徽 49.0%、江西 41.9%、河南 40.8%、贵州 45.4%,其中广东、浙江与江西、河南的差距更是超过了 20 个百分点。

2.性别间的差异

全部样本(缺失值为 31)在认为是"与学生自己的考试成绩相匹配的"选项上男、女性别间是存在显著差异的($\chi^2 = 9.792$,p = 0.002)。具体男性、女性分别为 55.4%、58.5%,女性比男性高出 3.1 个百分点,差异显著;女性的此项比例也高于不分性别选择此项的比例 57.3%。

中职中专及高职大专样本(缺失值为 9)在认为是"与学生自己的考试成绩相匹配的"选项上男、女性别间是存在显著差异的($\chi^2 = 4.699$,p = 0.030)。具体男性、女性分别为 53.5%、49.7%,女性比男性高出 3.8 个百分点,差异显著;女性的此项比例也高于不分性别选择此项的比例 52.3%。

可见,无论是全部样本还是中职中专及高职大专样本中的女生更倾向于认为中学生毕业后选择上职业院校是因为这些学生成绩比较差,是与他们的考试成绩相匹配的,但中职中专及高职大专样本的该项比例要低于全部样本的该项比例,即中职中专及高职大专生认为自己上职业院校是成绩造成的比例并没有全部样本的学生认为的那样多。

3.家庭孩子排序间的差异

全部样本(缺失值为 309)在认为是"与学生自己的考试成绩相匹配的"选项上家庭孩子排序间也是存在显著差异的($\chi^2 = 23.346$,p = 0.000)。具体独生子女、老大、老二(及以上)分别为 60.8%、56.0%、55.5%,独生子女比老大、老二(及以上)分别高出 4.8、5.3 个百分点,差异显著;独生子女的此项比例也高于不分家庭孩子排序选择此项的比例 57.5%。

中职中专及高职大专样本(缺失值为 205)在认为是"与学生自己的考试成绩相匹配的"选项上家庭孩子排序间不存在显著差异的($\chi^2 = 0.270$,p = 0.874)。具体独生子女、老大、老二(及以上)分别为 53.3%、52.5%、52.3%,差异不显著;此项不分家庭孩子排序选择此项的比例 52.7%。

可见,在全部样本中独生子女更倾向于认为中学生毕业后选择上职业院校是因为这些学生成绩比较差,是与他们的考试成绩相匹配的,而家庭孩子在两个及以上的学生则明显要低于独生子女在该项上的认识比例;而中职中专及高职大专样本的该项比例要低于全部样本的该项比例,即中职中专及高职大专生认为自己上职业院校是成绩造成的比例并没有全部样本的学生认为的那样多,且他们之间在家庭孩子排序间不存在显著差异。

4.年龄间的差异

全部样本(缺失值为 309)在认为是"与学生自己的考试成绩相匹配的"选项上学生年龄间也是存在显著差异的($\chi^2 = 73.027$，$p = 0.000$)。具体表现为，年龄越小越倾向于认为是成绩差造成学生上职业院校的，11—16 岁年龄段学生中至少有 58.2%(12 岁的比例)认为是这样的，相邻的年龄段中 16 岁比 17 岁学生更倾向于此种认识，其比例分别为 59.0%、51.4%，相差 7.6 个百分点，差异显著。16—20 岁的年龄段中 16 岁是个分界点，17—20 岁的该项比例为 55.2%(19 岁的比例)，与 16 岁的比例存在显著差异；另外 21 岁、22 岁间也存在显著差异，分别为 60.1%、56.8%，22 岁、23 岁间也存在显著差异，23 岁的比例又回升到 61.0%，23 岁、24 岁间也存在显著差异，24 岁又回落到 55.3%，24 岁与 25 岁、26 岁间也存在显著差异，25 岁、26 岁又分别回升到 62.6%、67.1%，27 岁又回落到 53.5%。不分年龄段的该项比例为 57.5%。

中职中专及高职大专样本(缺失值为 167)在认为是"与学生自己的考试成绩相匹配的"选项上学生年龄间也是存在显著差异的($\chi^2 = 32.486$，$p = 0.006$)。具体表现为，相邻的年龄段中 18 岁与 19 岁、19 岁与 20 岁、20 岁与 21 岁均存在显著差异，18—21 岁的比例分别为 50.8%、54.0%、52.1%、61.1%。不分年龄段的该项比例为 52.4%。

可见，全部样本比中职中专及高职大专样本更倾向于认为中学生毕业后选择上职业院校是因为这些学生成绩比较差，是与他们的考试成绩相匹配的。

5.学段间的差异

全部样本(缺失值为 12)在认为是"与学生自己的考试成绩相匹配的"选项上学生所处学段间也是存在显著差异的($\chi^2 = $

80.637,p = 0.000)。具体初中生、高中生、高职大专生、本科生、研究生、中职中专生的比例分别为63.1%、59.8%、54.7%、57.6%、60.1%、49.8%,高职大专生、中职中专生的比例明显低于其他学段学生的比例,存在显著差异。此项不分学段的选择比例为57.3%。

中职中专及高职大专样本在认为是"与学生自己的考试成绩相匹配的"选项上学段间也是存在显著差异的(χ^2 = 9.053,p = 0.003)。具体高职大专生、中职中专生分别为54.7%、49.8%,相差4.9个百分点,中职中专生更不倾向于认为他们上职校是与其成绩相匹配的。此项不分学段的选择比例为52.2%。

可见,在全部样本中除中职中专生、高职大专生外其他学段的学生更倾向于认为中学生毕业后选择上职业院校是因为这些学生成绩比较差,是与他们的考试成绩相匹配的,初中生(63.1%)最倾向于此种认识,而中职中专生仅有不到一半(49.8%)的人认为他们上职校是与成绩相匹配的。中职中专生与高职大专生更不是太倾向于认同他们上职业院校是与其成绩相匹配的,认同比例明显低于其他学段的,且中职中专生相对于高职大专生更不倾向于此种认识,职业教育的学段与非职业教育的学段间以及职业教育内的中职中专段与高职大专段均存在显著差异。

6.学生家庭住所间的差异

全部样本(缺失值为102)在认为是"与学生自己的考试成绩相匹配的"选项上学生家庭住所间也是存在显著差异的(χ^2 = 67.055,p = 0.000)。具体农村、乡镇、县城、地级市及以上的比例分别为54.2%、57.1%、56.0%、64.5%,家庭住所在地级市及以上城市的比例明显高于县城及以下的学生的比例,存在显著差异,地级市及以上要比县城及以下高出7.4个百分点以上。此项不分住所的选择比例为 57.2%。

中职中专及高职大专样本(缺失值为 42)在认为是"与学生自己的考试成绩相匹配的"选项上学生家庭住所间不存在显著差异($x^2 = 5.451$,$p = 0.142$)。具体农村、乡镇、县城、地级市及以上的比例分别为 51.9%、51.3%、49.5%、56.2%,家住地级市及以上城市的学生的此项比例高于农村、乡镇及县城的学生,而家住县城的学生仅有不到一半(49.5%)认为上职校是与其成绩相匹配的。此项不分家庭住所的选择比例为 52.1%。

可见,在全部样本中家住地级市及以上城市的学生更倾向于认为中学生毕业后选择上职业院校是因为这些学生成绩比较差,是与他们的考试成绩相匹配的,而家住农村的学生对此是认可程度最低的,仅有 54.7%的人认为他们上职校是与成绩相匹配的。中职中专生与高职大专生更不是太倾向于认同他们上职业院校是与其成绩相匹配的,认同比例明显低于全部样本的,且家住县城的中职中专生及高职大专生最不倾向于此种认识。

7.父亲不同职业学生间的差异

全部样本(缺失值为 119)在认为是"与学生自己的考试成绩相匹配的"选项上父亲不同职业学生间也是存在显著差异的($x^2 = 57.866$,$p = 0.000$)。具体学生的父亲职业为农民、工人(含农民工)、个体工商户、小型私/民营企业主(雇员在 1—10 人之间)、其他私/民营企业主(雇员在 10 人以上)、教师、国有企业、合资企业、政府机构、事业单位(除教师外)里的普通职、政府机构或事业单位及国有企业副科级(副乡长、副镇长、县里的)、政府机构或事业单位及国有企业正科级、政府机构或事业单位及国有企业副处级及以上的比例分别为 53.6%、55.2%、59.3%、61.7%、56.2%、56.7%、62.7%、65.6%、64.9%、71.6%,父亲职业为个体工商户、小型私/民营企业主（雇员在 1—10 人之间）、国有企业、合资企业、政府机构、事业单位（除教师外）里的普通职、政府机构或事业单位及国有企业副科级（副乡长、副镇长、县里的）、政府机构或事业单位及国有企业正科级、政府机构或事业单位及国有企业副处级及以上的学生更倾向于认为学生中学毕业后上职业院校是与其成绩相匹配的，且学生父亲职业的社会经济地位越高其认可比例也越高（仅有雇员在 10 人以上的私营业主的学生是例外，其认可比例较低），其中父亲职业位居副处及以上级别的学生（71.6%）最倾向于认为学生中学毕业上职业院校是与其成绩相匹配的，而父亲职业为农民（53.6%）、工人/农民工（55.2%）的学生是最不倾向于认可学生中学毕业后上职业院校是与其成绩相匹配的。全部样本中不分父亲职业的学生在此项上的选择比例为 57.2%。

中职中专及高职大专样本（缺失值为 38）在认为是"与学生自己的考试成绩相匹配的"选项上父亲不同职业学生间不存在显著差异（$x^2 = 9.148$, $p = 0.424$）。除父亲职业为副处及以上级别的学生的此项比例为 72.7%、父亲职业为正科级的学生的此项比例为 40.0%外，父亲为其他职业的学生的该项比例均在 50%上下，相差不超过 7 个百分点。中职中专及高职大专样本中不分父亲职业的学生在此项上的选择比例为 52.2%。

可见，在全部样本中父亲职业的社会地位越高、经济条件越好的学生越倾向于认为中学生毕业后选择上职业院校是与其成绩相匹配的，而中职中专及高职大专样本中则不存在这样的规律。

8. 母亲不同受教育水平学生间的差异

全部样本（缺失值为 82）在认为是"与学生自己的考试成绩相匹配的"选项上母亲不同受教育水平的学生间也是存在显著差异的（$x^2 = 20.688$, $p = 0.002$）。具体母亲的受教育水平为小学、初

中、高中(中职中专)、大专(高职高专)、本科、研究生及以上、文盲
的学生的该项选择比例分别为 54.4%、57.3%、59.0%、60.9%、
62.0%、60.5%、54.6%,母亲受教育水平小学及文盲的学生与母亲
受教育水平为初中、高中、大专、本科、研究生的学生之间存在显著
差异,当母亲受教育水平在初中及以上时,母亲受教育水平越高的
学生越倾向于认为学生中学毕业后上职业院校是与其成绩相匹配
的,母亲受教育水平为本科水平的学生最高达 62.0%,而母亲受教
育水平为小学(54.5%)、文盲(54.6%)的学生是最不倾向于认可
学生中学毕业后上职业院校是与其成绩相匹配的。全部样本中不
分母亲受教育水平的学生在此项上的选择比例为 57.3%。

中职中专及高职大专样本(缺失值为 35)在认为是"与学生自
己的考试成绩相匹配的"选项上母亲不同受教育水平间也存在显
著差异($\chi^2 = 16.738$, $p = 0.010$)。具体母亲的受教育水平为小
学、初中、高中(中职中专)、大专(高职高专)、本科、研究生及以
上、文盲的学生的该项选择比例分别为 52.3%、53.4%、52.9%、
35.3%、50.9%、52.9%、51.6%,母亲受教育水平为除高职大专外
的其他水平的学生在此项的认可比例比较接近,都在 50.9% 至
53.4% 之间,不存在母亲受教育水平越高的学生越倾向于认为学
生中学毕业后上职业院校是与其成绩相匹配的这种变化趋势,母
亲受教育水平为初中水平的学生达到最高达 53.4%;而母亲受教
育水平为高职大专(35.3%)的学生是最不倾向于认可学生中学毕
业后上职业院校是与其成绩相匹配的。全部样本中不分母亲受教
育水平的学生在此项上的选择比例为 52.2%。

可见,总体而言,在全部样本中母亲的受教育水平越高的学生
更倾向于认为中学生毕业后选择上职业院校是与其成绩相匹配
的,而中职中专及高职大专样本中则不存在这样的规律。中职中

专及高职大专样本的此项认可比例要低于全部样本的认可比例。

9.不同家庭年收入水平学生间的差异

全部样本(缺失值为243)在认为是"与学生自己的考试成绩相匹配的"选项上不同家庭年收入水平学生间存在显著差异 ($x^2 = 57.639$, $p = 0.000$)。具体家庭年收入水平在1万元以下、1—3万元、3—5万元、5—8万元、8万元以上的学生此项的选择比例分别为51.3%、57.7%、58.0%、60.3%、62.9%,家庭年收入水平在1万元以下与其他高于1万元的学生间存在显著差异,家庭年收入水平越高的学生越倾向于认为学生中学毕业后上职业院校是与其成绩相匹配的,家庭年收入水平为8万元以上的学生最高达62.0%,而家庭年收入水平为1万元以下(51.3%)的学生是最不倾向于认可学生中学毕业后上职业院校是与其成绩相匹配的。全部样本中不分家庭年收入水平的学生在此项上的选择比例为57.2%。

中职中专及高职大专样本(缺失值为105)在认为是"与学生自己的考试成绩相匹配的"选项上不同家庭年收入水平学生间不存在显著差异 ($x^2 = 3.297$, $p = 0.509$)。具体家庭年收入水平在1万元以下、1—3万元、3—5万元、5—8万元、8万元以上的学生此项的选择比例分别为50.2%、53.7%、51.5%、52.9%、53.5%,家庭年收入水平为1—3万元的学生(53.7%)最倾向于认为学生中学毕业后上职业院校是与其成绩相匹配的,而家庭年收入水平为1万元以下(50.2%)的学生是最不倾向于认可学生中学毕业后上职业院校是与其成绩相匹配的。除了家庭年收入水平在1—3万元的学生以外,其他学生是随着家庭年收入水平增加而越倾向于认为学生中学毕业后上职业院校是与其成绩相匹配的。全部样本中不分家庭年收入水平的学生在此项上的选择比例为52.1%。

可见,总体而言,在全部样本、中职中专及高职大专样本(除家庭年收入在1—3万元的学生除外)中家庭年收入水平越高的学生越倾向于认为中学生毕业后选择上职业院校是与其成绩相匹配的。中职中专及高职大专样本的此项认可比例要低于全部样本的认可比例。

10.不同学校所在地学生间的差异

无论是全部样本($\chi^2 = 9.484$, $p = 0.050$),还是中职中专及高职大专样本($\chi^2 = 2.016$, $p = 0.569$)中学生的此项选择与其学校所在地之间不存在显著差异。全部样本、中职中专及高职大专样本中学校位于县城的学生最不倾向于认为学生中学毕业后上职业院校是因为与其成绩相匹配的。

(二)原因二:是"职业院校资助多,学费相对要少些,家庭教育成本低吗"的人口学变量差异分析

由表8—7可知,学生上职业院校是因为"职业院校资助多,学费相对要少些,家庭教育成本低吗?"具体差异情况如下。

1.地区间的差异

全部样本在认为是"职业院校资助多,学费相对要少些,家庭教育成本低些"选项上东部三省、中部三省、西部三省间是存在显著差异的($\chi^2 = 30.078$, $p = 0.000$)。具体为东部三省与中部三省、西部三省相比均差距明显,分别为36.1%、42.4%、40.5%,东部三省比中部三省、西部三省分别低6.3和4.4个百分点,而中部三省与西部三省仅仅相差1.9个百分点。即东部发达三省的学生最不倾向于认为中学生毕业后上职业院校是因为资助多,教育成本低;而经济不够发达的中部三省的学生却最倾向于认为中学生毕业后上职业院校是因为资助多,教育成本低;中部三省学生的此项认可比例又高于西部三省的。

中职中专及高职大专样本在认为是"职业院校资助多,学费

相对要少些,家庭教育成本低些"选项上东部三省、中部三省、西部三省间也是存在显著差异的（$x^2 = 19.334$, $p = 0.000$）。具体为中部三省与东部三省、西部三省相比均差距明显,分别为 45.5%、37.2%、39.7%,中部三省比东部三省、西部三省分别高出 8.3 和 5.8 个百分点,而东部三省与西部三省仅相差 2.5 个百分点,差距不是很明显。即不够发达的中部三省的中职中专及高职大专生最倾向于认为中学生毕业后上职业院校是因为资助多,教育成本低;而发达的东部三省的学生最不倾向于认为中学生毕业后上职业院校是因为资助多,教育成本低;西部三省中职中专及高职大专生的此项认可比例又高于东部三省的。

可见,无论是全部样本还是中职中专及高职大专样本中的中部三省的学生最倾向于认为中学生毕业后选择上职业院校是因为资助多,教育成本低,即发达的总部三省的学生最不倾向于认为中学生毕业后选择上职业院校是因为资助多,教育成本低。

全部样本在认为是"职业院校资助多,学费相对要少些,家庭教育成本低些"选项上九省之间存在显著差异（$x^2 = 92.209$, $p = 0.000$）。具体为广东 41.2%、江苏 33.2%、浙江 33.9%、安徽 36.3%、江西 44.0%、河南 46.9%、陕西 37.7%、四川 38.9%、贵州 45.1%,河南、贵州、江西、广东的学生更倾向于认为中学生毕业后选择上职业院校是因为资助多,教育成本低,比例均在 41.2% 以上,其中河南最高达 46.9%;江苏、浙江的学生最不倾向于认为中学生毕业后选择上职业院校是因为资助多,教育成本低,仅有不到 34% 的学生认可此选项。

中职中专及高职大专样本在认为是"职业院校资助多,学费相对要少些,家庭教育成本低些"选项上九省之间也是存在显著差异的（$x^2 = 72.262$, $p = 0.000$）。具体为广东 43.6%、江苏

33.3%、浙江 33.4%、安徽 37.9%、江西 46.6%、河南 52.6%、陕西 32.9%、四川 36.5%、贵州 47.4%,河南、贵州、江西、广东的学生更倾向于认为中学生毕业后选择上职业院校是因为资助多,教育成本低,比例均在 43.6%以上,其中河南最高达到 52.6%;陕西、江苏的学生最不倾向于认为中学生毕业后选择上职业院校是因为资助多,教育成本低,其中陕西最低仅有 32.9%的学生认可此选项。

除浙江、陕西、四川外,其余六省的中职中专及高职大专生样本比全部学生样本更倾向于认可中学生毕业后选择上职业院校是因为资助多,教育成本低;其中无论是全部学生样本还是中职中专及高职大专生样本,河南、贵州、江西、广东的学生认可比例均是最高的。

2.性别间的差异

全部样本在认为是"职业院校资助多,学费相对要少些,家庭教育成本低些"选项上男、女性别间不存在显著差异($\chi^2 = 0.853$,$p = 0.356$)。具体男性、女性分别为 40.3%、39.3%,女性比男性低 1 个百分点,女性的此项比例也低于不分性别选择此项的比例 39.7%。

中职中专及高职大专样本在认为是"职业院校资助多,学费相对要少些,家庭教育成本低些"选项上男、女性别间是存在显著差异的($\chi^2 = 5.712$,$p = 0.017$)。具体男性、女性分别为 43.6%、39.5%,女性比男性低 4.1 个百分点,差异显著;女性的此项比例也低于不分性别选择此项的比例 40.8%。

可见,无论是全部样本还是中职中专及高职大专样本中的男生更倾向于认为中学生毕业后选择上职业院校是因为资助多,教育成本低,且中职中专及高职大专生比全部样本学生更倾向于此种认识。

3.家庭孩子排序间的差异

全部样本在认为是"职业院校资助多,学费相对要少些,家庭教育成本低些"选项上家庭孩子排序间是存在显著差异的（$\chi^2 = 7.798$, $p = 0.020$）。具体独生子女、老大、老二（及以上）分别为 30.8%、41.4%、39.6%,老大比独生子女、老二（及以上）分别高出 10.6、1.8 个百分点,差异显著;老二（及以上）的此项比例与不分家庭孩子排序选择此项的比例 39.6% 相同。

中职中专及高职大专样本在认为是"职业院校资助多,学费相对要少些,家庭教育成本低些"选项上家庭孩子排序间不存在显著差异（$\chi^2 = 1.758$, $p = 0.415$）。具体独生子女、老大、老二（及以上）分别为 39.2%、41.9%、40.8%,老大比独生子女、老二（及以上）分别高出 2.7、1.1 个百分点,差异不显著;此项不分家庭孩子排序选择此项的比例 40.7%。

可见,中职中专及高职大专生比全部样本学生更倾向于认为中学生毕业后选择上职业院校是因为资助多,教育成本低,除了独生子女的此项认识差距比较大外,老大、老二（及以上）的此种认识差距不大;但总体上,无论是全部样本还是中职中专及高职大专样本中的家庭排序为老大的学生是最倾向于此种认识的,说明在多子女家庭中,老大在经济上有为家庭减轻负担的愿望和表现,为减小家庭教育负担也是造成他们选择上职业院校的一项主要原因。而独生子女则是最不倾向于认可中学生毕业后选择上职业院校是因为资助多,教育成本低,尤其是在全部样本中的独生子女学生仅有 30.8% 认可此项选项,从而显著区别与老大、老二（及以上）。

4.年龄间的差异

全部样本在认为是"职业院校资助多,学费相对要少些,家庭教育成本低些"选项上学生年龄间是存在显著差异的（$\chi^2 = 45.185$，$p = 0.008$）。具体表现为，在12—15岁、19岁、21—22岁中有超过41.5%的学生认为中学生毕业后选择上职业院校是因为资助多，教育成本低，其中13岁学生的此项认可比例最高达到48.4%；其他年龄的学生的此项认可比例低于40%，其中26岁学生的认可比例最低为32.9%。

中职中专及高职大专样本在认为是"职业院校资助多，学费相对要少些，家庭教育成本低些"选项上学生年龄间不存在显著差异（$\chi^2 = 11.626$，$p = 0.707$）。具体表现为，15岁学生的此项认可比例最高为44.8%，17岁最低为38.1%，其他年龄学生的此项认可比例一般在40%上下。

可见，全部样本中13岁的学生、中职中专及高职大专样本中15岁的学生是最倾向于认为中学生毕业后选择上职业院校是因为资助多，教育成本低；全部样本中26岁的学生、中职中专及高职大专样本中17岁的学生是最不倾向于此种认识的。

5.学段间的差异

全部样本在认为是"职业院校资助多，学费相对要少些，家庭教育成本低些"选项上学生所处学段间是存在显著差异的（$\chi^2 = 34.244$，$p = 0.000$）。具体初中生、高中生、高职大专生、本科生、研究生、中职中专生的比例分别为43.3%、34.3%、40.0%、38.9%、40.3%、41.4%。即初中生、中职中专生、高职大专生更倾向于认为中学生毕业后选择上职业院校是因为资助多，教育成本低；其中初中生（43.3%）最倾向于此种认识，而高中生（34.3%）最不倾向于此种认识。

中职中专及高职大专样本在认为是"职业院校资助多，学费相对要少些，家庭教育成本低些"选项上学段间不存在显著差异

（$\chi^2 = 0.715$，$p = 0.398$）。具体高职大专生、中职中专生分别为40.0%、41.4%，相差1.4个百分点，中职中专生更倾向于认为他们上职校是因为资助多，教育成本低。此项不分学段的选择比例为40.7%。

可见，在全部样本中初中生、中职中专生、高职大专生更倾向于认为中学生毕业后选择上职业院校是因为资助多，教育成本低，而高中生最不倾向于此种认识，明显低于其他学生的此项认可比例；在中职中专及高职大专样本中中职中专生的此种认识更甚。

6.学生家庭住所间的差异

全部样本在认为是"职业院校资助多，学费相对要少些，家庭教育成本低些"选项上学生家庭住所间存在显著差异（$\chi^2 = 17.434$，$p = 0.001$）。具体农村、乡镇、县城、地级市及以上的比例分别为40.8%、41.0%、40.3%、35.9%，家庭住所在地级市及以上城市的比例明显低于县城及以下的学生的比例，存在明显差距，地级市及以上要比县城及以下低4.4个百分点以上。

中职中专及高职大专样本在认为是"职业院校资助多，学费相对要少些，家庭教育成本低些"选项上学生家庭住所间也是存在显著差异的（$\chi^2 = 9.262$，$p = 0.026$）。具体农村、乡镇、县城、地级市及以上的比例分别为41.3%、42.9%、41.8%、35.1%，家住地级市及以上城市的学生的此项比例高于农村、乡镇及县城的学生的比例，地级市及以上要比县城及以下低6.2个百分点以上。

可见，无论是在全部样本还是中职中专及高职大专样本中家住地级市及以上城市的学生最不倾向于认为中学生毕业后选择上职业院校是因为资助多，教育成本低，而家住乡镇的学生是最倾向于认为中学生毕业后上职业院校是因为资助多，教育成本低。

7.父亲不同职业学生间的差异

全部样本在认为是"职业院校资助多,学费相对要少些,家庭教育成本低些"选项上父亲不同职业学生间是存在显著差异的($\chi^2 = 36.918$, $p = 0.000$)。具体学生的父亲职业为农民、工人(含农民工)、个体工商户、小型私/民营企业主(雇员在1—10人之间)、其他私/民营企业主(雇员10人以上)、教师、国有企业、合资企业、政府机构、事业单位(除教师外)里的普通职、政府机构或事业单位及国有企业副科级(副乡长、副镇长、县里的)、政府机构或事业单位及国有企业正科级、政府机构或事业单位及国有企业副处级及以上的比例分别为41.1%、41.7%、40.9%、33.0%、32.4%、41.0%、35.4%、35.7%、37.3%、31.6%,父亲职业为工人(含农民工)、农民、个体工商户、教师的学生更倾向于认为学生中学毕业后上职业院校是因为资助多,教育成本低,其中父亲职业为工人/农民工(41.7%)的学生的此种认可比例最高;而学生父亲职业的社会经济地位越高其认可比例也越低,其中父亲职业位居副处及以上级别的学生(31.6%)最不倾向于认为学生中学毕业上职业院校是因为资助多,教育成本低。

中职中专及高职大专样本在认为是"职业院校资助多,学费相对要少些,家庭教育成本低些"选项上父亲不同职业学生间不存在显著差异($\chi^2 = 15.471$, $p = 0.079$)。除父亲职业为政府机构或事业单位及国有企业正科级的学生的此项比例为最高55.0%、父亲职业为其他私/民营企业主(雇员在10人以上)的学生的此项比例为最低32.0%外,父亲为其他职业的学生的该项比例均在40%上下,相差不超过5.7个百分点。

可见,在全部样本中父亲职业的社会地位越低、经济条件越差的学生越倾向于认为中学生毕业后选择上职业院校是因为资助多,教育成本低,而中职中专及高职大专样本中则不存在这样的规律。

8.母亲不同受教育水平学生间的差异

全部样本在认为是"职业院校资助多,学费相对要少些,家庭教育成本低些"选项上母亲不同受教育水平的学生间不存在显著差异（$\chi^2 = 3.550$, $p = 0.737$）。具体母亲的受教育水平为小学、初中、高中（中职中专）、大专（高职高专）、本科、研究生及以上、文盲的学生的该项选择比例分别为 42.0%、39.7%、39.9%、38.6%、36.6%、38.2%、41.9%,差距不明显,母亲受教育水平为小学、文盲水平的学生该项选择比例最高达 42.0%、41.9%,而母亲受教育水平为本科(36.6%)的学生是最不倾向于认可学生中学毕业后上职业院校是因为资助多,教育成本低。

中职中专及高职大专样本在认为是"职业院校资助多,学费相对要少些,家庭教育成本低些"选项上母亲不同受教育水平的学生间存在显著差异（$\chi^2 = 16.316$, $p = 0.012$）。具体母亲的受教育水平为小学、初中、高中（中职中专）、大专（高职高专）、本科、研究生及以上、文盲的学生的该项选择比例分别为 41.3%、38.8%、39.5%、51.5%、43.4%、41.2%、50.0%,母亲受教育水平为大专、文盲的学生的该项选择比例最大达 51.5%、50.0%,与母亲受教育水平为其他水平的学生的此项选择比例差距明显,母亲受教育水平为初中水平的学生该项选择比例最低(38.8%),最不倾向于认可学生中学毕业后上职业院校是因为资助多,教育成本低。

可见,总体而言,在全部样本中基本上是母亲的受教育水平越高的学生越不倾向于认为中学生毕业后选择上职业院校是因为资助多,教育成本低,而中职中专及高职大专样本中则不存在这样的规律。全部样本中母亲受教育水平为小学、文盲水平的学生以及中职中专及高职大专样本中母亲受教育水平为大专、文盲的学生最倾向于认为学生中学毕业后上职业院校是因为资助多,教育成本低。

中职中专及高职大专样本的此项认可比例要低于全部样本的认可比例。

9.不同家庭年收入水平学生间的差异

全部样本在认为是"职业院校资助多,学费相对要少些,家庭教育成本低些"选项上不同家庭年收入水平学生间存在显著差异($\chi^2 = 30.186$, p = 0.000)。具体家庭年收入水平在 1 万元以下、1—3 万元、3—5 万元、5—8 万元、8 万元以上的学生此项的选择比例分别为 43.3%、39.4%、41.0%、37.4%、34.8%,除了家庭年收入水平在 1—3 万元的学生以外,其他学生是随着家庭年收入水平越高的学生越不倾向于认为学生中学毕业后上职业院校是因为资助多,教育成本低,家庭年收入水平为 8 万元以上的学生的该项选择比例最低为 34.8%,是最不认可该项选择的。

中职中专及高职大专样本在认为是"职业院校资助多,学费相对要少些,家庭教育成本低些"选项上不同家庭年收入水平学生间存在显著差异($\chi^2 = 14.106$, p = 0.007)。具体家庭年收入水平在 1 万元以下、1—3 万元、3—5 万元、5—8 万元、8 万元以上的学生此项的选择比例分别为 44.8%、38.6%、42.2%、41.2%、35.6%,除了家庭年收入水平在 1—3 万元的学生以外,其他学生是随着家庭年收入水平增加而越不倾向于认为学生中学毕业后上职业院校是因为资助多,教育成本低,家庭年收入水平为 8 万元以上的学生的该项选择比例最低为 35.6%,是最不认可该项选择的。

可见,总体而言,在全部样本、中职中专及高职大专样本中家庭年收入水平越低的学生(家庭年收入在 1—3 万元的学生除外)

越倾向于认为中学生毕业后选择上职业院校是因为资助多，教育成本低。基本上（家庭年收入在 1—3 万元的学生除外）中职中专及高职大专样本的此项认可比例要高于全部样本的认可比例。

10.不同学校所在地学生间的差异

无论是全部样本（$\chi^2 = 13.589$, $p = 0.009$），还是中职中专及高职大专样本（$\chi^2 = 24.729$, $p = 0.000$）中学生的此项选择与其学校所在地之间存在显著差异。全部样本、中职中专及高职大专样本中学校位于县城的学生最倾向于认为学生中学毕业后上职业院校是因为资助多，教育成本低。

（三）原因三：是"职业院校能教会学生某项职业技能，将来更容易就业"的人口学变量差异分析

由表8—7可知，学生上职业院校是因为"职业院校能教会学生某项职业技能，将来更容易就业？"具体差异情况如下。

1.地区间的差异

全部样本在认为是"职业院校能教会学生某项职业技能，将来更容易就业"选项上东部三省、中部三省、西部三省间是存在显著差异的（$\chi^2 = 24.100$, $p = 0.000$）。具体为中部三省与东部三省、西部三省相比均差距明显，分别为 54.8%、59.3%、60.3%，中部三省比东部三省、西部三省分别低 4.5 和 5.5 个百分点，而东部三省与西部三省仅仅相差 1 个百分点。即中部三省的学生最不倾向于认为中学生毕业后上职业院校是因为能学到某项职业技能以致将来好就业；而西部三省的学生却最倾向于认为中学生毕业后上职业院校是因为能学到某项职业技能以致将来好就业；西部三省学生的此项认可比例又高于东部三省的。

中职中专及高职大专样本在认为是"职业院校能教会学生某项职业技能，将来更容易就业"选项上东部三省、中部三省、西部

三省间也是存在显著差异的（$x^2 = 26.203$，p = 0.000）。具体为中部三省与东部三省、西部三省相比均差距明显，分别为 56.6%、62.7%、66.4%，中部三省比东部三省、西部三省分别低 6.1 和 9.8 个百分点，而东部三省与西部三省仅相差 3.7 个百分点，差距不是很明显。即中部三省的中职中专及高职大专生最不倾向于认为中学生毕业后上职业院校是因为能学到某项职业技能以致将来好就业；西部三省的学生最倾向于认为中学生毕业后上职业院校是因为能学到某项职业技能以致将来好就业；西部三省中职中专及高职大专生的此项认可比例又高于东部三省的。

可见，无论是全部样本还是中职中专及高职大专样本中的中部三省的学生最不倾向于认为中学生毕业后选择上职业院校是因为能学到某项职业技能以致将来好就业，而西部三省的学生最倾向于认为中学生毕业后选择上职业院校是因为能学到某项职业技能以致将来好就业。

全部样本在认为是"职业院校能教会学生某项职业技能，将来更容易就业"选项上九省之间存在显著差异（$x^2 = 28.057$，p = 0.000）。具体为广东 60.3%、江苏 58.8%、浙江 58.9%、安徽 54.4%、江西 54.7%、河南 55.3%、陕西 60.1%、四川 62.2%、贵州 58.6%，四川、广东、陕西的学生更倾向于认为中学生毕业后选择上职业院校是因为能学到某项职业技能以致将来好就业，比例均在 60.1% 以上，其中四川最高达 62.2%；安徽、江西、河南的学生最不倾向于认为中学生毕业后选择上职业院校是因为能学到某项职业技能以致将来好就业，其中安徽最低仅有 54.4% 的学生认可此选项。

中职中专及高职大专样本在认为是"职业院校能教会学生某项职业技能，将来更容易就业"选项上九省之间也是存在显著差异的（$X^2 = 57.508$，p = 0.000）。具体为广东 64.7%、江苏 62.1%、浙江 60.9%、安徽 52.7%、江西 65.9%、河南 51.9%、陕西 71.7%、四川 62.0%、贵州 65.8%，陕西、江西、贵州、广东的学生更倾向于认为中学生毕业后选择上职业院校是因为能学到某项职业技能以致将来好就业，比例均在 64.7% 以上，其中陕西最高达到 71.7%；河南、安徽的学生最不倾向于认为中学生毕业后选择上职业院校是因为能学到某项职业技能以致将来好就业，其中河南最低仅有 51.9% 的学生认可此选项，其他三省的此项选择比例均在 60%以上。

可见，全部样本中的四川、广东、陕西，中职中专及高职大专样本中的陕西、江西、贵州、广东的学生更倾向于认可中学生毕业后选择上职业院校是因为能学到某项职业技能以致将来好就业；其中无论是全部学生样本还是中职中专及高职大专生样本，河南、安徽的学生是最不倾向于认为中学生毕业后选择上职业院校是因为能学到某项职业技能以致将来好就业。

2.性别间的差异

全部样本在认为是"职业院校能教会学生某项职业技能，将来更容易就业"选项上男、女性别间存在显著差异（$X^2 = 52.722$，p = 0.000）。具体男性、女性分别为 53.8%、61.0%，女性比男性高7.2 个百分点，差距明显。

中职中专及高职大专样本在认为是"职业院校能教会学生某项职业技能，将来更容易就业"选项上男、女性别间是存在显著差异的（$X^2 = 20.883$，p = 0.000）。具体男性、女性分别为 56.6%、64.3%，女性比男性高 7.7 个百分点，差距明显。

可见，无论是全部样本还是中职中专及高职大专样本中的女生更倾向于认为中学生毕业后选择上职业院校是因为能学到某项职业技能以致将来好就业,且中职中专及高职大专生比全部样本学生更倾向于此种认识。

3.家庭孩子排序间的差异

全部样本在认为是"职业院校能教会学生某项职业技能,将来更容易就业"选项上家庭孩子排序间是存在显著差异的($x^2 = 15.899$,p = 0.000)。具体独生子女、老大、老二(及以上)分别为 55.7%、59.3%、60.2%,独生子女比老大、老二(及以上)分别低 3.6、4.5 个百分点。

中职中专及高职大专样本在认为是"职业院校能教会学生某项职业技能,将来更容易就业"选项上家庭孩子排序间不存在显著差异($x^2 = 4.002$,p = 0.135)。具体独生子女、老大、老二(及以上)分别为 59.6%、63.3%、63.0%,老大比独生子女、老二(及以上)分别低 3.7、3.4 个百分点。

可见,中职中专及高职大专生比全部样本学生更倾向于认为中学生毕业后选择上职业院校是因为能学到某项职业技能以致将来好就业,全部样本中家庭孩子排序为老二(及以上)的学生、中职中专及高职大专样本中家庭孩子排序为老大的学生是最倾向于认可中学生毕业后选择上职业院校是因为能学到某项职业技能以致将来好就业;学到技能好就业这种原因在全部样本、中职中专及高职大专样本中的独生子女中也具有较高的选择比例,分别达到 55.7%、59.6%。

4.年龄间的差异

全部样本在认为是"职业院校能教会学生某项职业技能,将来更容易就业"选项上学生年龄间是存在显著差异的($x^2 = 59.818$,p = 0.000)。具体表现为,在 15—24 岁、27 岁中有超过 57.9%的学生认为中学生毕业后选择上职业院校是因为能学到某项职业技能以致将来好就业,其中 17 岁学生的此项认可比例最高达到 63.0%;其他年龄的学生的此项认可比例低于 53.7%,其中 12 岁学生的认可比例最低为 46.7%。

中职中专及高职大专样本在认为是"职业院校能教会学生某项职业技能,将来更容易就业"选项上学生年龄间存在显著差异($X^2 = 65.974$, p = 0.000)。具体表现为,15—18 岁学生的此项选择比例较高,在 65.5% 以上,15 岁学生最高为 74.1%,19—22 岁学生的此项选择比例在 59.3% 以下,21 岁学生最低为 55.7%,19 岁是个分界点。

可见,全部样本中 17 岁的学生、中职中专及高职大专样本中 15 岁的学生是最倾向于认为中学生毕业后选择上职业院校是因为能学到某项职业技能以致将来好就业;全部样本中 12 岁的学生、中职中专及高职大专样本中 21 岁的学生是最不倾向于此种认识的。

5.学段间的差异

全部样本在认为是"职业院校能教会学生某项职业技能,将来更容易就业"选项上学生所处学段是存在显著差异的($X^2 = 1.278E2$, p = 0.000)。具体初中生、高中生、高职大专生、本科生、研究生、中职中专生的比例分别为 51.9%、54.2%、55.2%、59.6%、59.0%、68.3%。即中职中专生、本科生、研究生更倾向于认为中学生毕业后选择上职业院校是因为能学到某项职业技能以致将来好就业;其中中职中专生(68.3%)最倾向于此种认识,明显高于其他学段的学生,而初中生(51.9%)最不倾向于认为中学生毕业后选择上职业院校是因为能学到技能好就业。

中职中专及高职大专样本在认为是"职业院校能教会学生某项职业技能,将来更容易就业"选项上学段间存在显著差异($X^2 =$

68.505，p ＝ 0.000）。具体高职大专生、中职中专生分别为 55.2%、68.3%，相差 13.1 个百分点，差距相当明显，中职中专生比 高职大专生更倾向于认为他们上职校是因为能学到某项职业技能 以致将来好就业。

可见，在全部样本中中职中专生、本科生、研究生更倾向于认 为中学生毕业后选择上职业院校是因为能学到某项职业技能以致 将来好就业，而初中生最不倾向于此种认识；在中职中专及高职大 专样本中中职中专生的此种认识更甚，高出高职大专生 13.1 个百 分点。

6.学生家庭住所间的差异

全部样本在认为是"职业院校能教会学生某项职业技能，将 来更容易就业"选项上学生家庭住所间存在显著差异（χ^2 ＝ 36.316，p ＝ 0.000）。具体农村、乡镇、县城、地级市及以上的比例 分别为 60.7%、59.7%、54.3%、54.5%，家住在农村、乡镇的学生的 此项选择比例明显要高于家庭住所在县城、地级市及以上城市的 学生，其中 60.7%的家住农村的学生是最倾向于认可中学生毕业 后上职业院校是因为能学到某项职业技能以致将来好就业，家住 县城的学生的此种认识最低，仅为 54.3%。

中职中专及高职大专样本在认为是"职业院校能教会学生某 项职业技能，将来更容易就业"选项上学生家庭住所间也是存在 显著差异的（χ^2 ＝12.344，p ＝ 0.006）。具体农村、乡镇、县城、地 级市及以上的比例分别为 63.6%、63.0%、56.1%、59.3%，家住农 村、乡镇的学生的此项比例高于家住县城、地级市及以上城市的学 生的比例，其中 63.6%的家住农村的学生是最倾向于认可中学生 毕业后上职业院校是因为能学到某项职业技能以致将来好就业， 家住县城的学生的此种认识最低，仅为 56.1%。

可见,无论是在全部样本还是中职中专及高职大专样本中家住农村、乡镇的学生是最倾向于认为中学生毕业后上职业院校是因为能学到技能好就业,且家住农村的学生的此种认识比例最高,家住县城的学生的此种认识比例最低。中职中专及高职大专样本的此种认识比例要高于全部样本学生的。

7.父亲不同职业学生间的差异

全部样本在认为是"职业院校能教会学生某项职业技能,将来更容易就业"选项上父亲不同职业学生间是存在显著差异的($\chi^2 = 33.287$, $p = 0.000$)。具体学生的父亲职业为农民、工人(含农民工)、个体工商户、小型私/民营企业主(雇员在1—10人之间)、其他私/民营企业主(雇员在10人以上)、教师、国有企业、合资企业、政府机构、事业单位(除教师外)里的普通职、政府机构或事业单位及国有企业副科级(副乡长、副镇长、县里的)、政府机构或事业单位及国有企业正科级、政府机构或事业单位及国有企业副处级及以上的比例分别为60.7%、60.1%、56.5%、56.9%、52.8%、53.2%、56.2%、49.7%、48.5%、60.0%,父亲职业为农民、工人(含农民工)、副处及以上干部的学生更倾向于认为学生中学毕业后上职业院校是因为能学到某项职业技能以致将来好就业,其中父亲职业为农民(60.7%)的学生的此种认可比例最高;父亲职业为副科级、正科级干部的学生此种认可比例最低,不到50%,其中父亲职业位居正科级干部的学生(48.5%)最不倾向于认为学生中学毕业上职业院校是因为能学到技能好就业。

中职中专及高职大专样本在认为是"职业院校能教会学生某项职业技能,将来更容易就业"选项上父亲不同职业学生间不存在显著差异($\chi^2 = 17.443$, $p = 0.042$)。父亲职业为农民、副处及以上干部的学生的此项比例为最高分别为64.9%、63.6%,父亲职业位居正科级干部的学生的此项比例最低为 45.0%，父亲职业为工人（含农民工）、雇员在 10 人以内的小企业主、机关企事业单位内的普通职员的学生的该项比例均在 60% 以上，其他的在 54.0% 至 58.8% 之间。

可见，在全部样本、中职中专及高职大专样本中父亲职业为农民、工人（含农民工）的学生最倾向于认为中学生毕业后选择上职业院校是因为能学到技能好就业，而父亲位居正科级干部的学生则是最不倾向此种认识的。

8.母亲不同受教育水平学生间的差异

全部样本在认为是"职业院校能教会学生某项职业技能，将来更容易就业"选项上母亲不同受教育水平的学生间存在显著差异（$\chi^2 = 70.845$，$p = 0.000$）。具体母亲的受教育水平为小学、初中、高中（中职中专）、大专（高职高专）、本科、研究生及以上、文盲的学生的该项选择比例分别为 60.8%、60.7%、55.0%、50.0%、46.8%、57.9%、60.9%，差距明显，母亲受教育水平为文盲、小学、初中水平的学生该项选择比例最高达 60.9%、60.8%、60.7%，而母亲受教育水平为本科（46.8%）的学生是最不倾向于认可学生中学毕业后上职业院校是因为能学到技能好就业。

中职中专及高职大专样本在认为是"职业院校能教会学生某项职业技能，将来更容易就业"选项上母亲不同受教育水平的学生间存在显著差异（$\chi^2 = 41.948$，$p = 0.000$）。具体母亲的受教育水平为小学、初中、高中（中职中专）、大专（高职高专）、本科、研究生及以上、文盲的学生的该项选择比例分别为 62.7%、64.9%、56.2%、41.2%、58.5%、64.7%、66.8%，母亲受教育水平为文盲、研究生、初中、小学的学生的该项选择比例最大均超过 60%，与母亲受教育水平为其他水平的学生的此项选择比例差距明显，母亲受教育水平为大专水平的学生该项选择比例最低(41.2%),最不倾向于认可学生中学毕业后上职业院校是因为能学到技能好就业。

可见,总体而言,母亲受教育水平为文盲、小学、初中水平的学生最倾向于认为学生中学毕业后上职业院校是因为能学到技能好就业,中职中专及高职大专样本的学生(除母亲受教育水平为大专的学生外)要比全部样本学生的更倾向于此种认识。

9.不同家庭年收入水平学生间的差异

全部样本在认为是"职业院校能教会学生某项职业技能,将来更容易就业"选项上不同家庭年收入水平学生间存在显著差异($\chi^2 = 15.606$, p = 0.004)。具体家庭年收入水平在 1 万元以下、1—3 万元、3—5 万元、5—8 万元、8 万元以上的学生此项的选择比例分别为 60.5%、58.9%、57.9%、55.8%、54.7%,家庭年收入水平越高的学生越不倾向于认为学生中学毕业后上职业院校是因为能学到某项职业技能以致将来好就业,家庭年收入水平为 8 万元以上的学生的该项选择比例最低为 54.7%,是最不认可该项选择的。

中职中专及高职大专样本在认为是"职业院校能教会学生某项职业技能,将来更容易就业"选项上不同家庭年收入水平学生间存在显著差异($\chi^2 = 14.032$, p = 0.007)。具体家庭年收入水平在 1 万元以下、1—3 万元、3—5 万元、5—8 万元、8 万元以上的学生此项的选择比例分别为 64.1%、63.6%、61.0%、56.6%、55.3%,家庭年收入水平越高的学生越不倾向于认为学生中学毕业后上职业院校是因为能学到某项职业技能以致将来好就业,家庭年收入水平为 8 万元以上的学生的该项选择比例最低为 55.3%,是最不认可该项选择的。

可见,总体而言,在全部样本、中职中专及高职大专样本中家庭年收入水平越低的学生越倾向于认为中学生毕业后选择上职业院校是因为能学到某项职业技能以致将来好就业,中职中专及高职大专样本的学生要比全部样本学生的更倾向于此种认识。

10.不同学校所在地学生间的差异

无论是全部样本($x^2 = 13.811$, p = 0.008),还是中职中专及高职大专样本($x^2 = 9.427$, p = 0.024)中学生的此项选择与其学校所在地之间存在显著差异。全部样本、中职中专及高职大专样本中学校位于大城市(省会及以上)的学生最不倾向于认为学生中学毕业后上职业院校是因为能学到某项职业技能以致将来好就业。

(四)原因四:是"源于政府和社会的压力而造成的学校及教师动员学生积极报考"的人口学变量差异分析

由表8—7可知,学生上职业院校是因为"源于政府和社会的压力而造成的学校及教师动员学生积极报告?"具体差异情况如下。

1.地区间的差异

全部样本在认为是"教师动员学生报考"选项上东部三省、中部三省、西部三省间不存在显著差异($x^2 = 4.155$, p = 0.125)。具体为东部三省、中部三省、西部三省分别为 42.5%、44.7%、42.7%,中部三省比东部三省、西部三省分别高 2.2 和 2.0 个百分点,而东部三省与西部三省仅仅相差 0.2 个百分点。即中部三省的学生更倾向于认为中学生毕业后上职业院校是因为教师动员学生报考,西部三省学生的此项认可比例又略高于东部三省的。

中职中专及高职大专样本在认为是"教师动员学生报考"选项上东部三省、中部三省、西部三省间存在显著差异($x^2 = 16.120$, p = 0.000)。具体为中部三省与东部三省、西部三省相比均差距明显,分别为 46.9%、40.3%、39.9%,中部三省比东部三省、西部三省分别高 6.6 和 7.0 个百分点,而东部三省与西部三省仅相差 0.4 个百分点,差距不明显。即中部三省的中职中专及高职大专生最倾向于认为中学生毕业后上职业院校是因为教师动员学生报考;西部三省的学生最不倾向于认为中学生毕业后上职业院校是因为教师动员学生报考;东部三省中职中专及高职大专生的此项认可比例又略高于西部三省的。

可见,无论是全部样本还是中职中专及高职大专样本中的中部三省的学生最倾向于认为中学生毕业后选择上职业院校是因为教师动员报考,全部样本中地区间差距不明显,中职中专及高职大专样本中地区间差距明显。

全部样本在认为是"教师动员学生报考"选项上九省之间不存在显著差异($x^2 = 15.444$,$p = 0.051$)。具体为广东 42.4%、江苏 40.7%、浙江 44.4%、安徽 43.2%、江西 43.7%、河南 47.2%、陕西 40.8%、四川 44.8%、贵州 42.8%,河南、四川、浙江的学生更倾向于认为中学生毕业后选择上职业院校是因为教师动员学生报考,比例均在 44.4%以上,其中河南最高达 47.2%;江苏、陕西、广东的学生最不倾向于认为中学生毕业后选择上职业院校是因为教师动员学生报考,其中江苏、陕西最低仅有 40.7%、40.8%的学生认可此选项。

中职中专及高职大专样本在认为是"教师动员学生报考"选项上九省之间存在显著差异($x^2 = 33.861$,$p = 0.000$)。具体为广东 39.7%、江苏 42.1%、浙江 39.1%、安徽 45.9%、江西 41.4%、河南 53.3%、陕西 35.5%、四川 42.3%、贵州 41.6%,河南、安徽、四川、江苏的学生更倾向于认为中学生毕业后选择上职业院校是因为教师动员学生报考,比例均在 42.1%以上,其中河南最高达到

53.3%;陕西、浙江、广东的学生最不倾向于认为中学生毕业后选择上职业院校是因为教师动员学生报考,其中陕西最低仅有35.5%的学生认可此选项。

可见,全部样本中的河南、四川、浙江、中职中专及高职大专样本中的河南、安徽、四川、江苏的学生更倾向于认可中学生毕业后选择上职业院校是因为教师动员学生报考;除江苏、安徽、河南外,中职中专及高职大专生样本的此项认可比例要低于全部样本的。

2. 性别间的差异

全部样本在认为是"教师动员学生报考"选项上男、女性别间存在显著差异($x^2 = 6.641$, $p = 0.010$)。具体男性、女性分别为44.8%、42.2%,男性比女性高2.6个百分点,差距较明显。

中职中专及高职大专样本在认为是"教师动员学生报考"选项上男、女性别间不存在显著差异($x^2 = 0.276$, $p = 0.599$)。具体男性、女性分别为43.0%、42.1%,男性比女性高0.9个百分点,差距不明显。

可见,无论是全部样本还是中职中专及高职大专样本中的男生更倾向于认为中学生毕业后选择上职业院校是因为教师动员学生报考,且全部样本学生比中职中专及高职大专生更倾向于此种认识。

3. 家庭孩子排序间的差异

全部样本在认为是"教师动员学生报考"选项上家庭孩子排序间不存在显著差异($x^2 = 2.846$, $p = 0.241$)。具体独生子女、老大、老二(及以上)分别为42.2%、43.3%、44.2%,独生子女比老大、老二(及以上)分别低1.1、2.0个百分点。

中职中专及高职大专样本在认为是"教师动员学生报考"选项上家庭孩子排序间不存在显著差异($x^2 = 0.172$, $p = 0.917$)。

具体独生子女、老大、老二（及以上）分别为 42.1%、42.7%、41.9%，老二（及以上）比独生子女、老大分别低 0.2、0.8 个百分点，差距不明显。

可见，全部样本中家庭子女排序老二（及以上）的学生、中职中专及高职大专样本中家庭子女排序老大的学生是最倾向于认可中学生毕业后选择上职业院校是因为教师动员学生报考，而全部样本中独生子女的学生、中职中专及高职大专样本中家庭子女排序老二（及以上）的学生是最不倾向于此种认识的。

4.年龄间的差异

全部样本在认为是"教师动员学生报考"选项上学生年龄间是存在显著差异的（$\chi^2 = 70.598$，$p = 0.000$）。具体表现为，在 13 岁、18 岁、22—26 岁中有超过 43.8% 的学生认为中学生毕业后选择上职业院校是因为教师动员学生报考，其中 24 岁学生的此项认可比例最高达到 57.7%；其他年龄的学生的此项认可比例在 38.5% 至 42.3%，其中 12 岁学生的认可比例最低为 38.5%。

中职中专及高职大专样本在认为是"教师动员学生报考"选项上学生年龄间存在显著差异（$\chi^2 = 26.089$，$p = 0.037$）。具体表现为，17—19 岁、21—23 岁学生的此项选择比例较高，在 42.1% 以上，23 岁、18 岁学生最高为 53.3%、47.4%，15—16 岁、20 岁学生的此项选择比例在 40.5% 以下，16 岁学生最低为 38.4%。

可见，全部样本中 24 岁的学生、中职中专及高职大专样本中 23 岁、18 岁的学生是最倾向于认为中学生毕业后选择上职业院校是因为教师动员学生报考；全部样本中 12 岁的学生、中职中专及高职大专样本中 16 岁的学生是最不倾向于此种认识的。

5.学段间的差异

全部样本在认为是"教师动员学生报考"选项上学生所处学

段间是存在显著差异的（$x^2 = 72.326$，$p = 0.000$）。具体初中生、高中生、高职大专生、本科生、研究生、中职中专生的比例分别为41.9%、38.9%、42.3%、43.3%、53.5%、42.6%。即研究生、本科生、中职中专生、高职大专生更倾向于认为中学生毕业后选择上职业院校是因为教师动员学生报考；其中研究生（53.5%）最倾向于此种认识，明显高于其他学段的学生，而高中生（38.9%）最不倾向于认为中学生毕业后选择上职业院校是因为教师动员学生报考。

中职中专及高职大专样本在认为是"教师动员学生报考"选项上学段间不存在显著差异（$x^2 = 0.034$，$p = 0.853$）。具体高职大专生、中职中专生分别为42.3%、42.6%，相差0.3个百分点，差距不明显，中职中专生比高职大专生更倾向于认为他们上职校是因为教师动员学生报考。

可见，在全部样本中研究生、本科生、中职中专生、高职大专生更倾向于认为中学生毕业后选择上职业院校是因为教师动员学生报考，而高中生最不倾向于此种认识；在中职中专及高职大专样本中中职中专生的此种认识更甚，但差距不明显。

6.学生家庭住所间的差异

全部样本在认为是"教师动员学生报考"选项上学生家庭住所间不存在显著差异（$x^2 = 0.986$，$p = 0.805$）。具体农村、乡镇、县城、地级市及以上的比例分别为43.2%、44.3%、43.5%、42.7%，其中最高的44.3%的家住乡镇的学生是最倾向于认可中学生毕业后上职业院校是因为教师动员学生报考，家住地级市及以上城市的学生的此种认识最低，仅为42.7%。

中职中专及高职大专样本在认为是"教师动员学生报考"选项上学生家庭住所间不存在显著差异（$x^2 = 1.925$，$p = 0.588$）。

具体农村、乡镇、县城、地级市及以上的比例分别为 41.5%、44.2%、42.9%、43.8%，家住乡镇、地级市及以上的学生的此项比例高于家住农村、县城的学生的比例，其中44.2%的家住乡镇的学生是最倾向于认可中学生毕业后上职业院校是因为教师动员学生报考，家住农村的学生的此种认识最低，仅为41.5%。

可见，无论是在全部样本还是中职中专及高职大专样本中家住乡镇的学生是最倾向于认为中学生毕业后上职业院校是因为教师动员学生报考，全部样本中家住地级市及以上的学生、中职中专及高职大专样本中家住农村的学生的此种认识比例最低。中职中专及高职大专样本与全部样本的此种认识比较接近。

7.父亲不同职业学生间的差异

全部样本在认为是"教师动员学生报考"选项上父亲不同职业学生间不存在显著差异（$\chi^2 = 14.301$，$p = 0.112$）。具体学生的父亲职业为农民、工人（含农民工）、个体工商户、小型私/民营企业主（雇员在 1—10 人之间）、其他私/民营企业主（雇员在 10 人以上）、教师、国有企业、合资企业、政府机构、事业单位（除教师外）里的普通职、政府机构或事业单位及国有企业副科级（副乡长、副镇长、县里的）、政府机构或事业单位及国有企业正科级、政府机构或事业单位及国有企业副处级及以上的比例分别为 44.4%、40.7%、43.7%、45.8%、46.5%、41.0%、44.4%、48.4%、43.3%、42.1%，父亲职业为副科级干部、雇员在 10 人以上的私/民营企业主、雇员在 10 人以下的私/民营企业主的学生更倾向于认为学生中学毕业后上职业院校是因为能学到某项职业技能以致将来好就业，比例均在45.8%以上，其中父亲职业为副科级干部（48.4%）的学生的此种认可比例最高；父亲职业为工人（含农民工）、教师、副处及以上干部的学生此种认可比例最低，在42.1%

以下,其中父亲职业为工人(含农民工)的学生(40.7%)最不倾向于认为学生中学毕业上职业院校是因为教师动员学生报考。

中职中专及高职大专样本在认为是"教师动员学生报考"选项上父亲不同职业学生间不存在显著差异($\chi^2 = 8.393$,p = 0.495)。父亲职业为副科级干部、雇员在 10 人以下的私/民营企业主、机关企事业单位的普通职员的学生的此项比例为最高分别为 58.8%、47.6%、45.5%,父亲职业位居副处及以上干部、正科级干部、工人(含农民工)的学生的此项比例最低分别为 27.3%、40.0%、40.2%。

可见,基本上在全部样本、中职中专及高职大专样本中父亲职业为副科级干部、雇员在 10 人以下的私/民营企业主的学生最倾向于认为中学生毕业后选择上职业院校是因为教师动员学生报考,而父亲职业为工人(含农民工)的学生则是最不倾向此种认识的。

8.母亲不同受教育水平学生间的差异

全部样本在认为是"教师动员学生报考"选项上母亲不同受教育水平的学生间不存在显著差异($\chi^2 = 11.097$,p = 0.085)。具体母亲的受教育水平为小学、初中、高中(中职中专)、大专(高职高专)、本科、研究生及以上、文盲的学生的该项选择比例分别为 42.1%、43.4%、44.1%、47.1%、42.7%、48.7%、39.3%,母亲受教育水平为研究生、大专、高中水平的学生该项选择比例最高达 48.7%、47.1%、44.1%,而母亲受教育水平为文盲(39.3%)、小学(42.1%)的学生是最不倾向于认可学生中学毕业后上职业院校是因为教师动员学生报考。基本上是母亲受教育水平越高的学生越倾向于此种认识。

中职中专及高职大专样本在认为是"教师动员学生报考"选

项上母亲不同受教育水平的学生间不存在显著差异（$\chi^2 =$
11.465，p = 0.075）。具体母亲的受教育水平为小学、初中、高
中（中职中专）、大专（高职高专）、本科、研究生及以上、文盲的
学生的该项选择比例分别为 40.3%、42.4%、44.6%、53.7%、
47.2%、41.2%、39.5%，母亲受教育水平为大专、本科、高中的学
生的该项选择比例最大均超过 44.6%，其中母亲受教育水平为
大专的学生的此项选择比例最高达 53.7%，母亲受教育水平为
文盲水平的学生该项选择比例最低为 39.5%，最不倾向于认可
学生中学毕业后上职业院校是因为教师动员学生报考。母亲受
教育水平为大专的学生的该项选择比例的为一个分界点，在此
之前是母亲受教育水平越高的学生越倾向于此种认识，之后则
呈下降趋势。

可见，总体而言，基本上母亲受教育水平为大专、高中水平的
学生最倾向于认为学生中学毕业后上职业院校是因为教师动员学
生报考，母亲受教育水平为文盲的学生最不倾向于此种认识。

9.不同家庭年收入水平学生间的差异

全部样本在认为是"教师动员学生报考"选项上不同家庭年
收入水平学生间不存在显著差异（$\chi^2 = 7.157$，p = 0.128）。具体
家庭年收入水平在 1 万元以下、1—3 万元、3—5 万元、5—8 万元、
8 万元以上的学生此项的选择比例分别为 44.2%、41.7%、43.2%、
45.6%、44.1%，家庭年收入水平为 5—8 万的学生最倾向于认为
学生中学毕业后上职业院校是因为教师动员学生报考，家庭年收
入水平为 1—3 万元的学生最不倾向于此种认识。

中职中专及高职大专样本在认为是"教师动员学生报考"
选项上不同家庭年收入水平学生间存在显著差异（$\chi^2 = 6.133$，
p = 0.189）。具体家庭年收入水平在 1 万元以下、1—3 万元、

3—5万元、5—8万元、8万元以上的学生此项的选择比例分别为44.3%、39.8%、41.6%、44.6%、43.8%,家庭年收入水平为5—8万的学生最倾向于认为学生中学毕业后上职业院校是因为教师动员学生报考,家庭年收入水平为1—3万元的学生最不倾向于此种认识。

可见,总体而言,在全部样本、中职中专及高职大专样本中家庭年收入水平为5—8万的学生最倾向于认为学生中学毕业后上职业院校是因为教师动员学生报考,家庭年收入水平为1—3万元的学生最不倾向于此种认识。

10.不同学校所在地学生间的差异

无论是全部样本($\chi^2 = 33.841$, $p = 0.000$),还是中职中专及高职大专样本($\chi^2 = 16.918$, $p = 0.001$)中学生的此项选择与其学校所在地之间均存在显著差异。全部样本、中职中专及高职大专样本中学校位于大城市(省会及以上)的学生最倾向于认为学生中学毕业后上职业院校是因为教师动员学生报考。

六、结论

基于上述研究假设及研究发现,我们得出如下结论。

第一,选择上职业院校的学生多为家庭社会地位及经济收入水平较低,学生家庭社会地位越高、收入越高的学生越不倾向于选择上职业院校。独生子女较少倾向于选择职业院校,多子女家庭较倾向于选择职业院校;上职业院校的学生多来自农村及乡镇占70%,而来自县城及以上的仅占30.0%;上职业院校的学生的父亲职业多为社会地位比较低的农民、工人(含农民工)、个体工商户占82.3%,比全部样本要高9.6个百分点,而父亲职业社会地位比较高(副科级及以上干部)的学生仅占1.3%(其中副处级及以上的仅为 0.3%），上职业院校的学生的父亲职业的社会地位明显要低于全部样本的；上职业院校的学生的母亲受教育水平较低，其中母亲受教育水平为文盲、小学、初中的占 77.4%，比全部样本要高9.9 个百分点，母亲受教育水平为大专及以上的仅占 5.6%，比全部样本要低 6.7 个百分点；上职业院校的学生多来自低收入家庭，其中家庭年收入在 3 万元以下的占 65.1%。比全部样本要高10.4 个百分点；而家庭年收入在 3 万元以上的比全部样本又要低10.6 个百分点。

第二，无论是全部样本还是中职中专及高职大专样本在关于上职业院校的四项主要原因的认可比例所反映的各原因的重要性（选择比例）排序上一致的。排名第一位的主要原因是职业院校能教会学生某项职业技能，将来更容易就业。排名第二位的主要原因与学生自己的考试成绩相匹配。排名第三的主要原因是源于政府和社会的压力而造成的学校及教师动员学生积极报考职业院校。排名第四的主要原因是职业院校资助多，学费相对要少些，家庭教育成本低些。这点与研究假设的排序上有点出入，与宋映泉等的影响学生选择的最重要因素是个人学习成绩的结论也不同，而因职业教育本身的优势能教会学生某项技能以至于将来好就业是中学生选择上职业院校的最根本动因，并不完全是成绩因素决定的。

第三，不同性别、年龄、学段、家庭孩子排序、家庭住所、父亲职业的社会地位、母亲的受教育程度、家庭年收入水平间的学生在对中学生选择上职业院校的原因的认识上，基本上绝大多数人口学变量上都存在显著差异。与李兰兰的部分研究结论有所不同。部分原因的认识上在地区及省际也存在显著差异。

第四，中职中专及高职大专生在对为什么选择上职业院校的原因的认识及排序上不存在明显差距,但是在某些人口学变量上与其他学段的学生及全部样本学生的认识存在较明显差距。

第五,经分析发现,越是女生、独生子女、父亲职位为体制内、母亲受教育程度越高、家庭年收入水平越高的学生越倾向于认为中学生选择上职业院校是因为"学生升学考试成绩差,是与成绩相匹配的",且女生、独生子女、家庭年收入水平越高的,此种认识越具有显著性;越是老大、母亲受教育水平越高的学生越倾向于认为中学生选择上职业院校是因为"职业院校资助多,学费较少,家庭教育成本低些",但均不具有显著性;越是女生、父亲职位为体制内、高中生、大专生、本科生、研究生、中职中专生越倾向于认为中学生选择上职业院校是因为"职业院校能教会学生某项技能,将来好就业些",且越是女生、本科生、研究生、中职中专生的,此种认识越具有显著性;越是母亲受教育程度越高、大专生、本科生、研究生、中职中专生越倾向于认为中学生选择上职业院校是因为"分流政策等影响造成教师动员学生报考",且母亲受教育程度越高的学生、中职中专生,此种认识越是具有显著性。

第二节　谁上中职？谁上普高？有何差异？

在了解了谁上职业院校及基于什么原因上职业院校,以及他们与全部样本的差异后,我们再来具体看看在中等教育的分流政策而形成的中职中专生及普通高中生在家庭背景方面的差异,中职中专生及普通高中生在教师资源、办学的物质积累、生均经费及其财政保障程度方面的差异,这些因素的分析可以明显看出分流的中等教育在职业教育机会与普通教育机会的分配上在学生家庭所属阶层间的差异,以及在教师、办学条件积累、生均经费保障上是否满足对各自办学的特殊需要上(如职业教育是资本密集型办学,需要在办学条件积累、生均经费保障上要明显高于普通教育)。具体分析数据仍然来自课题《教育机会分配公平性问题研究》学生问卷调查所得。

一、谁上中职中专、谁上普通高中的家庭背景差异比较

对上中职中专及普通高中的学生的家庭背景进行比较,可以发现是什么特征家庭的学生上了中职中专学校以及普通高中学校,表8—8反映了上中职中专与普通高中的学生的家庭背景情况,此处具体重点选择了家庭子女排序、家庭住所、父亲职业、母亲受教育程度、家庭年收入水平这几个维度进行比较。

表8—8 上中职中专与普通高中的学生家庭背景比较情况表

学生信息	项目	普通高中		中职中专	
		频数	百分比	频数	百分比
性别	男	857	48.1%	479	25.3%
	女	923	51.9%	1417	74.7%
家庭子女排序	独生子女	778	44.7%	562	30.8%
	老大	474	27.2%	672	36.9%
	老二	490	28.1%	588	32.3%
家庭住所	城市	587	33.3%	342	18.3%
	县城	252	14.3%	256	13.7%
	乡镇	192	10.9%	288	15.4%
	农村	731	41.5%	985	52.6%

学生信息	项目	普通高中		中职中专	
		频数	百分比	频数	百分比
父亲职业	农民	465	26.5%	569	30.2%
	工人(含农民工)	315	18.0%	629	33.4%
	个体工商户	282	16.1%	336	17.9%
	小企业主(10人以下)	76	4.3%	103	5.5%
	私营业主(10人以上)	65	3.7%	52	2.8%
	教师	106	6.1%	21	1.1%
	体制内普通职员	338	19.3%	156	8.3%
	体制内副科级	40	2.3%	6	0.3%
	体制内正科级	37	2.1%	8	0.4%
	体制内副处级及以上	28	1.6%	2	0.1%
母亲受教育程度	文盲	123	7.0%	112	5.9%
	小学	354	20.1%	575	30.5%
	初中	581	32.9%	828	43.9%
	高中(中职中专)	361	20.5%	302	16.0%
	大专(高职高专)	159	9.0%	41	2.2%
	本科	161	9.1%	18	1.0%
	研究生	26	1.5%	9	0.5%
家庭年收入水平	1万元以下	446	25.9%	653	35.5%
	1—3万元之间	476	27.7%	613	33.4%
	3—5万元之间	300	17.5%	275	15.0%
	5—8万元之间	200	11.6%	144	7.8%
	8万元及以上	297	17.3%	152	8.3%

注:表中比例均为去除缺失值后的有效百分比。

（一）上中职中专与普通高中学生在家庭子女排序上的差异比较

由表8—8可知,中职中专生中独生子女的比例为30.8%比高中生的44.7%要低13.9个百分点,中职中专生中老大的比例为36.9%比高中生的27.2%要高9.7个百分点,中职中专生中老二（老二及以上,下同）的比例为32.3%比高中生的28.1%要高4.2个百分点,即上中职中专的学生多为多子女家庭的孩子,占69.2%,独生子女家庭上中职中专的比例要远低于上高中的。

（二）上中职中专与普通高中学生在家庭住所上的差异比较

由表8—8可知,中职中专生中来自城市的比例为18.3%比高中生的33.3%要低15个百分点,中职中专生中来自县城的比例为13.7%比高中生的14.3%要低0.6个百分点,中职中专生中来自乡镇的比例为15.4%比高中生的10.9%要高4.5个百分点,中职中专生中来自农村的比例为52.6%比高中生的41.5%要高11.1个百分点,即上中职中专的学生绝大多数来自乡镇和农村,占68%,来自城市及县城的学生多上高中,比上中职中专的要高15.6个百分点。

（三）上中职中专与普通高中学生在父亲职业上的差异比较

由表8—8可知,中职中专生中父亲职业是农民的比例为30.2%比高中生的26.5%要高3.7个百分点,中职中专生中父亲职业是工人（含农民工）的比例为33.4%比高中生的18.0%要高15.4个百分点,中职中专生中父亲职业是个体工商户的比例为17.9%比高中生的16.1%要高1.8个百分点,中职中专生中父亲职业是小企业主的比例为5.5%比高中生的4.3%要高1.2个百分点,中职中专生中父亲职业是私营业主的比例为2.8%比高中生的3.7%要低0.9个百分点,中职中专生中父亲职业是教师的比例为 1.1%比高中生的 6.1%要低 5 个百分点,中职中专生中父亲职业是体制内普通职员的比例为 8.3%比高中生的 19.3%要低 11 个百分点,中职中专生中父亲职业是体制内副科级的比例为 0.3%比高中生的 2.3%要低 2 个百分点,中职中专生中父亲职业是体制内正科级的比例为 0.4%比高中生的 2.1%要低 1.7 个百分点,中职中专生中父亲职业是体制内副处级及以上的比例为 0.1%比高中生的 1.6%要低 1.5 个百分点。

(四)上中职中专与普通高中学生在母亲受教育程度上的差异比较

由表 8—8 可知,中职中专生中母亲受教育程度是文盲的比例为 5.9%比高中生的 7.0%要低 1.1 个百分点,中职中专生中母亲受教育程度是小学的比例为 30.5%比高中生的 20.1%要高 10.4 个百分点,中职中专生中母亲受教育程度是初中的比例为 43.9%比高中生的 32.9%要高 11 个百分点,中职中专生中母亲受教育程度是高中(中职中专)的比例为 16.0%比高中生的 20.5%要低 4.5 个百分点,中职中专生中母亲受教育程度是大专(高职高专)的比例为 2.2%比高中生的 9.0%要低 6.8 个百分点,中职中专生中母亲受教育程度是本科的比例为 1.0%比高中生的 9.1%要低 8.1 个百分点,中职中专生中母亲受教育程度是研究生的比例为 0.5%比高中生的 1.5%要低 1 个百分点。

(五)上中职中专与普通高中学生在家庭年收入水平上的差异比较

由表 8—8 可知,中职中专生中家庭年收入水平为 1 万元以下的比例为 35.5%比高中生的 25.9%要高 9.6 个百分点,中职中专生中家庭年收入水平为 1—3 万元的比例为 33.4%比高中生的 27.7%要高 5.7 个百分点,中职中专生中家庭年收入水平为3—5万元的比例为15.0%比高中生的17.5%要低2.5个百分点,中职中专生中家庭年收入水平为5—8万元的比例为7.8%比高中生的11.6%要低3.8个百分点,中职中专生中家庭年收入水平为8万元及以上的比例为8.3%比高中生的17.3%要低9个百分点。

二、结论

基于上述差异分析,我们得出如下结论。

第一,上中职中专的学生多为多子女(两个及以上)家庭的孩子,占近七成,而独生子女家庭多选择上普通高中,上高中的独生子女家庭学生占近四成五。

第二,上中职中专的学生绝大多数来自农村和乡镇,占近七成,其中来自农村的近五成三;而来自县城及城市的学生多选择上普通高中,三分之一来自城市,来自县城及城市的占近四成八。

第三,中职中专生的父亲职业多为农民、工人(含农民工)、个体工商户、小企业主,其比例为87%,比高中生的64.9%要高出22.1个百分点,而中职中专生的父亲职业为私营业主、教师、体制内普通职员、体制内副科级、体制内正科级、体制内副处级及以上的比例仅为13%,比高中生35.1%要低22.1个百分点,尤其是中职中专生的父亲职业为教师及其他体制内的比例仅为10.2%,远远比高中生的31.4%要低21.2个百分点。

第四,中职中专生的母亲受教育程度多为文盲、小学、初中,其比例为80.3%,比高中生的60.0%要高出20.3个百分点,尤其是中职中专生的母亲受教育程度在小学及初中的比例为74.4%,远远比高中的53.0%高出21.4个百分点,而中职中专生的母亲受教育程度为高中(中职中专)、大专(高职高专)、本科、研究生的比例仅为 19.7%,远远比高中生 40.1%要低 20.4 个百分点,尤其是中职中专生的母亲受教育程度为大专、本科、研究生的比例仅为 3.7%,远远比高中生的 19.6%要低 15.9 个百分点。

第五,中职中专生的家庭年收入水平多为 3 万元以下的,其比例为 68.9%,比高中生的 53.6%要高出 15.3 个百分点,而中职中专生的家庭年收入水平为 3 万元及以上的比例仅为 31.1%,远远比高中生 46.4%要低 15.3 个百分点,尤其是中职中专生的家庭年收入水平为 5 万元及以上的比例仅为 16.1%,远远比高中生的 28.9%要低 12.8 个百分点。

第六,在学生人口学特征中的父亲职业"是否体制内"、母亲受教育程度、家庭年收入水平上,与学生是否为中职中专生成负向关系,且均具有极显著性,即中职中专生很少来自体制内家庭,也很少来自母亲受教育程度高及家庭年收入水平高的家庭。而在学生人口学特征中的"是否独生""是否体制内""母亲受教育程度"上与学生是否为高中生成正向关系,且均具有显著性,即普通高中生多来自独生子女家庭、多来自体制内以及母亲受教育程度高的家庭。

第三节　中职中专与普通高中教育
资源投入的差异比较

一、中职中专、普通高中学校教师资源配置的差异分析

从教师资源的配置差异可以看出普通高中及中等职业学校[①]

[①]　此处的中等职业学校教师及学生数据均为不含技工学校的数据,仅为普通中等专业学校、成人中等专业学校、职业高中的数据。本研究中的中等职业学校也就是行文中的中职中专学校,如无特别说明两者做等同处理。

这一对高中阶段的相对范式的教育在师资这一重要资源上的占有量的不均等,尤其是再结合学生数据分析与学生相对(占有)的教师资源时这种差距会更加明显。表8—9及其续表反映了全国各地2014年普通高中、中等职业学校(中职中专)在教师的学历及职称上的占有差异情况。

(一)中职中专、普通高中学校在学生占有教师数量上的配置差异分析

1.在专任教师与学生比例上的配置差异分析

学生占有教师的数量可以通过师生比(教师数除以学生数)来反映,由于师生比是一个小于1的分数,尽管可以直观地反映了每名学生占有的教师数量,不过为了便于数据的呈现,我们采用了生师比(学生数除以教师数)来反映,生师比是个大于1的数,直观地反映了每名教师服务(教)的学生数,此处我们在教师数量上选用了专任教师数,专任教师生师比可以直接反映学生占有在第一线从事教育教学教师的数量情况。

由表8—9可知,中等职业学校的专任教师生师比是21.34,远高于普通高中的专任教师生师比14.44,即每名中等职业学校教师服务的学生数量要比普通高中教师要多服务6.9名学生,可见中等职业学校教师的教学任务之重,这也从一个角度解读了中等职业学校学生在成绩及管理等方面的不足,因每名教师服务(教)的学生太多了。

中等职业学校专任教师生师比高于全国平均水平的省份有15个,其中中等职业学校专任教师生师比最高的五个省份为广西38.33、贵州33.32、宁夏33.09、青海31.50、安徽28.51,专任教师生师比高于25的省份有11个;专任教师生师比最小的五个省份为上海15.63、河北14.82、黑龙江14.33、天津13.94、吉林8.55,

表8—9 各地2014年普通高中、中等职业学校专任教师学历、职称统计表

地区	专任教师数		在校生数		专任教师生师比		专任教师学历达标率(%)		研究生及以上学历教师比例(%)		中级及以上职称教师比例(%)		副高及以上职称教师比例(%)		每百名学生拥有副高及以上职称教师数		每百名学生拥有研究生及以上学历教师数	
	普通高中	中等职业学校	普通高中	中等职业学校	普通高中	中等职业学校	普通高中	中等职业学校	普通高中	中等职业学校	普通高中	中等职业学校	普通高中	中等职业学校	普通高中	中等职业学校	普通高中	中等职业学校
全国	1662700	663782	24004723	4163127	14.44	21.34	97.25	89.29	6.36	6.24	63.36	64.43	26.90	24.31	1.86	1.14	0.44	0.29
北京	21107	7199	177554	126019	8.41	17.51	99.51	94.86	21.05	12.71	68.33	67.04	35.68	27.28	4.24	1.56	2.50	0.73
天津	15964	6734	169606	93841	10.62	13.94	98.70	93.32	12.91	11.08	82.18	78.84	37.74	37.93	3.55	2.72	1.22	0.79
河北	83426	44228	1104076	655366	13.23	14.82	97.31	88.77	5.78	4.18	64.71	69.72	24.64	26.16	1.86	1.77	0.44	0.28
山西	60931	25127	827821	399157	13.59	15.89	96.96	86.30	7.05	4.45	48.38	54.51	19.10	15.88	1.41	1.00	0.52	0.28
内蒙古	33610	14645	481042	231865	14.40	15.83	97.24	87.31	8.30	6.06	65.94	68.12	32.98	30.52	2.29	1.93	0.58	0.38
辽宁	48924	20590	652613	333220	13.34	16.18	98.54	91.68	8.07	7.11	73.32	74.28	38.30	35.07	2.87	2.17	0.60	0.44
吉林	28368	17539	415736	150044	14.66	8.55	98.22	89.54	7.92	6.23	67.90	76.31	26.45	31.26	1.80	3.65	0.54	0.73
黑龙江	42543	16968	566805	243190	13.32	14.33	98.18	89.33	5.78	3.00	70.92	74.78	32.89	35.37	2.47	2.47	0.43	0.21
上海	16981	8382	157416	130982	9.27	15.63	99.78	95.96	14.98	16.45	78.36	72.80	32.01	21.73	3.45	1.39	1.62	1.05
江苏	96540	43323	1034205	723628	10.71	16.70	99.03	96.46	9.95	13.38	74.52	71.02	34.49	29.08	3.22	1.74	0.93	0.80
浙江	65596	33190	790838	533785	12.06	16.08	99.14	95.82	7.20	6.12	70.22	62.86	32.24	25.03	2.67	1.56	0.60	0.38
安徽	75237	32087	1201286	914742	15.97	28.51	97.06	91.30	4.89	3.92	63.47	64.35	28.91	24.85	1.81	0.87	0.31	0.14

续表

地区	专任教师数		在校生数		专任教师生师比		专任教师学历达标率(%)		研究生及以上学历教师比例(%)		中级及以上职称教师比例(%)		副高及以上职称教师比例(%)		每百名学生拥有副高及以上职称教师数		每百名学生拥有研究生及以上学历教师数	
	普通高中	中等职业学校	普通高中	中等职业学校	普通高中	中等职业学校	普通高中	中等职业学校	普通高中	中等职业学校	普通高中	中等职业学校	普通高中	中等职业学校	普通高中	中等职业学校	普通高中	中等职业学校
福建	50923	17102	629074	437610	12.35	25.59	97.12	91.46	4.23	4.98	67.27	61.30	30.62	23.25	2.48	0.91	0.34	0.19
江西	51197	15426	904696	437172	17.67	28.34	92.98	82.82	5.94	5.31	70.66	63.64	36.39	28.25	2.06	1.00	0.34	0.19
山东	121613	49274	1712659	948167	14.08	19.24	98.50	92.85	6.83	6.61	58.69	66.28	21.53	26.65	1.53	1.38	0.49	0.34
河南	110759	51767	1895457	1103864	17.11	21.32	96.34	87.81	7.00	6.77	56.43	63.80	22.64	21.40	1.32	1.00	0.41	0.32
湖北	68126	21905	918959	372601	13.49	17.01	96.63	86.86	6.08	5.05	71.42	70.97	31.75	25.14	2.35	1.48	0.45	0.30
湖南	68459	25106	1057008	644800	15.44	25.68	96.86	85.49	3.42	4.05	70.75	66.04	29.59	22.65	1.92	0.88	0.22	0.16
广东	148361	45216	2140193	1282205	14.43	28.36	97.82	91.05	7.40	7.56	63.59	61.45	22.22	16.77	1.54	0.59	0.51	0.27
广西	48357	20417	838231	782675	17.33	38.33	97.01	86.47	5.84	7.75	62.71	60.40	21.22	17.06	1.22	0.45	0.34	0.20
海南	12204	4819	176524	129497	14.46	26.87	96.41	86.30	3.97	2.91	57.92	46.77	26.18	19.13	1.81	0.71	0.27	0.11
重庆	38376	15239	647915	339110	16.88	22.25	97.87	90.04	5.15	5.45	55.32	56.57	20.93	21.76	1.24	0.98	0.31	0.24
四川	92099	40653	1489794	1079228	16.18	26.55	96.66	83.63	3.71	3.60	64.76	57.89	28.31	22.71	1.75	0.86	0.23	0.14
贵州	52365	16342	942656	544462	18.00	33.32	96.45	84.04	2.57	4.57	50.52	47.53	20.99	16.33	1.17	0.49	0.14	0.14
云南	49494	21312	768469	490558	15.53	23.02	97.73	86.95	3.29	5.19	59.28	64.85	28.18	29.22	1.81	1.27	0.21	0.23

续表

地区	专任教师数 普通高中	专任教师数 中等职业学校	在校生数 普通高中	在校生数 中等职业学校	专任教师生师比 普通高中	专任教师生师比 中等职业学校	专任教师学历达标率(%) 普通高中	专任教师学历达标率(%) 中等职业学校	研究生及以上学历教师比例(%) 普通高中	研究生及以上学历教师比例(%) 中等职业学校	中级及以上职称教师比例(%) 普通高中	中级及以上职称教师比例(%) 中等职业学校	副高及以上职称教师比例(%) 普通高中	副高及以上职称教师比例(%) 中等职业学校	每百名学生拥有副高及以上职称教师数 普通高中	每百名学生拥有副高及以上职称教师数 中等职业学校	每百名学生拥有研究生及以上学历教师数 普通高中	每百名学生拥有研究生及以上学历教师数 中等职业学校
西藏	4403	993	55669	16990	12.64	17.11	98.18	91.74	4.59	6.55	48.76	44.61	11.36	6.14	0.90	0.36	0.36	0.38
陕西	56924	17622	851044	377135	14.95	21.40	96.69	84.35	6.98	5.94	56.42	61.07	22.83	20.26	1.53	0.95	0.47	0.28
甘肃	43761	15788	654430	262602	14.95	16.63	93.90	87.91	4.59	4.31	50.76	57.08	18.05	19.51	1.21	1.17	0.31	0.26
青海	7998	2450	113471	77163	14.19	31.50	93.04	77.27	3.25	2.61	64.65	70.49	30.67	30.45	2.16	0.97	0.23	0.08
宁夏	10274	2477	163513	81966	15.92	33.09	97.52	89.62	4.20	6.54	53.79	52.36	26.03	22.85	1.64	0.69	0.26	0.20
新疆	37780	9862	462963	219483	12.25	22.26	94.95	84.59	2.24	5.06	50.30	59.01	24.17	22.41	1.97	1.01	0.18	0.23
极差	143958	50774	2084524	1265215	5.94	29.78	6.80	19.19	18.81	13.84	33.80	34.23	26.94	31.79	3.34	3.30	2.36	0.97
极差率	33.70	52.13	38.44	75.47	1.49	4.48	1.07	1.25	9.40	6.30	1.70	1.77	3.37	6.18	4.71	10.18	17.55	12.69
变异系数	0.645	0.676	0.677	0.744	0.163	0.329	0.017	0.049	0.608	0.506	0.141	0.134	0.239	0.271	0.419	0.632	1.084	0.807
京津沪三市	54052	22315	504576	350842	9.34	15.72	99.35	94.81	16.74	13.62	75.57	72.76	35.13	28.41	3.76	1.81	1.79	0.87
东部八省	627587	257742	8240182	5043478	13.13	19.57	98.18	92.52	7.17	7.30	66.11	66.32	27.36	25.34	2.08	1.29	0.55	0.37

续表

地区	专任教师数		在校生数		专任教师生师比		专任教师学历达标率(%)		研究生及以上学历教师比例(%)		中级及以上职称教师比例(%)		副高及以上职称教师比例(%)		每百名学生拥有副高及以上职称教师数		每百名学生拥有研究生及以上学历教师数	
	普通高中	中等职业学校	普通高中	中等职业学校	普通高中	中等职业学校	普通高中	中等职业学校	普通高中	中等职业学校	普通高中	中等职业学校	普通高中	中等职业学校	普通高中	中等职业学校	普通高中	中等职业学校
中部八省	505620	205925	7787768	4265570	15.40	20.71	96.55	87.68	5.93	5.06	63.77	65.74	27.78	24.32	1.80	1.17	0.38	0.24
西部十二省	475441	177800	7472197	4503237	15.72	25.33	96.51	85.79	4.57	5.14	57.91	59.12	24.41	22.29	1.55	0.88	0.29	0.20

说明:1. 专任教师学历达标率等指具有本科及以上学历教师的比例。

2. 变异系数=标准差/均值,表格中未呈现标准差值。

3. 京津沪三市包括:北京,天津,上海,东部八省包括:河北,辽宁,江苏,浙江,福建,山东,广东,海南 8 省,中部八省包括:吉林,黑龙江,山西,安徽,江西,河南,湖北,湖南 8 省,西部十二省包括:内蒙古,广西,重庆,四川,贵州,云南,西藏,陕西,甘肃,青海,宁夏,新疆 12 省(自治区)。下同。

注:普通高中专任教师数、学历职称情况参见《中国教育统计年鉴·2014》第 322—323 页,中等职业学校专任教师数(包括普通中等专业学校、成人中等专业学校、职业高中专任教师数,不含聘请校外教师数)、职称情况参见第 306 页,学历职称情况参见第 390—393、410—411 页,中等职业学校学生数参见第 360—363 页。普通高中学生数、中等职业学校学生数参见相关原始数据计算整理而得。教师数指校本部的专任教师数。普通高中除专任教师数为原始值外,其他数据均根据上述相关原始数据计算整理而得。表格中除专任教师数为原始值外,其他数据均根据上述相关原始数据计算整理而得。

生师比低于 20 的省份有 15 个。可见,吉林的中等职业学校每名专任教师教的学生是最少的,只有 8.55 人,而广西的中等职业学校每名专任教师教的学生则是最多,高达 38.33 人,差距达 29.78 人。

普通高中专任教师生师比高于全国平均水平的省份有 14 个,其中普通高中专任教师生师比最高的五个省份为贵州 18.00、江西 17.67、广西 17.33、河南 17.11、重庆 16.88,专任教师生师比高于 15 的省份有 10 个;专任教师生师比最小的五个省份为浙江 12.06、江苏 10.71、天津 10.62、上海 9.27、北京 8.41。可见,北京的普通高中每名专任教师教的学生是最少的,只有 8.41 人,而贵州的普通高中每名专任教师教的学生则是最多,达 18.00 人,差距为 9.59 人。

按地区来划分的话,中等职业学校专任教师生师比中西部十二省最大为 25.33,明显高于全国平均水平的 21.34,中部八省为 20.71,东部八省为 19.57,京津沪三市为 15.72,即在中等职业学校的专任教师生师比上,西部十二省>全国平均>中部八省>东部八省>京津沪三市。普通高中专任教师生师比中西部十二省最大为 15.72,中部八省为 15.40,高于全国平均水平的 14.44,东部八省为 13.13,京津沪三市为 9.34,即在普通高中的专任教师生师比上,西部十二省>中部八省>全国平均>东部八省>京津沪三市。可见,在中等职业学校及普通高中专任教师的生师比上,在地理位置上从西部地区向中部地区、东部地区、京津沪地区呈梯度递减的态势,而西部地区在数量上明显高于京津沪地区,中部地区与东部地区相差不大。

2.在每百名学生拥有副高及以上职称专任教师数上的配置差异分析

由表 8—9 可知,中等职业学校中每百名学生拥有副高及以上职称专任教师为 1.14 人,普通高中每百名学生拥有副高及以上职称专任教师为 1.86 人,即普通高中学生在高级职称专任教师的占有量上要高于中等职业学校的。

中等职业学校每百名学生拥有副高及以上职称专任教师数最多的五个省份为吉林 3.65 人、天津 2.72 人、黑龙江 2.47 人、辽宁 2.17 人、内蒙古 1.93 人,高于全国平均水平的省份有 14 个,高于 1 人(含 1 人)的省份有 18 个;中等职业学校每百名学生拥有副高及以上职称专任教师数最少的五个省份为宁夏 0.69 人、广东 0.59 人、贵州 0.49 人、广西 0.45 人、西藏 0.36 人,低于 0.8 人的省份还有海南 0.71 人,低于 0.9 人的省份共有 9 个。

普通高中每百名学生拥有副高及以上职称专任教师数最多的五个省份为北京 4.24 人、天津 3.55 人、上海 3.45 人、江苏 3.22 人、辽宁 2.87 人,高于全国平均水平的(含河北与全国平均相等)省份有 15 个,高于 2 人的省份有 12 个;普通高中每百名学生拥有副高及以上职称专任教师数最少的五个省份为重庆 1.24 人、广西 1.22 人、甘肃 1.21 人、贵州 1.17 人、西藏 0.90 人,低于 1.5 人的省份有 7 个。

按地区来划分的话,中等职业学校每百名学生拥有副高及以上职称专任教师数中京津沪三市最大为 1.81 人,东部八省为 1.29 人,中部八省为 1.17 人,高于全国平均水平的 1.14 人,西部十二省为 0.88 人,即在中等职业学校每百名学生拥有副高及以上职称专任教师数上,京津沪三市>东部八省>中部八省>全国平均>西部十二省。普通高中每百名学生拥有副高及以上职称专任教师数中京津沪三市最大为 3.76 人,东部八省为 2.08 人,高于全国平均水平的 1.86 人,中部八省为 1.80 人,西部十二省为 1.55 人,即在普通高中每百名学生拥有副高及以上职称专任教师数上,京津沪三市>东部八省>全国平均>中部八省>西部十二省。可见,在中等职业学校及普通高中高级职称(副高级及以上)专任教师的拥有量上,在地理位置上从京津沪地区向东部地区、中部地区、西部地区呈梯度递减的态势,而京津沪地区在数量上明显高于其他地区。

3.在每百名学生拥有研究生及以上学历专任教师数上的配置差异分析

由表8—9可知,中等职业学校中每百名学生拥有研究生及以上学历专任教师为0.29人,普通高中每百名学生拥有研究生及以上学历专任教师为0.44人,即普通高中学生在研究生及以上学历专任教师的占有量上要高于中等职业学校的。

中等职业学校每百名学生拥有研究生及以上学历专任教师数最多的五个省份为上海1.05人、江苏0.80人、天津0.79人、北京0.73人、吉林0.73人,高于全国平均水平的省份有12个,高于0.4人的省份有6个;中等职业学校每百名学生拥有研究生及以上学历专任教师数最少的五个省份为安徽0.14人、四川0.14人、贵州0.14人、海南0.11人、青海0.08人,低于0.2人的省份有8个。

普通高中每百名学生拥有研究生及以上学历专任教师数最多的五个省份为北京2.50人、上海1.62人、天津1.72人、江苏0.93人、辽宁及浙江均为0.60人,高于全国平均水平的(含河北与全国平均相等)省份有14个,高于0.5人的省份有10个;普通高中每百名学生拥有研究生及以上学历专任教师数最少的五个省份为四川及青海均为0.23人、湖南0.22人、云南0.21人、新疆0.18人、贵州0.14人,低于0.3人的省份有8个。

按地区来划分的话,中等职业学校每百名学生拥有研究生及以上学历专任教师数中京津沪三市最大为 0.87 人,东部八省为 0.37 人,高于全国平均水平的 0.29 人,中部八省为 0.24 人,西部十二省为 0.20 人,即在中等职业学校每百名学生拥有研究生及以上学历专任教师数上,京津沪三市>东部八省>全国平均>中部八省>西部十二省。

普通高中每百名学生拥有研究生及以上学历专任教师数中京津沪三市最大为 1.79 人,东部八省为 0.55 人,高于全国平均水平的 0.44 人,中部八省为 0.38 人,西部十二省为 0.29 人,即在普通高中每百名学生拥有研究生及以上学历专任教师数上,京津沪三市>东部八省>全国平均>中部八省>西部十二省。可见,在中等职业学校及普通高中高学历(研究生及以上)专任教师的拥有量上,在地理位置上从京津沪地区向东部地区、中部地区、西部地区呈梯度递减的态势,而京津沪地区在数量上明显高于其他地区。

(二) 中职中专、普通高中学校在教师学历上的配置差异分析

1.在专任教师学历达标率上的配置差异分析

中等职业学校及普通高中的专任教师只需要具备本科及以上学历即可取得相应的教师资格,即具有本科及以上学历的教师所占的比例即为教师学历达标(合格)率。

由表 8—9 可知,中等职业学校的专任教师学历达标率是89.24%,远低于普通高中的专任教师学历达标率为 97.25%,全国各地普通高中专任教师学历达标率均超过 90%,而中等职业学校专任教师学历达标率均超过 90%的省份只有 12 个。

中等职业学校专任教师学历达标率高于全国平均水平的省份有 15 个,其中中等职业学校专任教师学历达标率最高的五个省份为江苏 96.46%、上海 95.96%、浙江 95.82%、北京 94.86%、天津

93.32%;专任教师学历达标率最小的五个省份为陕西84.35%、贵州84.04%、四川83.63%、江西82.82%、青海77.27%,低于85%的省份有6个。

普通高中专任教师学历达标率高于全国平均水平的省份有15个,其中普通高中专任教师学历达标率最高的五个省份为上海99.78%、北京99.51%、浙江99.14%、江苏99.03%、天津98.70%;专任教师学历达标率最小的五个省份为河南96.34%、新疆94.95%、甘肃93.90%、青海93.40%、江西92.98%。

按地区来划分的话,中等职业学校专任教师学历达标率京津沪三市最大为94.81%,东部八省为92.52%,高于全国平均水平的89.24%,中部八省为87.68%,西部十二省为85.79%,即在中等职业学校的专任教师学历达标率上,京津沪三市>东部八省>全国平均>中部八省>西部十二省。普通高中专任教师学历达标率京津沪三市最大为99.35%,东部八省为98.18%,高于全国平均水平的97.25%,中部八省为96.55%,西部十二省为96.51%,即在普通高中的专任教师学历达标率上,京津沪三市>东部八省>全国平均>中部八省>西部十二省。可见,在中等职业学校及普通高中专任教师的学历达标率上,在地理位置上从京津沪地区向东部地区、中部地区、西部地区呈梯度递减的态势,而京津沪地区在数量上明显高于其他地区。

2.在拥有研究生及以上学历专任教师上的配置差异分析

由表8—9可知,中等职业学校的专任教师中研究生及以上学历比例是6.24%,低于普通高中的专任教师中研究生及以上学历比例为6.36%,中等职业学校专任教师中研究生及以上学历比例均超过5%的省份只有20个,超过6%的有14个,低于5%的有11个,而普通高中专任教师中研究生及以上学历比例超过10%的省份有 3 个,高于 6%的有 14 个,低于 5%的有 12 个。

中等职业学校专任教师中研究生及以上学历比例高于全国平均水平的省份有 11 个,其中中等职业学校专任教师中研究生及以上学历比例最高的五个省份为上海 16.45%、江苏 13.38%、北京 12.71%、天津 11.08%、广西 7.75%;专任教师中研究生及以上学历比例最小的五个省份为安徽 3.92%、四川 3.60%、黑龙江 3.00%、海南 2.91%、青海 2.61%。

普通高中专任教师中研究生及以上学历比例高于全国平均水平的省份有 13 个,其中普通高中专任教师中研究生及以上学历比例最高的五个省份为北京 21.05%、上海 14.98%、天津 12.91%、江苏 9.95%、内蒙古 8.30%,超过 8%的还有辽宁 8.07%;专任教师中研究生及以上学历比例最小的五个省份为湖南 3.42%、云南 3.29%、青海 3.25%、贵州 2.57%、新疆 2.24%,低于 4%的还有海南 3.97%、四川 3.71%。

按地区来划分的话,中等职业学校专任教师中研究生及以上学历比例京津沪三市最大为 13.62%,东部八省为 7.30%,高于全国平均水平的 6.24%,西部十二省为 5.14%,中部八省为 5.06%,即在中等职业学校的专任教师中研究生及以上学历比例上,京津沪三市>东部八省>全国平均>西部十二省>中部八省。普通高中专任教师中研究生及以上学历比例京津沪三市最大为 16.74%,东部八省为 7.17%,高于全国平均水平的 6.36%,中部八省为 5.93%,西部十二省为 4.57%,即在普通高中的专任教师中研究生及以上学历比例上,京津沪三市>东部八省>全国平均>中部八省>西部十二省。可见,在中等职业学校及普通高中专任教师中研究生及以上学历比例上,在地理位置上从京津沪地区向东部地区、中部地区、西部地区呈梯度递减(除了中职学校是西部高于中部外)

的态势,而京津沪地区在数量上明显高于其他地区。

(三)中职中专、普通高中学校在教师职称上的配置差异分析

1.在专任教师中级及以上职称上的配置差异分析

中等职业学校专任教师职称在中级以上职称的有中级、副高级、正高级,普通高中专任教师职称在中级及以上职称的有中学一级、中学高级。

由表8—9可知,中等职业学校的专任教师中级及以上职称比例是64.43%,略高于普通高中的专任教师中级及以上职称比例为63.36%,普通高中专任教师中级及以上职称比例超过70%的省份均为9个,高于60%的省份有19个,低于50%的有2个,中等职业学校高于70%的省份有8个,高于60%的省份有22个,低于50%的省份有3个。

中等职业学校专任教师中级及以上职称比例高于全国平均水平的省份有14个,其中中等职业学校专任教师中级及以上职称比例最高的五个省份为天津78.84%、吉林76.31%、黑龙江74.78%、辽宁74.28%、上海72.80%;专任教师中级及以上职称比例最小的五个省份为山西54.51%、宁夏52.36%、贵州47.53%、海南46.77%、西藏44.61%。

普通高中专任教师中级及以上职称比例高于全国平均水平的省份有18个,其中普通高中专任教师中级及以上职称比例最高的五个省份为天津82.18%、上海78.36%、江苏74.52%、辽宁73.32%、湖北71.42%;专任教师中级及以上职称比例最小的五个省份为甘肃50.76%、贵州50.52%、新疆50.30%、西藏48.76%、山西48.38%。

按地区来划分的话,中等职业学校专任教师中级及以上职称比例京津沪三市最大为72.76%,东部八省为66.32%,中部八

省为 65.74%，高于全国平均水平的 64.43%，西部十二省为 59.12%，即在中等职业学校的专任教师中级及以上职称比例上，京津沪三市>东部八省>中部八省>全国平均>西部十二省。普通高中专任教师中级及以上职称比例京津沪三市最大为 75.57%，东部八省为 64.11%，中部八省为 63.77%，高于全国平均水平的 63.36%，西部十二省为 57.92%，即在普通高中的专任教师中级及以上职称比例上，京津沪三市>东部八省>中部八省>全国平均>西部十二省。可见，在中等职业学校及普通高中专任教师的中级及以上职称比例上，在地理位置上从京津沪地区向东部地区、中部地区、西部地区呈梯度递减的态势，而京津沪地区在数量上明显高于其他地区。

2.在专任教师副高及以上职称上的配置差异分析

中等职业学校专任教师职称在副高以上职称的有副高级、正高级，普通高中专任教师职称在副高及以上职称的有中学高级。

由表 8—9 可知，中等职业学校的专任教师中副高及以上职称比例是 24.31%，低于普通高中的专任教师中副高及以上职称比例为 26.90%，普通高中专任教师中副高及以上职称比例超过 30% 的省份有 12 个，超过 25% 的有 19 个，低于 20% 的有 3 个，中等职业学校专任教师中副高及以上职称比例超过 30% 的省份有 6 个，超过 25% 的有 14 个，低于 20% 的有 7 个。

中等职业学校专任教师中副高及以上职称比例高于全国平均水平的省份有 15 个，其中中等职业学校专任教师中副高及以上职称比例最高的五个省份为天津 37.93%、黑龙江 35.37%、辽宁 35.07%、吉林 31.26%、内蒙古 30.52%，超过 30% 的还有青海 30.45%；专任教师中副高及以上职称比例最小的五个省份为广西 17.06%、广东 16.77%、贵州 16.33%、山西 15.88%、西藏 6.14%。

普通高中专任教师中副高及以上职称比例高于全国平均水平的省份有 16 个,其中普通高中专任教师中副高及以上职称比例最高的五个省份为辽宁 38.30%、天津 37.74%、江西 36.39%、北京 35.68%、江苏 34.49%;专任教师中副高及以上职称比例最小的五个省份为贵州 20.99%、重庆 20.93%、山西 19.10%、甘肃 18.05%、西藏 11.36%。

按地区来划分的话,中等职业学校专任教师中副高及以上职称比例京津沪三市最大为 28.41%,东部八省为 25.34%,中部八省为 24.32%,高于全国平均水平的 24.31%,西部十二省为 22.29%,即在中等职业学校的专任教师中副高及以上职称比例上,京津沪三市>东部八省>中部八省>全国平均>西部十二省。普通高中专任教师中副高及以上职称比例京津沪三市最大为 35.13%,中部八省为 27.78%,东部八省为 27.36%,高于全国平均水平的 26.90%,西部十二省为 24.41%,即在普通高中的专任教师中副高及以上职称比例上,京津沪三市>中部八省>东部八省>全国平均>西部十二省。可见,基本上在普通高中与中等职业学校专任教师中副高及以上职称比例上,在地理位置上从京津沪地区向东部地区、中部地区、西部地区呈梯度递减(除普通高中是中部高于东、西部外)的态势,而京津沪地区在数量上明显高于其他地区。

二、中职中专、普通高中学校生均教育经费及固定资产总值配置差异分析

从固定资产及教育经费的配置差异可以看出普通高中及中等职业学校每名学生在这些资源的占有量的不均等,固定资产总值反映了学校在资源投入历年积累存量方面的占有量,而年度教育

经费支出则总体上[①]反映了该年度教育资源在流量方面的占有量。表8—10反映了全国各地2014年普通高中、中等职业学校学生在固定资产及教育经费支出上的占有差异情况。

（一）中职中专、普通高中学校在生均固定资产上的配置差异分析

由表8—10可知，中等职业学校生均固定资产总值为19621元，普通高中生均固定资产总值为26152元，高出中等职业学校6531元。

中等职业学校生均固定资产总值高于全国平均水平的省份有14个，最大五省份为上海69520元、西藏59859元、北京44898元、江苏39218元、浙江29470元，最小五省份为黑龙江14710元、河南14257元、四川13909元、贵州12645元、广西10867元。

普通高中生均固定资产总值高于全国平均水平的省份有13个，最大五省份为北京107695元、上海100582元、江苏50735元、浙江45242元、天津36168元，最小五省份为江西18189元、吉林17885元、甘肃17731元、广西14183元、河南13533元。

按地区来划分的话，中等职业学校生均固定资产总值京津沪三市最大为48176元，东部八省为22821元，高于全国平均水平的19621元，中部八省为16942元，西部十二省为16351元，即在中等职业学校生均固定资产总值上，京津沪三市>东部八省>全国平均>中部八省>西部十二省。普通高中生均固定资产总值京津

---

① 普通高中2014年教育经费支出为3170.91773亿元，其中基本建设支出为59.81336亿元，占总教育经费支出的1.89%，中等职业学校2014年教育经费支出为1862.67755亿元，其中基本建设支出为37.53854亿元，占总教育经费支出的2.02%，参见《中国教育经费统计年鉴·2015》第314—315、282—283页相关数据计算而得。

沪三市最大为 81433 元,东部八省为 31394 元,高于全国平均水平的 26152 元,西部十二省为 22488 元,中部八省为 20540 元,即在中等职业学校生均固定资产总值上,京津沪三市>东部八省>全国平均>西部十二省>中部八省。可见,基本上在普通高中与中等职业学校生均固定资产总值上,在地理位置上从京津沪地区向东部地区、中部地区、西部地区呈梯度递减(除普通高中是西部高于中部外,呈中部塌陷)的态势,而京津沪地区在数量上远高于其他地区。

(二)中职中专、普通高中学校在生均教育经费上的配置差异分析

1.中职中专、普通高中学校在生均教育经费上的配置差异分析

由表 8—10 可知,中等职业学校生均教育经费为 11562 元,普通高中生均教育经费为 13210 元,高出中等职业学校 1648 元。

表 8—10 各地 2014 年普通高中、中等职业学校生均固定资产总值、生均教育经费、生均预算内教育经费及其比例表

地区	生均固定资产总值(元)		生均教育经费(元)		生均公共财政预算教育事业经费(元)		生均公共财政预算教育事业经费占总生均事业经费的比例(%)	
	普通高中	中等职业学校	普通高中	中等职业学校	普通高中	中等职业学校	普通高中	中等职业学校
全国	26152	19621	13210	11562	8336	7374	64.32	65.15
北京	107695	44898	65751	38467	37525	19154	59.35	50.13
天津	36168	22787	36803	23848	28218	17546	77.12	73.57
河北	20941	16210	10317	9478	7096	6768	69.21	72.22
山西	25024	16817	10835	10490	6319	7915	59.09	76.40
内蒙古	31807	27469	14834	16194	10513	11072	72.52	69.48

续表

地区	生均固定资产总值(元)		生均教育经费(元)		生均公共财政预算教育事业经费(元)		生均公共财政预算教育事业经费占总生均事业经费的比例(%)	
	普通高中	中等职业学校	普通高中	中等职业学校	普通高中	中等职业学校	普通高中	中等职业学校
辽宁	21361	21972	14525	16261	9439	10375	65.12	64.71
吉林	17885	26517	11447	21377	7940	14776	69.91	70.53
黑龙江	19055	14710	11975	13436	8908	10509	75.31	79.14
上海	100582	69520	50529	47494	29382	20289	60.40	42.77
江苏	50735	39218	21603	19850	13560	11901	62.78	60.38
浙江	45242	29470	25702	23900	13660	15393	53.55	64.73
安徽	23616	18122	11377	7453	5883	4240	52.59	58.28
福建	33578	15660	16128	11996	9901	7553	61.76	64.98
江西	18189	14877	11234	7953	7945	4954	72.02	65.21
山东	23712	22293	14235	16550	9657	10613	67.84	64.44
河南	13533	14257	8548	7897	5346	4817	63.56	62.53
湖北	26612	24572	12569	12701	7334	7776	58.95	63.23
湖南	24671	15549	11052	8397	6224	5542	56.76	67.04
广东	30531	17883	16025	11482	9543	7439	60.94	66.46
广西	14183	10867	9787	5163	6160	3623	66.74	71.29
海南	35735	16383	15419	13255	10814	8274	72.26	68.57
重庆	21842	22000	13517	12450	7651	8025	61.16	67.34
四川	23754	13909	10547	7383	6629	4915	63.76	67.96
贵州	20000	12645	8830	7379	5978	5675	69.44	79.68
云南	23494	16644	10009	10371	6329	6437	65.57	66.15
西藏	31975	59859	26691	32851	19238	24748	90.82	87.42
陕西	22934	18781	11697	8465	8747	6151	75.61	74.27
甘肃	17731	17499	9808	12435	6487	7960	68.05	66.14
青海	22577	25518	21319	13874	11027	8139	59.02	62.52

续表

地区	生均固定资产总值(元)		生均教育经费(元)		生均公共财政预算教育事业经费(元)		生均公共财政预算教育事业经费占总生均事业经费的比例(%)	
	普通高中	中等职业学校	普通高中	中等职业学校	普通高中	中等职业学校	普通高中	中等职业学校
宁夏	26865	19425	11979	11584	8414	7688	71.35	69.36
新疆	31208	22686	14929	17243	11091	9943	78.33	63.42
极差	94162	58653	57203	42331	32179	21125	38.23	44.65
极差率	7.96	6.40	7.69	9.20	7.02	6.83	1.73	2.04
变异系数	0.811	0.676	0.956	0.826	0.907	0.695	0.127	0.127
京津沪三市	81433	48176	51271	37927	31856	19148	64.07	50.64
东部八省	31394	22821	16393	15095	10185	9656	62.67	64.88
中部八省	20540	16942	10758	9335	6586	6040	62.05	66.23
西部十二省	22488	16351	11378	9307	7509	6206	68.63	69.36

说明:《中国教育经费统计年鉴·2015》中"教育经费支出明细(中等职业学校)"中2014年的经费为含技工学校及中等专业学校、职业高中、成人中等专业学校在内的经费,为了与《中国教育统计年鉴·2014》中相对应的学生统计数(不含技工学校)相一致,需要将此处的技工学校的经费减去来计算生均中等职业学校教育经费,这样学生数才一致,才具有比较基础,即此处统计的中等职业学校的学生数及经费数中不含技工学校的数值。

注:普通高中固定资产总值参见《中国教育统计年鉴·2014》第347页,中等职业学校固定资产总值参见第421、423页。普通高中教育经费支出明细数据参见《中国教育经费统计年鉴·2015》第314—315页,普通高中公共财政预算教育经费支出明细数据参见第546—547页,中等职业学校教育经费支出明细数据参见第282—283页,技工学校教育经费支出明细数据参见第298—299页,中等职业学校公共财政预算教育经费支出明细数据参见第514—515页,技工学校公共财政预算教育经费支出明细数据参见第530—531页。表格生均固定资产总值及生均教育经费数据均为根据上述原始数据及学生数计算整理而得。

中等职业学校生均教育经费高于全国平均水平的省份有 19 个，高于 2 万元的有 6 个、低于 1 万元的有 9 个，最大五省份为上海 47494 元、北京 38467 元、西藏 32851 元、浙江 23900 元、天津 23848 元，最小五省份为河南 7897 元、安徽 7453 元、四川 7383 元、贵州 7379 元、广西 5163 元。

普通高中生均教育经费高于全国平均水平的省份有 15 个，高于 2 万元的有 7 个、低于 1 万元的有 4 个，最大五省份为北京 65751 元、上海 50529 元、天津 36803 元、西藏 26691 元、浙江 25702 元，最小五省份为云南 10009 元、甘肃 9808 元、广西 9787 元、贵州 8830 元、河南 8548 元。

按地区来划分的话，中等职业学校生均教育经费京津沪三市最大为 37927 元，东部八省为 15095 元，高于全国平均水平的 11562 元，中部八省为 9335 元，西部十二省为 9307 元，即在中等职业学校生均教育经费上，京津沪三市>东部八省>全国平均>中部八省>西部十二省。普通高中生均教育经费京津沪三市最大为 51271 元，东部八省为 16393 元，高于全国平均水平的 13210 元，西部十二省为 11378 元，中部八省为 10758 元，即基本上在普通高中与中等职业学校生均教育经费上，京津沪三市>东部八省>全国平均>中部八省>西部十二省。可见，在中等职业学校及普通高中生均教育经费上，在地理位置上从京津沪地区向东部地区、中部地区、西部地区呈梯度递减（除普通高中是西部高于中部，呈中部塌陷）的态势，而京津沪地区在数量上远高于其他地区。

2.中职中专、普通高中学校在生均公共财政预算教育事业费上的配置差异分析

由表 8—10 可知，中等职业学校生均公共财政预算教育事业

经费为 7374 元,普通高中生均公共财政预算教育事业经费为
8336 元,高出中等职业学校 962 元。

中等职业学校生均公共财政预算教育事业经费高于全国平均
水平的省份有 21 个,高于 1 万元的有 11 个,低于 7 千元的有 10
个,最大五省份为西藏 24748 元、上海 20289 元、北京 19154 元、天
津 17546 元、浙江 15393 元,最小五省份为江西 4954 元、四川 4915
元、河南 4817 元、安徽 4240 元、广西 3623 元。

普通高中生均公共财政预算教育事业经费高于全国平均水平
的省份有 17 个,高于 1 万元的有 10 个,低于 8 千元的有 14 个,最
大五省份为北京 37525 元、上海 29382 元、天津 28218 元、西藏
19238 元、浙江 13660 元,最小五省份为湖南 6224 元、广西 6160
元、贵州 5978 元、安徽 5883 元、河南 5346 元。

按地区来划分的话,中等职业学校生均公共财政预算教育事
业经费京津沪三市最大为 19148 元,东部八省为 9656 元,高于全
国平均水平的 7374 元,西部十二省为 6206 元,中部八省为 6040
元,即在中等职业学校生均公共财政预算教育事业经费上,京津沪
三市>东部八省>全国平均>西部十二省>中部八省。普通高中生
均公共财政预算教育事业经费京津沪三市最大为 31856 元,东部
八省为 10185 元,高于全国平均水平的 8336 元,西部十二省为
7509 元,中部八省为 6586 元,即在中等职业学校生均公共财政预
算教育事业经费上,京津沪三市>东部八省>全国平均>西部十二
省>中部八省。可见,在中等职业学校及普通高中生均公共财政
预算教育事业经费上,在地理位置上从京津沪地区向东部地区、西
部地区、中部地区呈梯度递减的态势,呈中部塌陷,而京津沪地区
在数量上远高于其他地区。

3.中职中专、普通高中学校在生均公共财政预算教育事业经

费占生均教育事业经费比例上的配置差异分析

生均公共财政预算教育事业经费占生均教育事业经费比例可以反映出政府对中等职业学校及普通高中的公共财政经费投入的努力与贡献程度，比例越高，生均教育事业经费得到政府的公共财政的保障越强，比例越低，则学校需要通过学费、社会捐助、勤工俭学等来弥补公共财政经费投入的不足，学生、家长的教育经济负担也就越重。

由表8—10可知，中等职业学校的生均公共财政预算教育事业经费占生均教育事业经费比例（本小节内下文均简称为"该比例"）是65.15%；普通高中的该比例为64.32%，普通高中的该比例超过70%的省份有9个，超过60%的有24个，全部均超过50%；中等职业学校该比例超过70%的省份有9个，超过60%的有28个，除上海外各地均超过50%。

中等职业学校生均公共财政预算教育事业经费占生均教育事业经费比例高于全国平均水平的省份有19个，中等职业学校该比例最高的五个省份为西藏87.42%、贵州79.68%、黑龙江79.14%、山西76.40%、陕西74.27%，该比例最小的五个省份为青海62.52%、江苏60.38%、安徽58.28%、北京50.13%、上海42.77%。

普通高中生均公共财政预算教育事业经费占生均教育事业经费比例高于全国平均水平的省份有17个，普通高中该比例最高的五个省份为西藏90.82%、新疆78.33%、天津77.12%、陕西75.61%、黑龙江75.31%，该比例最小的五个省份为青海59.02%、湖北58.95%、湖南56.76%、浙江53.55%、安徽52.59%。

按地区来划分的话，中等职业学校生均公共财政预算教育事业经费占生均教育事业经费比例西部十二省最大为69.36%，中部八省为66.23%，高于全国平均水平的65.15%，东部八省为

64.88%,京津沪三市为50.64%,即在中等职业学校的该比例上,西部十二省>中部八省>全国平均>东部八省>京津沪三市。普通高中的该比例西部十二省最大为68.63%,高于全国平均水平的64.32%,京津沪三市为64.07%,东部八省为62.67%,中部八省为62.05%,即在普通高中的该比例上,西部十二省>全国平均>京津沪三市>东部八省>中部八省。可见,在中等职业学校生均公共财政预算教育事业经费占生均教育事业经费比例上,在地理位置上从西部地区向中部地区、东部地区、京津沪地区呈梯度递减的态势,而普通高中的则是西部高于东、中部,呈中部塌陷。

三、结论

第一,无论是中等职业学校还是普通高中,专任教师生师比均位居最高十省份的有广西、贵州、宁夏、安徽、江西、四川、湖南,均位居最低十省份的有浙江、上海、河北、黑龙江、天津。在每名专任教师服务的学生数量上,中等职业学校的专任教师生师比远比普通高中的14.44高出6.90,即每名中等职业学校专任教师要超过21人,这也从某种角度解释了中职学校教育质量比较低下的原因之一就是生师比过高,教师数量不足。专任教师生师比从西部地区向中部地区、东部地区、京津沪地区呈梯度递减的态势。

第二,无论是中等职业学校还是普通高中,专任教师学历达标率均位居最高十省份的有上海、北京、浙江、江苏、天津、辽宁、山东、西藏,均位居最低十省份的有陕西、四川、贵州、海南、新疆、青海、江西。在专任教师学历达标率上,普通高中要高于中等职业学校的,且差距要远小于中等职业学校的,存在从京津沪地区向东部地区、中部地区、西部地区呈梯度递减的态势。

第三,无论是中等职业学校还是普通高中,专任教师中拥有研究生及以上学历比例均位居最高十省份的有北京、上海、江苏、天津、辽宁、广东，均位居最低十省份的有甘肃、贵州、湖南、四川、海南、青海。在专任教师拥有高学历（研究生及以上学历）的比例上，普通高中略高于中等职业学校的，差距稍大于中等职业学校的，存在从京津沪地区向东部地区、中部地区、西部地区呈梯度递减的态势。

第四，无论是中等职业学校还是普通高中，每百名学生拥有研究生及以上学历专任教师数量均位居最高十省份的有北京、上海、天津、江苏、吉林、辽宁、浙江、内蒙古，均位居最低十省份的有海南、宁夏、四川、青海、湖南、贵州。在每百名学生拥有高学历（研究生及以上学历）专任教师的数量上普通高中要大于中等职业学校的，存在从京津沪地区向东部地区、中部地区、西部地区呈梯度递减的态势。

第五，无论是中等职业学校还是普通高中，专任教师中拥有中级及以上职称比例均位居最高十省份的有天津、上海、黑龙江、江苏、辽宁、湖北，均位居最低十省份的有新疆、海南、甘肃、重庆、山西、宁夏、贵州、西藏。在专任教师中拥有中级及以上职称教师的比例上，中等职业学校略高于普通高中的，存在从京津沪地区向东部地区、中部地区、西部地区呈梯度递减的态势。

第六，无论是中等职业学校还是普通高中，专任教师中拥有副高及以上职称比例均位居最高十省份的有辽宁、天津、江西、黑龙江、北京、江苏、内蒙古，均位居最低十省份的有陕西、河南、广东、广西、贵州、甘肃、山西、西藏。在专任教师中拥有高级职称（副高级及以上职称）教师的比例上，普通高中要高于中等职业学校的，存在从京津沪地区向东部地区、中部地区、西部地区呈梯度递减的态势。

第七,无论是中等职业学校还是普通高中,每百名学生拥有副高及以上职称专任教师数量均位居最高十省份的有北京、天津、江苏、辽宁、浙江、黑龙江、湖北、内蒙古,均位居最低十省份的有广东、广西、贵州、西藏。在每百名学生拥有高级职称(副高以上职称)教师的数量上普通高中要高于中等职业学校的,存在从京津沪地区向东部地区、中部地区、西部地区呈梯度递减的态势。

第八,无论是中等职业学校还是普通高中,生均固定资产总值均位居最高十省份的有北京、上海、西藏、江苏、浙江、天津、内蒙古,均位居最低十省份的有河北、贵州、黑龙江、江西、河南、广西。在生均固定资产总值上,普通高中要远高于中等职业学校的,中等职业学校生均固定资产总值从京津沪地区向东部地区、中部地区、西部地区呈梯度递减,而普通高中的则是西部高于中部,呈中部塌陷,京津沪地区明显高于其他地区的。可见,本应该是资本密集型的中等职业学校在实验仪器、设备、校舍等固定资产的占有量上远远低于普通教育的普通高中,这也从一个角度解释了中等职业学校的教育质量低下,某种程度上是缺乏从事专业职能技术教育的基本设备、设施。

第九,无论是中等职业学校还是普通高中,生均教育经费均位居最高十省份的有北京、上海、天津、西藏、浙江、江苏,均位居最低十省份的有江西、湖南、四川、云南、河北、广西、贵州、河南。在生均教育经费上普通高中要高于中等职业学校的,均存在从京津沪地区向东部地区、西部地区、中部地区呈梯度递减的态势。

第十,无论是中等职业学校还是普通高中,生均公共财政预算教育事业经费均位居最高十省份的有北京、西藏、上海、天津、浙江、江苏、内蒙古,均位居最低十省份的有河北、四川、云南、湖南、广西、贵州、安徽、河南。在生均公共财政预算教育事业经费上普通高中要高于中等职业学校的,均存在从京津沪地区向东部地区、西部地区、中部地区呈梯度递减的态势,呈中部塌陷。

第十一,无论是中等职业学校还是普通高中,生均公共财政预算教育事业经费占生均教育事业经费比例均位居最高十省份的有西藏、黑龙江、天津、陕西、内蒙古、吉林,均位居最低十省份的有湖北、青海、上海、北京、安徽。在生均公共财政预算教育事业经费占生均教育事业经费的比例上中等职业学校略高于普通高中的,中等职业学校存在从西部地区向中部地区、东部地区、京津沪地区呈梯度递减的态势,而普通高中的则是西部高于京津沪、中、东部,呈东部塌陷。

第四节 政策建议

第一,进一步提高职业教育的教育教学质量,提高职业教育对中学生的吸引力。从调查反映的结果来看,中学生选择上职业院校最主要的原因是职业教育能教给学生技能以利于将来的就业,为此,可以进一步提高职业教育的办学质量,不仅吸引农村学生上职业院校,以高质量来增强其对城市学生的吸引力,才能最终实现职业教育与普通教育双轨分流,两条腿走路的职业教育与普通教育结构调整政策和谐和可持续发展。

第二,加大对中等职业学校学生的资助力度,改变职业教育的"贫民教育"地位。目前上职业院校的学生70%来自乡镇和农村,来自社会地位低下的农民、工人(农民工)、个体工商户子女超过80%。为此,要通过提高办学质量,宣传中等职业教育的优越性,增强其对社会经济地位较好家庭孩子的吸引力,可以通过设置比较高额度的奖学金及助学金来增加中等职业教育对中学生的吸引力,改善中等职业学校学生的生源结构,实现中等职业学校中各阶层学生的融合。

第三,改善中职学校的办学条件,增加对其教育教学设备、实验实训场地、器材、生均经费的投入力度,从根本上改变中职学校的固定资产远低于普通高中的状况,真正实现中职教育的资本密集型教育本质,从办学设备上保障学校有能力开展职业技能教育,如此才能提高中等职业教育的教育教学质量,质量提高了才能进一步增进其吸引力。

第四,增加中等职业学校教师编制,降低中等职业学校的生师比,有更多的教师从事教育教学工作。此外,还需要提高中等职业学校教师的素质,可以从新引进的教师上提高门槛,多引进高学历、高职称的教师;也可以加大对现有教师的培养力度,加快提高现有教师的学历及职称。从有充足数量的中等职业教育教师及高质量的师资队伍,来根本上提高中等职业教育的质量。

第五,大幅度增加对中西部中等职业教育的转移支付力度,提高公共财政预算经费的保障力度,改变目前这种投入上的与经济发展水平相对应的梯级差距格局,改变中西部中等职业教育落后的根本面貌,在教师引进与培养培训上对中西部中等职业学校给予特别照顾,中西部地区政府在对中等职业教育的公共财政预算经费比例上需要进一步加大政府的投入力度,毕竟这些地方实现中等职业教育多元化投入的市场环境不是很理想,需要更多地靠增加政府投入来保障和带动中等职业教育的发展。此外,只有大幅增加对中等职业教育的投入才能满足职业教育培养职业技术人才的需要,职业教育是资本密集型的教育,需要更多的经费购买用于实践教学的设备、器材及推进高质量的专业实习等,只有等中等职业教育的生均经费比普通高中的高出一大截后,才可能从根本上改变中等职业教育质量低下和低吸引力的状况。

第九章　高等教育机会分配
公平性问题分析

第一节　高等教育入学机会分配
在地区间的差异

目前我国高等教育入学机会确实存在地区差异,表现在:第一,高校在不同省、直辖市的分布不均衡,高等教育毛入学率在各省、直辖市的分布存在差距,不同地区的高考录取分数线存在差距,优质高等教育资源在不同地区的招生名额分配存在差距。第二,城市学生在入学机会上比农村学生占有优势,城市学生比农村学生拥有更多的被重点高校录取的机会。① 除地区差异外,也有学者认为我国高等教育机会公平问题主要表现在:阶层差异、贫富差异、性别差异、地区差异、城乡差异、学校差异导致的教育公平问题等。②

一、高等教育学校(机构)数在全国各地间的分布状况

(一)高等学校数在各地区间的分布状况

由表9—1可知, 全国在2014年有高校(含民办高校)2529所,

---

① 宋韬:《中国高等教育入学机会差异问题研究》,光明日报出版社2015年版,第42—43页。
② 董云川、张建新:《高等教育机会与社会阶层》,科学出版社2008年版,第148—149页。

表9—1 2014年高等教育机构数、学生数、高考录取率、录取分数线等

地区	普通高校数					在校研究生数		在校本专科生数				常住人口数（万人）	在校大学生数	在校大学生数女生/男生	每十万人口中大学生数	高考第一批录取分数线		高考一本录取率	2015年"211"高校各地录取率	2014年各地高考录取率
	合计	中央属	"985""211"高校数	本科院校	高职高专	合计	女/男	合计	女/男	本科	专科					文科	理科			
全国	2529	113	112	1202	1327	1847689	0.967	32008211	1.125	18208570	13799641	136782	33855900	1.115	2475				4.7%	74.41%
北京	89	35	23	64	25	299562	0.861	848527	1.095	647846	200681	2151.6	1148089	1.028	5336	565	543	24.81%	12.5%	80.98%
天津	55	3	3	29	26	51422	1.166	579074	1.051	365934	213140	1516.81	630496	1.060	4157	523	516	24.25%	12.0%	89.96%
河北	118	4		58	60	38450	1.374	1500090	1.219	851152	648938	7383.75	1538540	1.223	2084	563	573	10.23%	4.3%	84.43%
山西	79		1	31	48	27962	1.308	886315	1.163	494084	392231	3648	914277	1.168	2506	526	534	6.17%	4.3%	75.53%
内蒙古	50		1	15	35	17278	1.460	521132	1.166	292377	228755	2504.8	538410	1.174	2150	525	501	16.38%	5.5%	89.33%
辽宁	116	5	4	65	51	92575	1.136	1194802	1.044	787159	407643	4391.4	1287377	1.050	2932	552	526	6.30%	6.0%	85.18%
吉林	58	2	3	37	21	57678	1.222	813936	1.128	554253	259683	2752.38	871614	1.134	3167	560	555	10.33%	8.8%	85.38%
黑龙江	80	3	4	38	42	61174	0.975	918691	1.066	608585	310106	3833	979865	1.060	2556	541	529	9.17%	6.5%	92.13%
上海	68	10	10	37	31	133554	0.892	675022	1.158	485787	189235	2425.68	808576	1.109	3333	444	423	21.92%	13.9%	82.69%
江苏	159	10	11	76	83	150690	0.868	2118600	0.998	1236156	882444	7960.06	2269290	0.989	2851	333	345	9.38%	5.7%	87.37%
浙江	104	2	1	57	47	60511	0.902	1263558	1.266	687887	575671	5508	1324069	1.246	2404	621	597	13.61%	4.7%	85.87%
安徽	118	2	3	44	74	46590	0.772	1306873	1.075	706399	600474	6082.9	1353463	1.063	2225	541	489	11.38%	3.5%	84.38%
福建	88	2	2	33	55	39312	1.039	909248	1.128	538326	370922	3806	948560	1.125	2492	561	506	14.10%	6.0%	90.31%

续表

地区	普通高校数 合计	中央属	"985""211"高校数	本科院校	高职高专	在校研究生数 合计	在校研究生数 女/男	在校本专科生数 合计	在校本专科生数 女/男	在校本专科生数 本科	在校本专科生数 专科	常住人口数(万人)	在校大学生数	在校大学生数 女生/男生	每十万人口中大学生数	高考第一批录取分数线 文科	高考第一批录取分数线 理科	高考一本录取率	2015年"211"高校在各地录取率	2014年各地高等录取率
江西	95		1	42	53	27660	1.006	1114981	0.991	581983	532998	4542.2	1142641	0.991	2516	524	526	8.92%	4.2%	74.04%
山东	141	2	3	65	76	74313	1.220	2281939	1.175	1225268	1056671	9789.43	2356252	1.176	2407	579	572	12.05%	3.3%	89.53%
河南	129	1	1	52	77	34760	1.371	2038633	1.140	1111061	927572	9436	2073393	1.144	2197	536	547	6.93%	3.8%	77.50%
湖北	123	8	7	67	56	115113	0.862	1694836	0.950	973397	721439	5816	1809949	0.944	3112	535	533	10.66%	5.2%	83.19%
湖南	124	3	4	51	73	66293	0.932	1378967	1.095	766775	612192	6737.2	1445260	1.087	2145	562	522	10.37%	3.9%	85.95%
广东	141	4	4	62	79	86568	0.931	2421115	1.240	1171145	1249970	10724	2507683	1.227	2338	579	560	8.07%	3.1%	80.33%
广西	70		1	33	37	25888	1.050	942408	1.253	451381	491027	4754	968296	1.247	2037	550	520	7.19%	5.5%	88.44%
海南	17			6	11	4168	1.359	203246	1.255	115978	87268	903.48	207414	1.257	2296	666	606	9.49%	6.4%	92.96%
重庆	63	2		25	38	48979	1.025	847072	1.140	465720	381352	2991.40	896051	1.133	2995	555	514	8.74%	4.9%	84.94%
四川	107	6	5	50	57	87867	0.806	1731334	1.152	849134	882200	8140.2	1819201	1.182	2235	551	540	5.46%	3.9%	75.74%
贵州	55		1	26	29	14667	1.152	577120	1.227	326578	250542	3508.04	591787	1.225	1687	569	484	7.45%	4.3%	75.32%
云南	67		1	30	37	30980	1.148	780369	1.329	466634	313735	4713.9	811349	1.322	1721	565	525	11.79%	3.9%	75.09%
西藏	6		1	3	3	1428	1.292	50878	1.091	32870	18008	317.55	52306	1.096	1647	500	460	6.45%	6.7%	85.09%
陕西	92	6	8	55	37	98756	0.850	1275974	1.050	779241	496733	3775.12	1374730	1.034	3642	548	503	13.33%	5.1%	77.78%

续表

地区	普通高校数					在校研究生数		在校本专科生数				常住人口数（万人）	在校大学生数	在校大学生数女生数/男生数	每十万人口中大中学生数	高考第一批录取分数线		高考一本录取率	2015年"211"高校在各地录取率	2014年各地高考录取率
	合计	中央属	"985""211"高校数	本科院校	高职高专	合计	女/男	合计	女/男	本科	专科					文科	理科			
甘肃	43	2		21	22	29080	0.950	543842	0.912	329281	214561	2590.78	572922	0.914	2211	543	516	6.30%	3.4%	76.50%
青海	12	1	1	4	8	3035	1.191	67457	1.197	4248	25209	583.42	70492	1.197	1208	473	406	17.97%	8.9%	89.05%
宁夏	18	1	1	8	10	4130	1.524	143380	1.145	80571	62809	661.54	147510	1.154	2230	517	473	18.74%	7.8%	81.04%
新疆	44	2	2	18	26	17246	1.411	378792	1.336	183360	195432	2298.47	396038	1.339	1723	516	475	12.80%	8.2%	79.09%

注：普通高校（含民办高校）数据参见《中国教育统计年鉴·2014》第192页，"985""211"高校数，参见"985""211"高校在线"，http://www.eol.cn/html/g/gxmd/211.shtml，高等学校研究生数据参见《中国教育统计年鉴·2014》第195页，本、专科生数参见第201页。2014年全国及各地常住人口数参见"中国统计信息网"之"2014年统计公报"。2014年全国各地高考一批录取分数线参见"人民网高考"，http://edu.people.com.cn/GB/116076/385108/385980/index.html，天津、江苏、云南分数线以"五分段"计分值，其余省市为一分段（含标准分计分值），2014年各地高考一本录取率参见"搜狐教育"，http://learning.sohu.com/20150323/n410166451.shtml。2015年"211"高校在各地录取率及录取人数根据2014年高考报名人数参见"中国教育在线"，http://learning.sohu.com/20151023/n424026258.shtml。2014年原始数据2014年高考报名人数及录取人数参见"中国教育在线"，http://www.eol.cn/html/g/lsgkrs/，2014年各地高考录取率参见"中国教育在线"，http://gaokao.eol.cn/，其中黑龙江的高考录取率为2015年数据。

其中本科院校 1202 所,高职高专院校 1327 所。拥有高校数最多且在 100 所以上的省份有江苏 159 所、山东 141 所、广东 141 所、河南 129 所、湖南 124 所、湖北 123 所、河北 118 所、安徽 118 所、辽宁 116 所、四川 107 所、浙江 104 所;拥有高校数最少且在 60 所以下的省份有吉林 58 所、天津 55 所、贵州 55 所、内蒙古 50 所、新疆 44 所、甘肃 43 所、宁夏 18 所、海南 17 所、青海 12 所、西藏 6 所。

2014 年拥有本科院校最多且超过 50 所的省份有江苏 76 所、湖北 67 所、辽宁 65 所、山东 65 所、北京 64 所、广东 62 所、河北 58 所、浙江 57 所、陕西 55 所、河南 52 所、湖南 51 所、四川 50 所;拥有本科院校数最少且在 30 所以下的省份有天津 29 所、贵州 26 所、重庆 25 所、甘肃 21 所、新疆 18 所、内蒙古 15 所、宁夏 8 所、海南 6 所、青海 4 所、西藏 3 所。

2014 年拥有高职高专院校最多且超过 50 所的省份有江苏 83 所、广东 79 所、河南 77 所、山东 76 所、安徽 74 所、湖南 73 所、河北 60 所、四川 57 所、湖北 56 所、福建 55 所、江西 53 所、辽宁 51 所;拥有高职高专院校数最少且在 30 所以下的省份有贵州 29 所、天津 26 所、新疆 26 所、北京 25 所、甘肃 22 所、吉林 21 所、海南 11 所、宁夏 10 所、青海 8 所、西藏 3 所。

可见,在拥有高校数尤其是本科院校数方面,江苏、浙江、山东、广东、河南、湖北、湖南、北京、安徽、陕西、四川始终都排在全国前列,是高等教育大省。而吉林、贵州、内蒙古、新疆、甘肃、海南、青海、宁夏、西藏则基本上属于高等教育小省。

(二)中央部属高校及"985""211"高校在各地区间的分布状况

2014 年,全国有中央部属高校 113 所,"985"及"211"高校 112 所。拥有中央部属高校数最多的省份为北京 35 所、上海 10 所、江苏 10 所、湖北 8 所、四川 6 所、陕西 6 所、辽宁 5 所、湖北 4 所、广东 4 所;天津、黑龙江、湖南各 3 所;吉林、浙江、安徽、福建、山东、重庆、甘肃各 2 所;河南、宁夏各 1 所;山西、内蒙古、江西、广西、海南、贵州、云南、西藏、青海、新疆没有中央部属高校。拥有"985"及"211"高校数最多且在 4 所以上的省份有北京 23 所、江苏 11 所、上海 10 所、陕西 8 所、湖北 7 所、四川 5 所,辽宁、黑龙江、湖南、广东各 4 所,天津、吉林、安徽、山东各 3 所,福建、重庆、新疆各两所,河北、山西、内蒙古、浙江、江西、河南、广西、海南、贵州、云南、西藏、甘肃、青海、宁夏各 1 所,且其中西部好几个省份的"211"大学是教育部出于照顾各地间的公平而进入"211"高校系列的。

可见,无论是拥有中央部属高校数还是"985"及"211"高校数方面,北京、江苏、上海、陕西、湖北、广东、天津、黑龙江、湖南都是高等教育强省,而新疆、内蒙古、山西、江西、广西、海南、贵州、云南、西藏、甘肃、青海、宁夏都是高等教育弱省。

二、大学生数在全国各地间的分布状况

(一)在校大学生数在各地区间的分布状况

由表 9—1 可知,全国在 2014 年有在校大学生 33855900 人,其中研究生 1847689 人,本科生 18208570 人,专科生 13799641 人。

1.在校研究生数在各地区间的分布状况

由表 9—1 可知,拥有在校研究生最多且超过 5 万人的省份有北京 299562 人、江苏 150690 人、上海 133554 人、湖北 115113 人、陕西 98756 人、辽宁 92575 人、四川 87867 人、广东 86568 人、山东 74313 人、湖南 66293 人、黑龙江 61174 人、浙江 60511 人、吉林 57678 人、天津 51422 人;拥有在校研究生最少且低于 3 万人的省份有甘肃 29080 人、山西 27962 人、江西 27660 人、广西 25888 人、

内蒙古 17278 人、新疆 17246 人、贵州 14667 人、海南 4168 人、宁夏 4130 人、青海 3035 人、西藏 1428 人。

2.在校本、专科生数在各地区间的分布状况

由表 9—1 可知,拥有在校本科生最多且超过 70 万人的省份有江苏 1236156 人、山东 1225268 人、广东 1171145 人、河南 1111061 人、湖北 973397 人、河北 851152 人、四川 849134 人、辽宁 787159 人、陕西 779241 人、湖南 766775 人、安徽 706399 人;拥有在校本科生最少且低于 40 万人的省份有天津 365934 人、甘肃 329281 人、贵州 326578 人、内蒙古 292377 人、海南 115978 人、青海 42248 人、西藏 32870 人。

由表 9—1 可知,拥有在校专科生最多且超过 60 万人的省份有广东 1249970 人、山东 1056671 人、河南 927572 人、江苏 882444 人、四川 882200 人、湖北 721439 人、河北 648938 人、湖南 612192 人、安徽 600474 人;拥有在校专科生最少且低于 30 万人的省份有吉林 259683 人、贵州 250542 人、内蒙古 228755 人、甘肃 214561 人、天津 213140 人、北京 200681 人、新疆 195432 人、上海 189235 人、海南 87268 人、宁夏 62809 人、青海 25209 人、西藏 18008 人。

3.在校大学生数在各地区间的分布状况

由表 9—1 可知,拥有在校大学生最多且超过 100 万人的省份有广东 2507683 人、山东 2356252 人、江苏 2269290 人、河南 2073393 人、四川 1819201 人、湖北 1809949 人、河北 1538540 人、湖南 1445260 人、陕西 1374730 人、安徽 1353463 人、浙江 1324069 人、辽宁 1287377 人、北京 1148089 人、江西 1142641 人;拥有在校大学生最少且低于 70 万人的省份有天津 630496 人、贵州 591787 人、甘肃 572922 人、内蒙古 538410 人、新疆 396038 人、海南 207414 人、宁夏 147510 人、青海 70493 人、西藏 52306 人。

综上可见,广东、山东、江苏、河南、四川、湖北、河北、湖南、陕西、安徽、浙江、辽宁、北京、江西是全国高等教育资源大省,其在校大学生均超过 100 万人;而贵州、甘肃、内蒙古、新疆、海南、宁夏、青海、西藏是全国高等教育资源的小省,其在校大学生最多的不超过 60 万,最小的却仅有 5 万多人。在拥有在校研究生的数量上,北京、江苏、上海、湖北、陕西、辽宁、四川、广东、山东、湖南、黑龙江、浙江等省是研究生大省,其在校研究生最少的都在 6 万人以上,最多的有近 30 万人;而甘肃、山西、江西、广西、内蒙古、新疆、贵州、海南、宁夏、青海、西藏是研究生资源小省,其最多的有不到 3 万人,最少的仅有 1428 人。

4.各地每十万人口中在校大学生数分布状况

由表 9—1 可知,2014 年全国每十万人口中拥有在校大学生数 2475 人。每十万人口中拥有在校大学生数超过 2500 人的省份有北京 5336 人、天津 4157 人、陕西 3642 人、上海 3333 人、吉林 3167 人、湖北 3112 人、重庆 2995 人、辽宁 2932 人、江苏 2851 人、黑龙江 2556 人、江西 2516 人、山西 2506 人;每十万人口中拥有在校大学生数低于 2500 人且大于 2000 人的省份有福建 2492 人、山东 2407 人、浙江 2404 人、广东 2338 人、海南 2296 人、四川 2235 人、宁夏 2230 人、安徽 2225 人、甘肃 2211 人、河南 2197 人、内蒙古 2150 人、湖南 2145 人、河北 2084 人、广西 2037 人;每十万人口中拥有在校大学生数低于 2000 人的省份有新疆 1723 人、云南 1721 人、贵州 1687 人、西藏 1647 人、青海 1208 人。

可见,在每十万人口中拥有在校大学生数量上,北京、天津、山西、上海、吉林、湖北、重庆、辽宁、江苏、黑龙江、江西、山西位居全国前列,均超过 2500 人,最多的有超过 5 千人;而河南、内蒙古、湖南、河北、广西、新疆、云南、贵州、西藏、青海则在每十万人口中拥有在校大学生数量上位居全国后列,其最多的不超过 2200 人,最少的仅有 1208 人。

(二)在校大学生数在各地区性别间的分布状况

由表 9—1 可知,全国 2014 年在校大学生中性别比(女生/男生的比例)为 1.115,其中研究生性别比为 0.967,本专科生性别比为 1.125。

1.在校研究生在各地的性别比例分布状况

由表 9—1 可知,2014 年在校研究生性别比超过 1(即女研究生比男研究生多)的省份有宁夏 1.524、内蒙古 1.460、新疆 1.411、河北 1.374、河南 1.371、海南 1.359、山西 1.308、西藏 1.292、吉林 1.222、山东 1.220、青海 1.191、天津 1.166、贵州 1.152、云南 1.148、辽宁 1.136、广西 1.050、福建 1.039、重庆 1.025、江西 1.006;在校研究生性别比低于 1(即女研究生比男研究生少)的省份有黑龙江 0.975、甘肃 0.950、湖南 0.932、广东 0.931、浙江 0.902、上海 0.892、江苏 0.868、湖北 0.862、北京 0.861、陕西 0.850、四川 0.806、安徽 0.772。

可见,在女性接受研究生教育中,宁夏、内蒙古、新疆、河北、河南、海南、山西等地的女生享有更多的机会,其人数是男生的 1.3 倍以上;广西、福建、重庆、江西的女研究生也比男研究生多,但是差距较小,女研究生数是男研究生数的倍数在 1.05 以下;而黑龙江、甘肃、湖南、广东、浙江的女研究生数却只有男研究生数的 90.2%到 97.5%之间,上海、江苏、湖北、北京、陕西、四川的女研究生数却只有男研究生数的 80.6%到 89.2%之间,而女研究生最少的安徽其数量却只有男研究生数的 77.2%。

2.在校本专科生在各地的性别比例分布状况

由表 9—1 可知,2014 年在校本专科生性别比超过 1.2 的省份有新疆 1.336、云南 1.329、浙江 1.266、海南 1.255、广西 1.253、广东 1.240、贵州 1.227、河北 1.219,在校本专科生性别比在 1.1—1.2 之间的省份有青海 1.197、四川 1.182、山东 1.175、内蒙古 1.166、山西 1.163、上海 1.158、宁夏 1.145、河南 1.140、重庆 1.140、吉林 1.128、福建 1.128,在 1.0—1.1 之间的省份有北京 1.095、湖南 1.095、西藏 1.091、安徽 1.075、黑龙江 1.066、天津 1.051、陕西 1.050、辽宁 1.044;在校本专科生性别比低于 1 的省份有江苏 0.998、江西 0.991、湖北 0.950、甘肃 0.912。

可见,在女性接受本专科教育中,新疆、云南、浙江、海南、广西、广东、贵州、河北等地的女生享有更多的机会,其人数是男生的 1.2 倍以上;北京、湖南、西藏、安徽、黑龙江、天津、陕西、辽宁的女本专科生也比男本专科生多,但是差距较小,女本专科生数是男本专科生数的倍数在 1.10 以下;而江苏、江西、湖北、甘肃的女本专科生数却只有男本专科生数的91.2%到99.8%之间。

3.在校大学生在各地的性别比例分布状况

由表9—1可知,2014 年在校大学生性别比超过 1.2 的省份有新疆 1.339、云南 1.332、海南 1.257、广西 1.247、浙江 1.246、广东 1.227、贵州 1.225、河北 1.223;在校大学生性别比在 1.1—1.2 之间的有青海 1.197、山东 1.176、内蒙古 1.174、山西 1.168、四川 1.160、宁夏 1.154、河南 1.144、吉林 1.134、重庆 1.133、福建 1.125、上海 1.109,在 1.0—1.1 之间的有西藏 1.096、湖南 1.087、安徽 1.063、天津 1.060、黑龙江 1.060、辽宁 1.050、陕西 1.034、北京 1.028;在校大学生性别比低于 1 的省份有江西 0.991、江苏 0.989、湖北 0.944、甘肃 0.914。

可见,在女性接受大学教育中,新疆、云南、海南、广西、浙江、广东、贵州、河北等地的女生享有更多的机会,其人数是男生的

1.2 倍以上;西藏、湖南、安徽、天津、黑龙江、辽宁、陕西、北京的女大学生也比男大学生多,但是差距较小,女大学生数是男大学生数的倍数在 1.10 以下;而江西、江苏、湖北、甘肃的女大学生数却只有男大学生数的 91.4%到 99.1%之间。

三、高考录取在全国各地间的分布状况

（一）高考第一批录取分数线在各地区间的分布状况

1.高考文科第一批录取分数线在各地区间的分布状况

由表9—1可知,2014 年高考文科第一批录取分数线550 分及以上的省份有海南 666 分(标准分)、浙江 621 分(标准分)、山东 579 分、广东 579 分、贵州 569 分、云南 565 分、北京 565 分、河北 563 分、湖南 562 分、福建 561 分、吉林 560 分、重庆 555 分、辽宁 555 分、四川 551 分、广西 550 分,在 520—549 分之间的有陕西 548 分、甘肃 543 分、黑龙江 541 分、安徽 541 分、河南 536 分、湖北 535 分、山西 526 分、内蒙古 525 分、江西 524 分、天津 523 分;2014 年高考文科第一批录取分数线 520 分以下的省份有宁夏 517 分、新疆 516 分、西藏 500 分、青海 473 分、上海 444 分、江苏 333 分(五分段积分值)。

可见海南、浙江、山东、广东、贵州、云南、北京、河北、湖南、福建、吉林、重庆、辽宁、四川、广西等省区在高考文科第一批录取分数线上都比较高,在 550 分以上;而宁夏、新疆、西藏、青海、上海的高考文科第一批录取分数线都比较低,最低的上海只需 444 分。

2.高考理科第一批录取分数线在各地区间的分布状况

由表9—1可知,2014 年高考理科第一批录取分数线550 分及以上的省份有海南 606 分(标准分)、浙江 597 分(标准分)、河北 573 分、山东 572 分、广东 560 分、吉林 555 分,在 520—549 分之间

的有河南 547 分、北京 543 分、四川 540 分、山西 534 分、湖北 533 分、黑龙江 529 分、辽宁 526 分、江西 526 分、云南 525 分、湖南 522 分、广西 520 分;2014 年高考理科第一批录取分数线 500—520 分之间的省份有天津 516 分、甘肃 516 分、重庆 514 分、福建 506 分、陕西 503 分、内蒙古 501 分,在 500 分以下的有安徽 489 分、贵州 484 分、新疆 475 分、宁夏 473 分、西藏 460 分、上海 423 分、江苏 345 分(五分段积分值)。

可见海南、浙江、河北、山东、广东、吉林、河南、北京、四川、山西、湖北等省在高考理科第一批录取分数线上都比较高,在 530 分以上;而安徽、贵州、新疆、宁夏、西藏、上海的高考理科第一批录取分数线都比较低,都在 500 分以下,最低的上海只需 423 分。

(二)高考录取率在各地区间的分布状况

由表 9—1 可知,2014 年全国高考录取率为 74.41%,高于全国平均水平的省份有 29 个。具体的 2014 年高考录取率高于 90% 的省份有海南 92.96%、黑龙江 92.13%(2015 年数据)、福建 90.31%,在 85%—90% 之间的有天津 89.96%、山东 89.53%、内蒙古 89.33%、青海 89.05%、广西 88.44%、江苏 87.37%、湖南 85.95%、浙江 85.87%、吉林 85.38%、辽宁 85.18%、云南 85.09%,在 80%—85% 之间的有重庆 84.94%、河北 84.43%、安徽 84.38%、湖北 83.19%、上海 82.69%、宁夏 81.04%、北京 80.98%、广东 80.33%;2014 年各地高考录取率低于 80% 的省份有新疆 79.09%、陕西 77.78%、河南 77.50%、甘肃 76.50%、四川 75.74%、山西 75.53%、贵州 75.32%、江西 74.04%、西藏 69.62%.

可见,海南、黑龙江、福建三省的 2014 年高考录取率均超过 90%,已高度普及,这三个省份的学生已达到基本上想接受高等教育就可以去就读的状态;天津、山东、内蒙古、青海、广西、江苏、湖南、浙江、吉林、辽宁、云南等省的高考录取率在全国也是位居前列,均在85%以上;2014年高考录取率最低的西藏只有不到70%,比录取率最高的海南要低23.34个百分点;新疆、陕西、河南、甘肃、四川、山西、贵州、江西的考生被大学录取的机会不是很高,在80%以下。

如果按地区来划分,杨江华的研究发现,2006年录取率最高的省份与最低的省份差距超过50%,但到了2012年差距不到35%,近年来我国发达地区的高考录取率保持在90%以上,中西部地区的一些省份也大都超过了70%,这表明东西部地区高等教育录取率仍有差距,但是地区差异对高考录取率的影响逐渐减弱。[①]而一般来说,某地区的高考录取率与该地区的城市人口比例和经济发展水平有很大的关系,城市人口比例越大,经济发展水平越高,该省的高考录取率也就越高。[②]

(三)高考一本录取率在各地区间的分布状况

由表9—1可知,2014年一本录取率高于20%的省份有北京24.81%、天津24.25%、上海21.92%,在15%—20%之间的有宁夏18.74%、青海17.97%、内蒙古16.38%,在10%—15%之间的有福建14.10%、浙江13.61%、陕西13.33%、新疆12.80%、山东12.05%、云南11.79%、安徽11.38%、湖北10.66%、湖南10.37%、吉林10.33%、河北10.23%;2014年一本录取率低于10%且高于7%的省份有海南9.49%、江苏9.38%、黑龙江9.17%、江西8.92%、重庆8.74%、广东8.07%、贵州7.45%、广西7.19%,低于

---

① 杨江华:《我国高等教育入学机会的区域差异及其变迁》,《高等教育研究》2014年第12期。

② 李文胜:《中国高等教育入学机会的公平性研究》,北京大学出版社2008年版,第137页。

7%的省份有河南 6.93%、西藏 6.45%、辽宁 6.30%、甘肃 6.30%、山西 6.17%、四川 5.46%。

可见,北京、天津、上海是 2014 年一本录取率全国最高的地方,均超过 20%,宁夏、青海、内蒙古的一本录取率紧随其后高于 15%;而 2014 年一本录取率最低的河南、西藏、辽宁、甘肃、山西、四川均不超过 7%,最低的四川只有 5.46%。

(四)"211"高校录取率在各地区间的分布状况

由表 9—1 可知,2015 年"211"高校在全国的录取率为 4.30%,在各地录取率高于全国平均水平的省份有 19 个,与全国平等水平相等的有 3 个。具体在各地录取率高于 10%的省份有上海 13.90%、北京 12.50%、天津 12.00%,在 5%—10%之间的有青海 8.90%、吉林 8.80%、新疆 8.20%、宁夏 7.80%、西藏 6.70%、黑龙江 6.50%、海南 6.40%、辽宁 6.00%、江苏 5.70%、内蒙古 5.50%、广西 5.50%、湖北 5.20%、陕西 5.10%;2015 年"211"高校录取率低于 5%的省份有重庆 4.90%、浙江 4.70%、河北 4.30%、山西 4.30%、贵州 4.30%、江西 4.20%、湖南 3.90%、四川 3.90%、云南 3.90%、河南 3.80%、安徽 3.50%、甘肃 3.50%、山东 3.30%、广东 3.10%。

可见,在优质高等教育入学机会的分配上,直辖市上海、北京、天津位居全国前列,且远高于其他省份;西部的青海、新疆、宁夏、西藏、内蒙古、广西,以及海南受到国家特殊民族及地区政策的照顾也与其他高等教育资源大省吉林、黑龙江、辽宁、江苏、湖北、陕西一道位居全国中间水平,在 5%—10%之间;而湖南、四川、云南、河南、安徽、甘肃、山东、广东则最不受"211"高校的青睐,其在这些省份的录取率均低于 4%,尤其是在高考大省河南、山东、广东的投放指标都很低,广东为高考第一大省,却只获得 3.10%的"211"高校录取率,山东也仅获得 3.30%的录取率,即"211"高校等优质高等教育的入学机会在地区分布上具有严重的歧视性,根本不顾及各地的考生比例状况来投放录取指标。

以地区来划分的话,东部地区重点大学与一流大学录取率的平均水平最高,西部地区其次,中部地区最低,存在明显的"中部坍塌"现象,即占全国人口近 30% 的中部六省长期以来获得优质高等教育的机会既远落后于东部地区,也落后于全国平均水平。此外,在对 9 所"985"高校的分省录取率作了对比分析后,研究者发现录取率排名最靠前的依然是三大直辖市(京津沪),排名靠后的依然相对集中在河南、河北、山西和四川等省份,其中排在第一名的北京市与最后一名的四川省在 2012 年的差距将近 10 倍,表明最优质的"985"高校入学机会的区域差异在重点大学中更加固化。①

四、高职高专及本科院校在不同背景学生间的分布状况

通过本课题《教育机会分配公平性问题研究》调研中获得的学生背景信息,可以分析出接受本科院校与高职院校的学生在家庭背景信息方面的差异,如表 9—2 所示。

表 9—2　上高职高专院校与本科院校的学生家庭背景比较情况表

人口学变量	项目	本科生		高职高专生	
		频数	百分比	频数	百分比
家庭子女排序	独生子女	544	33.9%	477	27.6%
	老大	531	33.1%	581	33.6%
	老二	531	33.1%	669	38.7%

① 杨江华:《我国高等教育入学机会的区域差异及其变迁》,《高等教育研究》2014 年第 12 期。

续表

人口学变量	项目	本科生		高职高专生	
		频数	百分比	频数	百分比
家庭住所	城市	302	18.4%	220	12.0%
	县城	352	21.5%	297	16.1%
	乡镇	224	13.7%	320	17.4%
	农村	763	46.5%	1004	54.5%
父亲职业	农民	495	30.2%	663	36.2%
	工人(含农民工)	382	23.3%	489	26.7%
	个体工商户	308	18.8%	369	20.1%
	小企业主(10人以下)	60	3.7%	65	3.5%
	私营业主(10人以上)	48	2.9%	48	2.6%
	教师	79	4.8%	38	2.1%
	体制内普通职员	188	11.5%	130	7.1%
	体制内副科级	43	2.6%	11	0.6%
	体制内正科级	16	1.0%	12	0.7%
	体制内副处级及以上	21	1.3%	9	0.5%
母亲受教育水平	文盲	77	4.7%	78	4.3%
	小学	427	26.0%	539	29.4%
	初中	577	35.1%	745	40.7%
	高中(中职中专)	326	19.9%	333	18.2%
	大专(高职高专)	137	8.3%	95	5.2%
	本科	89	5.4%	35	1.9%
	研究生	9	0.5%	8	0.4%

人口学变量	项目	本科生		高职高专生	
		频数	百分比	频数	百分比
家庭年收入水平	1 万元以下	354	21.8%	522	28.8%
	1—3 万元之间	476	29.3%	589	32.5%
	3—5 万元之间	318	19.6%	343	18.9%
	5—8 万元之间	235	14.5%	181	10.0%
	8 万元及以上	239	14.7%	177	9.8%

注:表中比例均为去除缺失值后的有效百分比。

（一）家庭子女排序上的差异

由表9—2可知,高职高专生中独生子女的比例为27.6%,比本科生的33.9%要低6.3个百分点,高职高专生中老大的比例为33.6%,比本科生的33.1%要高0.5个百分点,高职高专生中老二的比例为38.7%,比本科生的33.1%要高5.6个百分点,即上高职高专的学生多为多子女家庭的孩子,占72.3%,独生子女家庭上专科的比例要低于上本科的。

（二）家庭住所上的差异

高职高专生中来自城市的比例为12.0%,比本科生的18.4%要低6.4个百分点,高职高专生中来自县城的比例为16.1%,比本科生的21.5%要低5.4个百分点,高职高专生中来自乡镇的比例为17.4%,比本科生的13.7%要高3.7个百分点,高职高专生中来自农村的比例为54.5%,比本科生的46.5%要高8个百分点,即上高职高专的学生绝大多数来自乡镇和农村,占71.9%,来自城市及县城的学生多上本科,比上高职高专的要高11.8个百分点。

(三)父亲职业上的差异

高职高专生中父亲职业是农民的比例为 36.2%,比本科生的 30.2%要高 6 个百分点,高职高专生中父亲职业是工人(含农民工)的比例为 26.7%,比本科生的 23.3%要高 3.4 个百分点,高职高专生中父亲职业是个体工商户的比例为 20.1%,比本科生的 18.8%要高 1.3 个百分点,高职高专生中父亲职业是小企业主的比例为 3.5%,比本科生的 3.7%要低 0.2 个百分点,高职高专生中父亲职业是私营业主的比例为 2.6%,比本科生的 2.9%要低 0.3 个百分点,高职高专生中父亲职业是教师的比例为 2.1%,比本科生的 4.8%要低 2.7 个百分点,高职高专生中父亲职业是体制内普通职员的比例为 7.1%,比本科生的 11.5%要低 4.4 个百分点,高职高专生中父亲职业是体制内副科级的比例为 0.6%,比本科生的 2.6%要低 2 个百分点,高职高专生中父亲职业是体制内正科级的比例为 0.7%,比本科生的 1.0%要低 0.3 个百分点,高职高专生中父亲职业是体制内副处级及以上的比例为 0.5%,比本科生的 1.3%要低 0.8 个百分点。可见,高职高专生的父亲职业多为农民、工人(含农民工)、个体工商户,其比例为 83%,比本科生的 72.3%要高出 10.7 个百分点,而高职高专生的父亲职业为小企业主、私营业主、教师、体制内普通职员、体制内副科级、体制内正科级、体制内副处级及以上的比例仅为 17.1%,比本科生的 27.8%要低 10.7 个百分点,尤其是高职高专生的父亲职业为教师及其他体制内的比例仅为 11.0%,远远比本科生的 21.2%要低 11.2 个百分点。

(四)母亲受教育水平上的差异

高职高专生中母亲受教育水平是文盲的比例为 4.3%,比本科生的 4.7%要低 0.4 个百分点,高职高专生中母亲受教育水平是小学的比例为29.4%,比本科生的26.0%要高3.4个百分点,高职高专生中母亲受教育水平是初中的比例为40.7%,比本科生的35.1%要高5.6个百分点,高职高专生中母亲受教育水平是高中(中职中专)的比例为18.2%,比本科生的19.9%要低1.7个百分点,高职高专生中母亲受教育水平是大专(高职高专)的比例为5.2%,比本科生的8.3%要低3.1个百分点,高职高专生中母亲受教育水平是本科的比例为1.9%比本科生的5.4%要低3.5个百分点,高职高专生中母亲受教育水平是研究生的比例为0.4%,比本科生的0.5%要低0.1个百分点。可见,高职高专生的母亲受教育水平多为文盲、小学(所占比例近三成)、初中(所占比例超过四成),其比例为74.4%,比本科生的65.8%要高出8.6个百分点,而高职高专生的母亲受教育水平为高中(中职中专)、大专(高职高专)、本科、研究生的比例仅为25.7%,比本科生34.1%要低8.4个百分点。

(五)家庭年收入水平上的差异

高职高专生中家庭年收入水平为1万元以下的比例为28.8%,比本科生的21.8%要高7个百分点,高职高专生中家庭年收入水平为1—3万元的比例为32.5%,比本科生的29.3%要高3.2个百分点,高职高专生中家庭年收入水平为3—5万元的比例为18.9%比本科生的19.6%要低0.7个百分点,高职高专生中家庭年收入水平为5—8万元的比例为10.0%,比本科生的14.5%要低4.5个百分点,高职高专生中家庭年收入水平为8万元及以上的比例为9.8%,比本科生的14.7%要低4.9个百分点。可见,高职高专生的家庭年收入水平多为3万元以下的,其比例为61.3%,比本科生的51.1%要高出10.2个百分点,而高职高专生的家庭年收入水平为3万元及以上的比例仅为38.7%,比本科生48.8%要低10.1个百分点,尤其是高职高专生的家庭年收入水平为5万元及以上的比例仅为 19.8%,比本科生的 29.2% 要低 9.4 个百分点。

（六）结论

（1）上高职高专的学生多为多子女家庭的孩子,占 72.3%,本科生中有 33.9% 的学生来自独生子女家庭,独生子女家庭上专科的比例要低于上本科的。

（2）上高职高专的学生绝大多数来自乡镇和农村,占 71.9%;来自城市及县城的学生多上本科,占 39.9%,比上高职高专的要高 11.8 个百分点。

（3）高职高专生的父亲职业多为农民、工人（含农民工）、个体工商户,其比例为 83%,而本科生的却为 72.3%,高职高专生的父亲职业为小企业主、私营业主、教师、体制内普通职员、体制内副科级、体制内正科级、体制内副处级及以上的比例仅为 17.1%,而本科生来自上述阶层的占 27.8%,高职高专生的父亲职业为教师及其他体制内的比例仅为 11.0%,而本科生的却高达 21.2%。

（4）高职高专生的母亲受教育水平多为文盲、小学、初中,其比例为 74.4%,而本科生的却只有 65.8%,而高职高专生的母亲受教育水平为高中、大专、本科、研究生的比例仅为 25.7%,本科生的却达到 34.1%。

（5）高职高专生的家庭年收入水平多为 3 万元以下的占 61.3%,而本科生的只有 51.1%,高职高专生的家庭年收入水平为 3 万元及以上的比例仅为 38.7%,而本科生的却达到 48.8%,高职高专生的家庭年收入水平为 5 万元及以上的比例仅为 19.8%,而本科生的却高达 29.2%。

五、高等教育机会在城乡间的分布状况

王伟宜用辈出率这一测量指标分析各阶层子女及城市学生与

农村学生在高等教育入学机会的差异状况,阶层 A 的辈出率=大学生中阶层 A 子女所占比例/阶层 A 人口占同一社会就业人口的比例。当辈出率为 1 时,该阶层子女接受高等教育的机会与整个社会阶层的平均水平相同,大于 1 则表示该阶层子女接受高等教育的机会高于社会平均水平,小于 1 则表示该阶层子女接受高等教育的机会低于社会平均水平。① 各类高校在城市学生与农村学生辈出率的差异状况如表 9—3 所示。②

表 9—3　各类高校城乡子女辈出率

年级	1982			1990			2000			2010		
城乡辈出率	城镇	农村	城乡差距	城镇	农村	城乡差距	城镇	农村	城乡差距	城镇	农村	城乡差距
重点高校城乡辈出率	2.93	0.50	5.86倍	2.63	0.41	6.42倍	1.93	0.47	4.11倍	1.35	0.66	2.05倍
普通本科院校城乡辈出率	2.96	0.49	6.04倍	2.20	0.57	3.86倍	1.57	0.68	2.31倍	1.05	0.95	1.11倍
专科院校城乡辈出率	2.52	0.61	4.13倍	1.51	0.82	1.84倍	0.75	1.14	0.66倍	0.44	1.55	0.28倍

由表 9—3 可知,2010 年重点高校城镇学生的辈出率为 1.35,而农村学生的辈出率仅有 0.66,城镇是农村的 2.05 倍;2010 年普通本科院校城镇学生的辈出率为 1.05,而农村学生的辈出率仅有

① 王伟宜:《高等教育入学机会变迁研究》,清华大学出版社 2015 年版,第92—93 页。

② 王伟宜:《高等教育入学机会变迁研究》,清华大学出版社 2015 年版,第127 页。

0.95,城镇是农村的 1.11 倍;2010 年专科院校城镇学生的辈出率为 0.44,而农村学生的辈出率仅有 1.55,城镇是农村的 0.28 倍。可见,在重点高校上,城镇学生拥有更多的入学机会,而农村学生的入学机会不及城镇学生的一半;而在进入普通本科院校方面,城镇学生与农村学生拥有比较接近的机会,但城镇学生仍拥有一定的优势;在进入专科院校方面,农村学生的辈出率远高于城镇学生的,即农村学生更多地进入专科院校就读。无论是重点高校,还是普通本科院校及专科院校,从 1982 年到 2010 年近三十年间,高等教育入学机会的城乡辈出率差距都是在下降的。

此外,王伟宜还对四川省高等教育入学机会在城市与农村学生间的分布发现,1982 年,四川的城镇子女接受高等教育机会的辈出率是农村子女的 8.6 倍,到 1990 年时,差距缩小到 3.2 倍,2000 年时差距又拉大到 6.2 倍,到 2010 年时差距缩小 1.9 倍,总体上,近三十年来,四川省的城乡子女间的入学机会差距趋于缩小。① 陶美重等的研究发现与非农户籍子女相比,农村户籍子女就读的大学层次相对较低,就读成人教育院校、高职高专、二本院校,农村户籍与非农户籍子女分别为 70.9%、58.9%;对于学费较贵的三本院校、分数较高的一本院校、"211"和"985"重点高校农村户籍子女比重均低于非农户籍子女,两者分别为 29.1%、42.0%,可以看出就读收费较高的三本院校及重点高校方面,城镇学生与农村学生的入学机会存在十分明显的差异。② 王香丽通过

---

① 王伟宜:《我国城乡子女高等教育入学机会差距变化研究(1982—2010)——基于四川省的实证调查》,《教育发展研究》2013 年第 1 期。

② 陶美重、耿静静:《高等教育入学机会城乡差异的家庭因素分析——基于河南省 W 市的实证调查》,《徐州工程学院学报(社会科学版)》2015 年第 5 期。

对四所高中毕业生的调查,从高中的不同类型、城乡、家庭背景等分析了高中生升入高校的入学机会在城乡间的差异。[①] 她的研究从城市重点高中与乡镇重点高中及普通高中毕业生升入不同层级的高校的入学机会的视角发现,重点高中学生在升入重点大学的机会上占有绝对优势,其升入重点大学的比例是乡镇重点高中的9.13 倍,而乡镇地区的高中学生选择高职高专的比例很高,乡镇普通高中和乡镇重点高中分别为 50.3% 和 49.2%,即乡镇高中学生很少获得优质高等教育入学的机会,而更多的只能获得高职高专这一层次上的高等教育机会。[②] 从城市学生与农村学生高考录取的成绩差异的角度来看,陶美重等的研究发现,在六类高等学校中,城镇居民的高等教育入学机会都大于乡村居民,但在不同类型高等学校中的差距有显著的不同。农村学生的平均入学分数比城镇学生的平均入学分数高 15.15 分;与此相反,在一般本科院校和民办专科院校中,城镇学生的平均入学分数比农村学生的平均入学分数分别高出 14.18 分和 19.07 分;其他类型院校入学分数的城乡差异不大。这表明,农村学生要想进入社会认可度最高的重点大学,在所受基础和中等教育水平处于劣势的前提下,还得考出比城镇学生更高的分数。[③] 就高考录取率方面而言,李廉水等的研究发现城市学生比农村学生享有更多的录取机会,但是这种差距在减小。2005 年城市学生的高等教育入学机会是农村学生的 1.44 倍,城市

① 王香丽:《我国高等教育入学机会差异研究——以高中阶段教育为视角》,世界图书出版广东有限公司 2011 年版,第 1 页。
② 王香丽:《我国高等教育入学机会的城乡差异研究——高中阶段教育的视角》,《高教探索》2011 年第 1 期。
③ 陶美重、耿静静:《高等教育入学机会城乡差异的家庭因素分析——基于河南省 W 市的实证调查》,《徐州工程学院学报(社会科学版)》2015 年第5 期。

高考录取率为 68.37%,比农村高考录取率 62.91% 高 5.46%,从 1996 年到 2005 年城乡间高等教育入学机会缩小了 1.75 倍。[1]

综上可见,农村学生与城市学生相比,与其父辈所属户籍的人口比例相比,农村学生所占比例要低于城市学生的,享有较少的机会,但是这种差距在减小;农村学生考入重点大学的机会要低于城市学生的,农村学生多上层次比较低的高职高专院校,而要考入重点大学,要付出比城市学生更多的努力,考更高的分数。

第二节 高等教育入学机会在阶层间的差异

一、高等教育入学机会在阶层间的分布状况

众多研究发现从 1999 年高校扩招后,高校入学机会的分布差距正从显著性的总量不均衡,转为更为深层的、隐性的教育差距,具体表现为高校入学机会在学生的阶层间及不同类型高校间的分布差异。[2]

(一)以阶层辈出率来分析高等教育入学机会分布差异

高等教育入学机会在阶层间的分布可以用阶层的辈出率来衡量,可以看出每个阶层子女获得高等教育入学机会的比例与其所在阶层所占人口比例之间的关系。在假定不同类型高等院校提供的入学机会不存在质量差别的情况下,王伟宜的研究发现,各阶层子女在接受高等教育入学机会方面所具有的差异如表 9—4 所示。[3]

---

[1] 李廉水、吴立保:《和谐社会视野下高等教育公平的制度设计研究》,科学出版社 2010 年版,第 93 页。

[2] 杨东平:《中国教育公平的理想与现实》,北京大学出版社 2006 年版,第 11 页。

[3] 王伟宜:《高等教育入学机会变迁研究》,清华大学出版社 2015 年版,第 93—95 页。

表9—4 高校学生家庭所处阶层辈出率

年级	社会阶层	党政机关、企事业单位负责人	专业技术人员	办事人员	商业、服务业人员	产业工人	农民
1982	社会阶层比例A1(%)	1.6	5.1	1.3	4.0	15.9	72.0
	学生家庭所处阶层比例B1(%)	11.5	26.4	7.0	3.7	16.6	31.2
	辈出率(B1/A1)	7.17	5.18	5.38	0.93	1.05	0.43
1990	社会阶层比例A2(%)	1.8	5.3	1.7	5.4	15.1	70.6
	学生家庭所处阶层比例B2(%)	13.9	25.6	8.0	2.7	13.7	33.3
	辈出率(B2/A2)	7.73	4.84	4.70	0.50	0.91	0.47
2000	社会阶层比例A3(%)	1.7	5.7	3.1	9.1	15.8	64.5
	学生家庭所处阶层比例B3(%)	10.0	17.0	11.1	5.7	17.3	37.0
	辈出率(B3/A3)	5.88	2.98	3.58	0.63	1.09	0.57
2010	社会阶层比例A4(%)	1.8	6.8	4.3	16.2	22.5	48.3
	学生家庭所处阶层比例B4(%)	10.2	15.7	8.2	16.0	11.1	36.2
	辈出率(B4/A4)	5.67	2.31	1.91	0.99	0.51	0.75

　　由表9—4可知,2010年党政机关、企事业单位负责人子女的高等教育入学机会辈出率为5.67,即其所在阶层子女获得高等教育入学的机会的比例是其所在阶层人口比例的5.67倍,属于高等教育入学机会在阶层分布上的优势阶层。党政机关、企事业单位

负责人子女的高等教育机会辈出率从 1982 年的 7.17 上升至 1990 年的 7.73,到 2000 年又下降到 5.88,但是到 2010 年又上升至 5.67 的水平,在这近 30 年出现先降后升的趋势,总体下降了 20.9%。

2010 年专业技术人员子女的高等教育入学机会辈出率是 2.31,其变化趋势是从 1982 年的 5.18 一路下降至 1990 年的 4.84,到 2000 年进一步下降到 2.98,至 2010 年比 1982 年已经下降了 55.4%。

2010 年办事人员子女的高等教育入学机会辈出率是 1.91,其变化趋势是从 1982 年的 5.38 一路下降至 1990 年的 4.70,到 2000 年进一步下降到 3.58,至 2010 年比 1982 年已经下降了 66.5%。

2010 年商业、服务业人员子女的高等教育入学机会辈出率是 0.99,其变化趋势是从 1982 年的 0.93 下降至 1990 年的 0.50,到 2000 年又回升到 0.63,至 2010 年进一步回升至 0.99,比 1982 年上升了 6.5%。

2010 年产业工人子女的高等教育入学机会辈出率是 0.51,其变化趋势是从 1982 年的 1.05 下降至 1990 年的 0.91,到 2000 年又回升到 1.05,至 2010 年又下降至 0.51,比 1982 年已经下降了 51.4%。

2010 年农民子女的高等教育入学机会辈出率是 0.75,其变化趋势是从 1982 年的 0.43 一路增加至 1990 年的 0.47,到 2000 年又增加到 0.57,至 2010 年进一步增至 0.75,比 1982 年已经增加了 74.4%。

可见,与其父母所在阶层所占的人口比例相比,党政机关及企事业单位负责人子女、专业技术人员子女、办事人员子女、商业及服务业人员子女、农民子女、产业工人子女所占大学生的比例依次递减,且前面三个优势阶层子女所获得的高等教育机会的比例均比父母所在阶层所占人口的比例要大,即高等教育入学机会辈出率大于1,因此,党政机关及企事业单位负责人、专业技术人员、办事人员属于高等教育入学机会获得的优势阶层,尤其是党政机关及企事业单位负责人,其子女的高等教育机会辈出率远高于其他阶层的。而商业及服务人员、农民、产业工人属于高等教育机会获得的弱势阶层,其子女所获得的高等教育入学机会低于社会平均水平,尤其是产业工人子女的高等教育入学机会辈出率仅为0.51,是党政机关及企事业单位负责人子女的8.99%,而农民子女的高等教育入学机会辈出率也仅为0.75,是党政机关及企事业单位负责人子女的13.23%,即农民及产业工人属于高等教育入学机会获得的极弱势群体。

其他类似的研究还有,厦门大学教育学院于2004年的一项研究结果发现私营企业主阶层的高等教育辈出率最高达5.9,其次是国家与社会管理者、专业技术人员、经理人员以及个体工商户,其辈出率在2.37—5.9之间,城乡无业失业人员的辈出率最低为0.46。[1] 此外,谭敏对比了不同家庭职业阶层、经济、文化、居住背景的少数民族大学生进入不同类型院校的差异状况,及这些家庭背景变量对少数民族大学生进入不同质量、层次、性质的院校所发挥影响的程度,及其与汉族学生相比较的差异。[2] 谭敏的研究发现,少数民族的高等教育入学机会辈出率随着社会阶层的提升而大幅增加,优势阶层与中间阶层的辈出率均超过1,基础阶层则低

---

[1]　张玉堂:《中国高等教育公平问题研究》,中国书籍出版社2015年版,第56页。

[2]　谭敏:《中国少数民族高等教育入学机会研究——基于家庭背景的分析》,福建教育出版社2012年版,第10页。

于 1;基础阶层的辈出率为 0.85,中间阶层的辈出率为 1.57,优势阶层的辈出率则高达 7.64;而汉族的优势阶层、中间阶层、基础阶层的高等教育辈出率分别为 4.65、2.06、0.82。[①] 如果把社会阶层分为三大类阶层:优势阶层,包括国家与社会管理者、经理人员和私营企业主;中间阶层,包括专业技术人员、办事人员和个体商业户;基础阶层,包括商业服务人员、产业工人、农林牧渔人员和失业半失业无业人员。杨倩的研究则发现,高等教育入学机会随着阶层的提高而有所提高。其中基础阶层、中间阶层的高等教育入学机会辈出率为 0.91、1.03,而优势阶层的辈出率则高达 4.73,是基础阶层的 5.2 倍,是中间接层的 4.6 倍。由此得出的结论是家庭所处的阶层越高其子女就会获得越多的接受高等教育的机会,来自优势阶层家庭的子女进入高等教育的机会大于中间和基础阶层。[②]

总的来说,目前我国高等教育入学机会阶层差距主要表现在:第一,从层次上看,属于优势阶层的干部、知识分子子女获得的高等教育入学机会不仅在量上,而且在质上远远强于属于相对弱势的工人、农民阶层子女。第二,从类型上看,中上阶层子女比较低阶层子女更有机会进入高质量、高水平的大学。第三,从专业选择上看,中上阶层子女更多的就读一些优势专业或就学成本较高、前景较好的专业,而大部分较低阶层子女选择的是基础理论或收费较低的专业。第四,从高考录取分数线上看,较低阶层子女的平均录取分数线普遍高于中上阶层子女,这正好与其所处社会阶层的

---

① 谭敏:《中国少数民族高等教育入学机会研究——基于家庭背景的分析》,福建教育出版社 2012 年版,第 106 页。

② 杨倩:《家庭背景对高等教育入学机会的影响》,《现代教育管理》2011 年第 7 期。

排序相反。①

(二)以父代职业——教育阶层背景来分析高等教育机会分布差异

刘精明等人的研究从父代所属的阶层及其受教育程度的不同,及其子女目前获得受教育层级的不同来分析教育机会在阶层间的分布差异。他们发现父代职业——教育阶层背景与子代当前的教育水平的统计结果如表9—5所示。②

表9—5　父代职业——教育阶层背景与子代当前的教育水平

父亲职业—教育类属	子代当前的教育水平		
	高等教育	高中及相当	初中及以下
高等教育水平的管理人员	45.7%	37.2%	17.0%
中等教育水平的管理人员	32.4%	43.6%	24.0%
初等教育水平的管理人员	19.1%	34.0%	46.9%
高等教育水平的技术人员	56.8%	28.4%	14.8%
中等教育水平的技术人员	35.1%	33.8%	31.2%
中上教育水平的办事人员	45.9%	34.2%	19.9%
初等教育水平的办事人员	17.7%	38.3%	44.0%
中上教育水平的体力劳动者	26.8%	37.9%	35.3%
初等教育水平的体力劳动者	10.6%	25.7%	63.8%
自雇佣者	17.1%	28.6%	54.3%

由表9—5可知,高等教育水平的管理人员其子女中,目前接

---

① 宋韬:《中国高等教育入学机会差异问题研究》,光明日报出版社2015年版,第91页。
② 刘精明等:《教育公平与社会分层》,中国人民大学出版社2016年版,第334页。

受高等教育的占 45.7%、接受高中及相当水平教育的占 37.2%、接受初中及以下水平教育的占 17.0%;而中等教育水平的管理人员其子女中,目前接受高等教育的占 32.4%、接受高中及相当水平教育的占 43.6%、接受初中及以下水平教育的占 24.0%;初等教育水平的管理人员其子女中,目前接受高等教育的占 19.1%、接受高中及相当水平教育的占 34.0%、接受初中及以下水平教育的占 46.9%。即明显存在一种代际效应,且父代的教育水平的高低与其子女目前接受教育水平的高低之间有一种对应关系,即高等教育水平的管理人员的子女大部分接受高等教育,而中等教育水平的管理人员的子女大部分接受高中及相当水平的教育,初等教育水平的管理人员的子女接受初中及以下水平的教育,但其比例均不过半。

高等教育水平的技术人员其子女中,目前接受高等教育的占 56.8%、接受高中及相当水平教育的占 28.4%、接受初中及以下水平教育的占 14.8%,其中接受高等教育的超过五成五;而中等教育水平的技术人员其子女中,目前接受高等教育的占 35.1%、接受高中及相当水平的占 33.8%、接受初中及以下水平教育的占 31.2%,接受高等、中等、初等教育水平的比例比较接近。

中上教育水平的办事人员其子女中目前接受高等教育的占 45.9%、接受高中及相当水平教育的占 34.2%、接受初中及以下水平教育的占 19.9%,其中接受高等教育的超过四成五;而初等教育水平的办事人员其子女中目前接受高等教育的占 17.7%、接受高中及相当水平教育的占 38.3%、接受初中及以下水平教育的占 44.0%,其中接受初等教育水平的占四成四。

中上教育水平的体力劳动者的子女主要是接受中等水平及初等水平的教育,分别占 37.9% 及 35.3%;初等教育水平的体力劳

动者的子女主要是接受初等水平及中等水平的教育,分别占
63.8%及25.7%,其中接受初等水平教育的比例是接受中等水平
教育的2.48倍,是接受高等水平教育的6.02倍;自雇佣者的子女
主要是接受初等水平及中等水平的教育,分别占54.3%及
28.6%,其中接受初等水平教育的比例是接受中等水平教育的
1.90倍,是接受高等水平教育的3.18倍。

可见,父代的受教育水平越高,其社会阶层地位越高,其子女
接受高等教育的比例也就越高。高等教育水平的管理人员、高等
教育水平的技术人员、中等教育水平的技术人员、中上教育水平的
办事人员其子女主要接受高等教育;中等教育水平的管理人员、中
上教育水平的体力劳动者其子女主要是接受中等水平的教育;初
等教育水平的管理人员、初等教育水平的办事人员、初等教育水平
的体力劳动者、自雇佣者其子女主要是接受初等水平的教育。

即高等教育有一种代际传递效用,虽然在1998年扩招以后高
教领域的教育不平等在总体上呈现一种下降的趋势,但是内含于
高教领域的社会阶层差异仍然十分明显,高校扩招导致优势阶层
较大程度地扩大了他们的相对优势。[①]

二、优质高等教育入学机会在阶层间的分布状况

高等教育入学机会包括数量和质量两个方面,数量方面的均
等化是第一步,也是相对容易实现的;质量方面的均等化是更高一
级的目标,也是较难实现的。在精英高等教育时期,人们关注的是
机会数量方面的均等化程度,在大众化高等教育时期,在数量达到

---

① 刘精明等:《教育公平与社会分层》,中国人民大学出版社2016年版,第
172页。

一定程度后,人们关注的重点便转向机会的质量方面。正如钟秉林所言,随着高等教育规模的急剧扩张,在"上大学难"的矛盾得到根本缓解后,"上好大学难"的矛盾日益凸显。① 此外,刘精明、丁小浩等人的研究结果显示,高等教育扩展使得各阶层子女在数量方面的机会不平等总体上呈现出下降的趋势,但在质量方面的机会不平等却有所加剧,优质高等教育资源有更倾向于优势阶层子女的趋势,这与李文胜、闫广芬及梁晨等学者专门探讨的优质高等教育资源在不同社会阶层子女中的分布变化所得出的结论相一致。②

(一)以重点高校学生家庭所处阶层辈出率来分析高等教育入学机会分布差异

高等教育入学机会在阶层间的分布存在明显差异,优质高等教育入学机会在阶层间的分布差异更为明显。表9—6 显示了重点高校学生家庭所处阶层辈出率。③

由表9—6可知,2010 年党政机关及企事业单位负责人子女的重点高校入学机会辈出率是 10.24,远远高于专业技术人员子女的重点高校入学机会辈出率3.44,办事人员子女的重点高校入学机会辈出率为 2.53,低于专业技术人员子女的,又高于商业及服务业人员子女的重点高校入学机会辈出率0.89,农民子女的重点高校入学机会辈出率为 0.45, 略高于产业工人子女的重点高校

① 王伟宜:《高等教育入学机会变迁研究》,清华大学出版社 2015 年版,第107—108 页。

② 王伟宜:《高等教育入学机会变迁研究》,清华大学出版社 2015 年版,第90 页。

③ 王伟宜:《高等教育入学机会变迁研究》,清华大学出版社 2015 年版,第99—100 页。

表9—6　重点高校学生家庭所处阶层辈出率

年级	社会阶层	党政机关、企事业单位负责人	专业技术人员	办事人员	商业、服务业人员	产业工人	农民
1982	社会阶层比例A1(%)	1.6	5.1	1.3	4.0	15.9	72.0
	学生家庭所处阶层比例B1(%)	12.7	27.3	4.1	3.3	15.3	30.7
	辈出率(B1/A1)	7.92	5.36	3.13	0.82	0.96	0.42
1990	社会阶层比例A2(%)	1.8	5.3	1.7	5.4	15.1	70.6
	学生家庭所处阶层比例B2(%)	17.0	29.2	5.8	2.3	13.9	25.8
	辈出率(B2/A2)	9.46	5.51	3.39	0.43	0.92	0.37
2000	社会阶层比例A3(%)	1.7	5.7	3.1	9.1	15.8	64.5
	学生家庭所处阶层比例B3(%)	20.0	34.0	11.2	3.2	12.8	17.6
	辈出率(B3/A3)	11.76	5.96	3.61	0.35	0.81	0.27
2010	社会阶层比例A4(%)	1.8	6.8	4.3	16.2	22.5	48.3
	学生家庭所处阶层比例B4(%)	18.4	23.4	10.9	14.4	7.7	22.0
	辈出率(B4/A4)	10.24	3.44	2.53	0.89	0.34	0.45

入学机会辈出率。2010年党政机关及企事业单位负责人子女的重点高校入学机会辈出率是专业技术人员子女的2.98倍,是办事人员子女的4.05倍,是商业及服务业人员子女的11.51倍,是农民子女的22.76倍,是产业工人子女的30.12倍。可见,在重点高

校入学机会阶层辈出率上,党政机关及企事业单位负责人子女、专业技术人员子女、办事人员子女属于优势阶层,占有高于社会平均水平 2.53 倍以上的机会,尤其是党政机关及企事业单位负责人子女占有高于社会平均水平 10.24 倍的机会;而商业及服务业人员子女、农民子女、产业工作子女始终属于重点高校入学机会占有的弱势阶层,均不到社会平均水平,尤其是产业工人子女仅仅占有社会平均水平 34% 的机会,农民子女只占有社会平均水平 45% 的机会,而商业及服务业人员子女只占有社会平均水平的 89%,均远远低于党政机关及企事业单位负责人子女、专业技术人员子女、办事人员子女等重点高校入学机会占有上的优势阶层。

从 1982 年到 1990 年,再到 2000 年,以及到 2010 年,各阶层子女重点高校入学机会辈出率的变化趋势为:党政机关及企事业单位负责人子女的重点高校入学机会辈出率从 7.92 上升至 9.46,再上升至 11.76,又下降至 10.24,共上升了 29.3%;专业技术人员子女的重点高校入学机会辈出率从 5.36 上升至 5.51,再上升至 5.96,又下降至 3.44,共下降了 55.8%;办事人员子女的重点高校入学机会辈出率从 3.13 上升至 3.39,再上升至 3.61,又下降至 2.53,共下降了 23.7%;商业及服务业人员子女的重点高校入学机会辈出率从 0.82 下降至 0.43,再下降至 0.35,又上升至 0.89,共上升了 8.5%;农民子女的重点高校入学机会辈出率从 0.42 下降至 0.37,再下降至 0.27,又上升至 0.45,共上升了 7.1%;产业工人子女的重点高校入学机会辈出率从 0.96 下降至 0.92,再下降至 0.81,又急速下降至 0.34,共下降了 64.6%。

可见,党政机关及企事业单位负责人子女在这近三十年时间始终是重点高校入学机会占有的最有优势阶层,其占有机会比起近三十年前仍然增加了近 30%,专业技术人员子女及办事人员子女阶层的重点高校入学机会辈出率虽然有所下降,但仍然享有超过社会平均水平 2.53 倍以上的优势地位,商业及服务业人员子女及农民子女阶层的重点高校入学机会辈出率虽然有所增加,但仍然没有达到社会平均水平,尤其是农民阶层子女占有不到社会平均水平的一半;而产业工人子女阶层是最受损的一个阶层,从 1982 年的占社会平均水平的 96%,急速下降到 2010 年仅仅占社会平均水平的 34%,可见其受损地位非常严重。

(二)以不同层次高校学生家庭所处阶层辈出率来分析高等教育入学机会分布差异

高等教育入学机会及重点高校入学机会在阶层间的分布均存在明显差异,不同层次及质量高等教育入学机会在阶层间的分布也存在明显差距。表 9—7 显示了不同层次高校学生家庭所处阶层辈出率。[1]

由表 9—7 可知,2010 年党政机关及企事业单位负责人子女的重点高校辈出率为 10.24,高于其在普通本科院校的辈出率 4.11,又高于其在专科院校的辈出率 2.40;专业技术人员子女的重点高校辈出率为 3.44,高于其在普通本科院校的辈出率 2.31,又高于其在专科院校的辈出率 0.50;办事人员子女的重点高校辈出率为 2.53,高于其在普通本科院校的辈出率 2.12,又高于其在专科院校的辈出率 0.33;商业及服务业人员子女的重点高校辈出率为 0.89,低于其在普通本科院校的辈出率 1.15,高于其在专科院校的辈出率 0.71;农民子女的重点高校辈出率为 0.45,低于其在普通本科院校的辈出率 0.71,更低于其在专科院校的辈出率

---

① 王伟宜:《高等教育入学机会变迁研究》,清华大学出版社 2015 年版,第 99—104 页。

1.34;产业工人子女的重点高校辈出率为 0.34,低于其在普通本科院校的辈出率 0.59,也低于其在专科院校的辈出率 0.58。

表 9—7　重点高校、普通本科院校与专科院校
学生家庭所处阶层辈出率

年级	不同类别院校的辈出率	党政机关、企事业单位负责人	专业技术人员	办事人员	商业、服务业人员	产业工人	农民
1982	重点高校辈出率1	7.92	5.36	3.13	0.82	0.96	0.42
	普通本科辈出率1	6.92	5.23	6.58	0.97	1.05	0.42
	专科辈出率1	6.53	4.69	6.13	0.94	1.18	0.47
1990	重点高校辈出率2	9.46	5.51	3.39	0.43	0.92	0.37
	普通本科辈出率2	7.25	4.82	5.60	0.58	0.94	0.48
	专科辈出率2	5.70	3.71	5.10	0.45	0.83	0.64
2000	重点高校辈出率3	11.76	5.96	3.61	0.35	0.81	0.27
	普通本科辈出率3	4.00	2.00	4.12	0.59	1.45	0.60
	专科辈出率3	3.72	1.98	2.12	1.09	0.49	0.89
2010	重点高校辈出率4	10.24	3.44	2.53	0.89	0.34	0.45
	普通本科辈出率4	4.11	2.31	2.12	1.15	0.59	0.71
	专科辈出率4	2.40	0.50	0.33	0.71	0.58	1.34

其他类似的研究发现还有,据麦可思公司"中国 2009 届大学毕

业生求职与工作能力调查"的研究显示,2009届大学毕业生中,农民与农民工、产业与服务业员工家庭子女就读"211"院校的比例分别为38%和22%,低于他们在生源中40%和25%的分布比例;而他们在高职高专就读的比例分别为42%和27%,均大于他们在生源中的分布比例。农民与农民工、产业与服务业员工子女较多就读高职高专院校,而管理阶层子女较多就读"211"院校。① 陈晓宇的研究发现,总体上我国不同质量高等教育机会在不同阶层家庭中的分配呈现明显差异。以"985"高校和"211"高校为代表的优质高等教育机会较大幅度地倾向于来自大城市、行政管理干部和机关办事人员、父母学历层次较高的家庭子女;以普通本科和高职高专为代表的大众化高等教育机会则明显向来自乡镇农村、工人农民或农村进城务工人员、父母学历层次稍低的家庭子女倾斜。② 也就是说家庭所处的阶层对于其子女获得高质量的高等教育机会有重要影响,处于优势阶层家庭的子女比其他阶层子女拥有更多获得优质高等教育的机会。③

可见,社会阶层比较高的党政机关及企事业单位负责人、专业技术人员、办事人员阶层其子女进入重点高校的阶层辈出率要高于进入普通本科院校及专科院校的;商业及服务业人员、产业工人阶层其子女进入普通本科院校的阶层辈出率要高于进入专科院校的,也高于其进入重点高校的;而农民阶层子女进入专科院校的阶层辈出率要明显高于其进入普通本科院校的,更远高于其进入重点高校的。即存

---

① 宋韬:《中国高等教育入学机会差异问题研究》,光明日报出版社2015年版,第85页。

② 陈晓宇:《谁更有机会进入好大学——我国不同质量高等教育机会分配的实证研究》,《高等教育研究》2012年第2期。

③ 张继平、董泽芳:《优质高等教育入学机会不公平的多向度分析》,《华中师范大学学报(人文社会科学版)》2012年第2期。

在一种现象,父辈社会阶层地位高的处于优势地位的,其子女获得更多的优质高等教育机会及更高层次的高等教育机会,而父辈社会阶层地位低下的其子女却只能获得质量较低、层次较低的高等教育机会。

也就是我国社会阶层与不同类型高校间存在着一种"对应关系",即各阶层子女大致就读于与其社会阶层地位相似的高校,优势阶层子女在普通本科尤其是重点高校拥有更多的入学机会,而越来越多的弱势阶层子女则被排挤到专科院校[1]。这种"对应关系"也反映了我国社会阶层间的不平等在一定程度上通过高等教育系统得到了复制和再生产。教育过程中的诸多要素也影响社会分层,诸如教育质量、教育内容、教育综合历程,这些因素会通过教育质量的获得及将来进入不同行业的质量的不同而进一步强化受教育者原来的阶层。因在教育质量上不同的学校培养的学生将来就业选择意愿与质量有较大区别,他们在不同的教育内容与质量下获得的文化资本是不一样的,这些文化资本的差异对不同阶层的影响是截然不同的,并影响人们社会地位的获得进而强化其原来的社会阶层[2]。即通过借助高等教育系统的复制强化功能,优势阶层群体完成了自身身份集团的补充与再生,从而使他们原有的社会地位、财富及权利等方面的优势地位得以继续维持与发展强化,而弱势阶层原来的劣势地位与状况通过高等教育的代际传递作用被进一步强化了[3]。

---

[1] 王伟宜:《高等教育入学机会变迁研究》,清华大学出版社 2015 年版,第 119 页。

[2] 董云川、张建新:《高等教育机会与社会阶层》,科学出版社 2008 年版,第 140—141 页。

[3] 王伟宜:《高等教育入学机会变迁研究》,清华大学出版社 2015 年版,第 120 页。

三、家庭经济收入对高等教育入学机会影响的差异分析

家庭经济收入对子女接受高等教育的机会有一定的影响,但其影响正不断弱化,它们之间并不存在正比例关系,尤其是优质高等教育与家庭经济收入并没有直接的正相关关系。

大多数学者认为家庭经济条件会影响高等教育入学机会的分配,但其作用正在逐步减弱。刘蓓蓉的研究发现家庭经济收入差异对高等教育入学机会数量分配上有所改善,所调查高校中来自最低收入家庭学生比例 2000 年为 15%,至 2003 年升为 22%,2000年来自中低收入家庭的学生比例为 15%,到 2003 年增加至 19%,而来自中高收入家庭的学生比例至 2003 年降为 21%,来自高收入家庭的学生比例 2003 年则降至 17%,差距在不断缩小[①]。而唐卫民、姜育兄对辽宁省内 6 所"211"大学学生家庭经济状况的调查发现,不同收入家庭子女的入学机会差异不大,来自高收入家庭的子女所占比例比较低。具体为来自家庭人均年收入在 1000 元以下的占 11.49%,来自家庭人均年收入为 30001—40000 元的占13.95%,而来自家庭人均年收入在 40001—50000 元和 50000 元以上的分别为 5%和 5.88%[②]。而杜桂英的研究发现,来自具有较高经济资本的家庭的学生入读高学历层次的机会以及进入"211"大学的机会显著大于来自具有较低经济资本、家庭年收入在一万元以上的学生入读"211"大学的机会显著大于家庭年收入在一万元以下的学生,但是,更高水平的家庭年收入相对于上一水平的家庭

① 刘蓓蓉:《试析我国高等教育入学机会的不均等化》,《当代教育科学》2011年第 19 期。

② 唐卫民、姜育兄:《家庭收入对高等教育入学机会的影响——以辽宁省六所不同类型院校为例》,《现代教育管理》2010 年第 7 期。

年收入对学生入读"211"大学的机会不具有显著影响①。与此结论类似的研究还有,陈晓宇的研究发现在控制了其他因素的前提下,家庭收入水平对进入优质高校的机会存在负影响:大体上中等收入水平家庭的子女进入"985"高校的机会较高,低收入和高收入者机会较低,最高收入家庭的子女上"985"高校的机会最低;而家庭收入水平越高,进入"211"高校机会越低,最高收入家庭子女进入"211"高校的机会最低,低收入和最低收入组进入"211"高校的机会最高②。此外,丁小浩等人的研究发现,反映机会均等程度的"高等教育机会基尼系数"从1991年的0.474下降到2000年0.152,再到2006年又下降至-0.047,即高等教育入学机会在不同经济阶层中分布的均等性明显改善,经济阶层的差异对高等教育入学机会的影响正不断弱化③。

第三节　解决高等教育机会分配
不公平的因应策略

一、改革高考方式与高校招生录取办法

（一）改革高考方式

传统高考方案在选拔人才及推进高等教育公平上起了重要的作用,其贡献不可磨灭。在新形势下,为了满足多方利益的诉求,

---

① 杜桂英:《家庭背景对我国高等教育入学机会的影响——基于2009年高校毕业生的调研报告》,《国家教育行政学院学报》2010年第10期。
② 陈晓宇:《谁更有机会进入好大学——我国不同质量高等教育机会分配的实证研究》,《高等教育研究》2012年第2期。
③ 丁小浩、梁彦:《中国高等教育入学机会均等化程度的变化》,《高等教育研究》2010年第2期。

有必要对高考方式及其考试内容进行改革,在改革中要注意照顾弱势群体的特别需要,也要打破高校招生以分数为唯一依据的格局。高考改革方案面临的突出矛盾是考试公平与学生创造素质和实践能力所展现出丰富性和差异性的矛盾,但是据《中国青年报》的调查显示85.3%的受访者最信任"统招统考"。而在城乡差距明显的背景下,新的高考标准要求考生知识涉猎面更为丰富,强调想象力、发散思维等多种能力,侧重特长和天赋,这有可能损害农村孩子的教育机会和利益,因为农村考生的视野和信息量相对匮乏①。高考改革要打破高校招生录取中的"唯分数论","唯分数论"导致高中教育异化,抹杀学生个性,是掩盖和制造教育不公平的帮凶,为此,国务院《关于深化考试招生制度改革的实施意见》对此进行了一系列改革,提出分类考试、自选科目、综合评价、双向选择和多元录取等措施,使对人才的评价更具多样性和综合性,实现了对"唯分数论"的超越②。

　　目前各地对如何进行高考,进行了一系列有效的探索,有些经验值得推广。如浙江高考改革方案主要措施有:(1)考试科目实行"3+3"模式,即必考科目语文、数学、外语3门,选考科目3门,由学生从思想政治、历史、地理、物理、化学、生物、技术(含通用技术和信息技术)等7门设有加试题的高中学考科目中,选择3门作为高考选考科目。(2)多次考试机会。除语文、数学只提供1次考试机会,外语和所有选考科目均每年安排2次考试,每科最多可以报考2次,并自主选择其中一次成绩计入高考总分。(3)

---

① 张济洲:《"高考工厂"现象折射社会底层的不满与期待》,《中国教育学刊》2015年第11期。

② 文东茅:《高考改革方案对"唯分数论"的超越》,《中国高教研究》2014年第10期。

取消招生批次。所有高校的所有专业均同批录取①。浙江、江苏、天津、福建四省市在高考改革方案上进行了一些有效的探索,其共同点在于科目设置仍以"3+X"为主,统一考试内容包括必修与选修两个部分,侧重对综合素质的考察,探索多元化招生评价体系等。其中江苏省调整高考分值,采取高考等级记分制;浙江省实行分类测试、分批选拔探索模式;天津市的高考综合科目分学科命制试题,同场分科考试;福建省规定中学生参加高考须出具会考成绩。通过四省市高考改革反映出,"一元化高考"将逐步被"多元化高考"方案取代,学校和考生的自主选择权将不断增大,考生素质的综合评价将进一步完善②。

　　以上是对考试方式和考试科目及其分数权重方面的改革,在实践中取得了较好效果,不过董奇认为,高考改革不应以一门课的功利性作用来取舍与调整其分值权重,改革的重点应该体现在内容和方法上。(1)在内容的取舍上应体现基础教育课程改革的新方向,要突破以教育为功利目的服务的狭隘、片面思想,凸显其为人的全面发展服务之人本主义理念,强化教育对受教育者人格完善和公民素质养成的重要功能。考试的内容可以宽泛些,难度相对低一些,力求贴近学生生活、贴近社会、贴近常识,突出"道德感""科学性"和"审美性"三个重点。(2)在高考的方法上,可将"一次定终身"改为将平时的统考和最终的高考成绩相结合的方式,外语、计算机等有社会化考试的科目以社会考试为准,考试方

---

① 　应朝帅:《招生公平新探索:促进招生关系主体间的公平——浙江高考改革方案评析》,《中国高教研究》2016 年第 5 期。
② 　徐骞、尧新瑜:《江苏等四省市 2009 年高考改革方案之比较》,《教育理论与实践》2010 年第 10 期。

式从纯粹纸笔考试拓展为"机考"和动手操作多种方式相结合等①。

总之,高考改革要有助于高校培养高素质的专门人才和拔尖创新人才,有助于推进中学实施素质教育,有助于高校依法行使办学自主权,有助于高考自身的科学、公平、安全、高效②。也就是要在教育规划纲要提出"分类考试、综合评价、多元录取"方针的指导下,设计高考改革方案,要有整体规划,应注意理想蓝图与现实条件相结合,注意考试理论与考试实际相结合,注意改革目标与改革步骤相结合,注意科学性与可行性相结合。具体而言,要兼顾近期与长远、兼顾公平与效率、兼顾统一与多样、兼顾科学与可行③。

(二)改革高校招生录取办法

1.现有高校招生录取办法过于注重对省内生源的保护,中央部属高校的招生过分属地化

我国目前高校招生实行的是分地区招生制度。该制度是计划经济体制的产物,其核心内容是由大学、地方政府及中央政府三者合作制定的《招生计划》,通过计划控制各地的高等教育机会并对其进行调整,来确保各地区经济发展中所需的人才④。但是在具体实践操作中,各地方政府要求各地方属高校在招生时尽量照顾本省考生的升学需要,而严格控制省内高校向省外投放招生指标,除非用各省之间的招生指标互换来弥补。为了追求更高的升学

---

① 董奇:《高考改革调整分值不如革新内容与方法》,《教育与职业》2009年第12期。

② 刘海峰:《高考改革的思路、原则与政策建议》,《教育研究》2009年第7期。

③ 刘海峰:《理性认识高考制度 稳步推进高考改革》,《中国高等教育》2013年第7期。

④ 窦心浩:《高等教育机会地区差的社会经济学——关于中日两国的比较研究》,上海交通大学出版社2014年版,第101页。

率,在对由省内高校流向省外的招生名额进行抑制的同时,从省外高校获取更多的名额,是最符合地方政府利益的[①]。因此,各省都会对存量招生指标及新增招生指标有严格的限制,表9—8显示了各地政府有关招生名额省外分配的政策。

表9—8　各地政府有关招生名额省外分配的政策[②]

各省份	各地政府有关招生名额省外分配的政策
江苏	教育厅不支持省政府所辖大学大量招收外省市学生。因此,部分部属高校划转到地方后必须减少向省外分配招生名额。我省规定划转高校在省外的招生名额控制在全部名额的30%以内(江苏省教育厅发展规划处),南京大学将60%的招生名额分配到本省内(南京大学教务处)。
浙江	省政府希望大学能尽量招收本省学生,浙江省政府对于省内的部属高校(主要是浙江大学),规定其50%的招生名额必须分配到省内(浙江大学教务处)。
安徽	关于划转高校的招生名额分配问题,省政府最低的要求是将这些大学近年来增加的招生名额全部分配到省内(安徽省教育厅计财处)。
福建	省政府希望政府拨款资助的部属高校积极将半数以上的名额分配到省内(福建省教育厅规划处)。
陕西	陕西省政府每年都要求将更多的招生名额分配到省内,但是没有具体规定(西安交通大学教务处),自从划转至陕西省后,政府就要求将本校50%的名额分配到省内(西北政法学院教务处)。

由表9—8可知,各地政府除了要求本省高校不得大量招收外省学生,原来中央属高校划转地方的高校在招生上要将过半指标

---

①　窦心浩:《高等教育机会地区差的社会经济学——关于中日两国的比较研究》,上海交通大学出版社2014年版,第165页。

②　窦心浩:《高等教育机会地区差的社会经济学——关于中日两国的比较研究》,上海交通大学出版社2014年版,第166—167页。

投放到本省内,还要求属地的中央属高校也要将半数以上的招生指标留给本省生源。

各地省属高校将绝大多数指标留给本省考生这是符合地方经济发展需要和当地考生利益需求的,但是将属地的中央属高校的招生指标也过半投放到本地就有点说不过去了,但这也是没有办法的事情,中央属高校与地方共建以后,拿了当地政府的资源,在土地、经费上得到了实惠,自然要投桃报李在招生指标投放上加以回报。

所以,近些年中央部属院校招生的本地化倾向严重。据统计2006 年,同济大学、上海交通大学、复旦大学、华东师范大学在上海市的招生比例分别是 40.7%、44.2%、49.7%、48.9%;南开大学和天津大学在天津的招生比例分别是 23.3%、27.1%;浙江大学在浙江的招生比例为 47.1%;山东大学在山东的招生比例为54.6%;武汉大学和华中科技大学在湖北的招生比例分别为40.2%、46.3%①。尽管有国家对中央部属院校在属地的招生比例有限制性规定,要求其属地化招生比例逐步减小,增加其对中西部地区的招生比例。但是近十年过去了,仍然有不少中央部属院校在属地仍然享有很大的招生比例。表9—9 显示了 2013 年至 2015 年部分中央部属"985""211"高校的属地招生比例情况。

由表9—9 可见,至 2015 年,"985"高校在其所在地的属地招生比例超过50%的高校有华南理工大学在广东的招生比例达到55.1%,浙江大学在浙江的属地招生比例为 53%,中山大学在广东的属地招生比例也高达52.1%;而 2015 年属地招生比例在30%—

---

① 杜瑞军:《高等教育入学机会分配中的政府角色研究——基于对新中国成立以来高等教育入学政策变迁的历史分析》,北京师范大学 2008 年博士学位论文,第 141 页。

40%之间的中央部属"985"高校还有山东大学37.1%、南京大学31.9%、中国海洋大学30.8%、重庆大学30.4%、西安交通大学30.1%;其他很多"985"高校在属地的招生比例都在20%—30%之间,只有7所在10%—20%之间;2015年中央属"985"高校属地招生比例低于10%的高校仅有同济大学8.7%、北京航空航天大学8.4%、北京理工大学8%、中国农业大学8%、中国人民大学7.6%、北京师范大学5.6%、中央民族大学2.9%。2015年"211"高校在其所在地的属地招生比例超过50%的高校有暨南大学在广东的招生比例达到53.3%;而2015年属地招生比例在30%—40%之间的中央部属"211"高校还有陕西师范大学32.3%;2015年属地招生比例在25%—30%之间的"211"中央属高校有西南大学29.2%、中南财经政法大学28.9%、武汉理工大学27.1%、华中农业大学26.8%、中国石油大学(华东)26.6%、西南交通大学26.2%、合肥工业大学26%;有12所在20%—25%之间,9所在10%—20%之间;2015年中央属"211"高校属地招生比例低于10%的高校仅有华北电力大学(保定)9.8%、对外经济贸易大学9.7%、中央财经大学9.2%、北京邮电大学7.6%、北京林业大学7.6%、北京科技大学6.7%、北京体育大学6.4%、中国传媒大学5.9%、北京交通大学5.6%、中国政法大学5.1%、北京化工大学4.3%。

可见,部分中央部属"985"高校在广东、浙江的属地招生最多,有的高校超过50%,在山东、江苏、重庆、陕西的招生比例也较高,部分高校超过30%;部分中央属"211"高校在陕西、山东、湖北、上海、江苏的属地招生比例也是比较高的。部分师范类、农业类、民族类、理工类的中央属"985"高校在北京的属地招生比例最低,部分财经类、邮电类、林业类、科技类、体育类、传媒类、交通类、政法类、化工类中央属"211"高校在北京的属地招生比例也是最低的。

表 9—9　部分"985""211"高校 2013—2015 年的属地招生比例(%)①

排序	"985"高校	2013	2014	2015	排序	"211"高校	2013	2014	2015
1	华南理工大学	54.7	55.7	55.1	1	暨南大学	56.5	52.5	53.3
2	浙江大学	58.7	50.3	53	2	陕西师范大学	33.3	32.6	32.3
3	中山大学	51.6	51.7	52.1	3	西南大学	20.6	20.9	29.2
4	山东大学	40.1	37.2	37.1	4	中南财经政法大学	30.9	29.2	28.9
5	南京大学	38.3	33.7	31.9	5	武汉理工大学	28.5	27	27.1
6	中国海洋大学	31.3	31	30.8	6	华中农业大学	26.8	26.5	26.8
7	重庆大学	25.3	25.4	30.4	7	中国石油大学(华东)	26.3	25.9	26.6
8	西安交通大学	31.3	31.1	30.1	8	西南交通大学	27.4	27.8	26.2
9	厦门大学	32.3	31.5	28.6	9	合肥工业大学	26.8	26.5	26
10	华中科技大学	30.4	28.3	27.8	10	西南财经大学	25.8	25.4	24.7
11	西北农林科技大学	27.8	28.8	27.5	11	中国地质大学(武汉)	24.9	24.5	24.6
12	上海交通大学	12.1	46.4	27	12	长安大学	25.8	25.2	24.4

① 《大数据:近三年重点高校属地招生比例详解》,2016 年 5 日、18 日,见 http://edu.sina.com.cn/zl/edu/2016-05-18/09543640.shtml。

续表

排序	"985"高校	2013	2014	2015	排序	"211"高校	2013	2014	2015
13	兰州大学	27.1	27.4	26.8	13	河海大学	26.5	25	23.8
14	四川大学	27.3	26.5	26.7	14	上海外国语大学	24.8	23.8	23.7
15	哈尔滨工业大学	25.9	25.9	25.8	15	上海财经大学	27.9	23.9	23.6
16	武汉大学	27.5	26.5	25.7	16	西安电子科技大学	23.7	23.5	23.6
17	东北大学	27.7	26.2	25	17	华中师范大学	27.5	25.6	22.9
18	西北工业大学	28.4	28	24.7	18	江南大学	23	22.7	21.7
19	大连理工大学	24.7	24.8	24.1	19	哈尔滨工程大学	21.7	21.3	20.5
20	复旦大学	44.2	38.9	22.8	20	华东理工大学	19.4	23	20.4
21	吉林大学	25.2	23.5	21.9	21	中国药科大学	22.1	20.7	20.1
22	南开大学	24.1	22.5	20.3	22	南京农业大学	21.6	20.5	18.4
23	东南大学	20.1	20.7	20	23	东北林业大学	22.2	18.7	17.5
24	天津大学	21.7	21.3	18.8	24	东北师范大学	16.8	17.9	17
27	北京大学	16.4	14.5	15.7	32	华北电力大学(保定)	11.3	9.9	9.8
29	中南大学	17.2	16.3	15	33	对外经济贸易大学	11.1	10.6	9.7
30	清华大学	12.6	12.2	12	34	中央财经大学	10.8	9.7	9.2
31	湖南大学	12.6	11	10.5	35	北京邮电大学	11.4	4.7	7.6

排序	"985"高校	2013	2014	2015	排序	"211"高校	2013	2014	2015
32	同济大学	9.2	8.9	8.7	36	北京林业大学	8.3	7.9	7.6
33	北京航空航天大学	8.7	8.8	8.4	37	北京科技大学	8	7.4	6.7
34	北京理工大学	8.9	8.7	8	38	北京体育大学	8.9	6.7	6.4
35	中国农业大学	8.5	8.5	8	39	中国传媒大学	6.7	6.8	5.9
36	中国人民大学	9.7	8.6	7.6	40	北京交通大学	6.4	6.7	5.6
37	北京师范大学	6.1	5.7	5.6	41	中国政法大学	5.4	5.2	5.1
38	中央民族大学	2.8	2.9	2.9	42	北京化工大学	4.1	4.4	4.3

说明:属地招生比例,即中央部属高校在学校所在地当年该校招生计划占其总招生计划数的比例。

2.减小中央属高校在属地的招生比例,鼓励资源丰富的高教大省加大对外省生源的支持力度

首先,可以通过渐进式的改革减小中央属高校在属地的招生比例,可以首先从增量招生计划的减招开始,逐步在扩大到所有招生计划。在减小属地招生比例方面,中国政法大学在全国走在前面。早在2006年中国政法大学的计划招生数按各省的人口比例来确定当年投放到各省的招生指标数,在中国高等教育史上可能是第一次①。这种改革算是对高考招生计划数分配的"休克式"方

---

① 李文胜:《中国高等教育入学机会的公平性研究》,北京大学出版社2008年版,第140页。

式,一次性将年度招生计划数按照各省的人口比例(或者参加高考人数比例)直接分配到各省,但是引起的震荡比较大,不容易为人所接受,特别是招生计划数减少的省市地区。"渐进式"的改革,是将新增的招生计划数向招生比例低的地区倾斜,通过增量改革的方式逐步增加劣势地区的招生数,最终达到按人口比例招生,这种方式不会引起太大的震荡,容易为人们所接受①。

在这方面国家早已出台相关政策规定,要求中央属高校通过存量调整与增量安排来增加对中西部地区的招生比例,只是部分高校贯彻执行得好,部分高校仍然过度照顾属地利益。从 2008 年教育部提出中央部属高校属地生源不超过 30% 以来,2009 年降为 28%,2010 年缩减到 25%,调整空出的招生计划将重点投放到中西部地区②。之后几年的教育部关于做好年度普通高校招生工作的通知中都强调了该原则,如《关于做好 2014 年普通高校招生工作的通知》将通过继续扩大实施"支援中西部地区招生协作计划"、适度降低中央部门所属高校在属地的招生计划比例,新增计划主要投向中西部地区等措施缩小区域入学机会差距③。再如《教育部办公厅关于下达 2015 年部直属高校普通高等教育招生计划的通知》要求:"为缩小重点大学入学机会区域差距,各校要合理确定分省计划,严格控制属地招生比例,通过增量安排和存量调整,在 2014 年分省计划基础上适当增加山西、安徽、江西、山东、河

---

① 李文胜:《中国高等教育入学机会的公平性研究》,北京大学出版社 2008 年版,第 144 页。

② 《中央部属高校"去本地化"之困》,2016 年 3 月 18 日,见 http://edu.qq.com/zt2011/jysd03/。

③ 《教育部:2014 年部属高校将降低属地招生比例》,2014 年 3 月 29 日,见 http://gaokao.eol.cn/bkzc_2915/20140329/t20140329_1091978.shtml。

南、广东、广西、四川、贵州、云南和甘肃 11 省的常规生源计划,不得调减。"①

此外,在高等教育资源丰富的大省,在高考录取率比较高(如达到 85%以上)的大省在满足本省考生的入学需求后,可以适当增加对中西部高考录取率较低的省份的招生计划,逐步实现各地考生享有高校录取机会(比例)的大致公平。但是在进行跨省生源调剂时,教育主管部门要做到信息充分公开,减少家长和考生的顾虑。如在 2016 年 4 月 25 日发布的《教育部、国家发展改革委关于做好 2016 年普通高等教育招生计划编制和管理工作的通知》中明确了江苏、湖北、辽宁、陕西、内蒙古、上海、浙江、河北、吉林、黑龙江、福建、青海等 12 省(自治区、直辖市)向中西部的山西、江西、河南、湖南、广东、广西、四川、贵州、云南、西藏等 10 省区调剂出生源16 万人。其各省具体的调出与调入生源计划数如表 9—10 所示。

表 9—10　2016 年部分地区跨省生源计划调控方案②

生源计划调出省、自治区、市	生源计划调出总数	生源计划调入省区及调入数									
		山西	江西	河南	湖南	广东	广西	四川	贵州	云南	西藏
合计	160000	15800	20400	16800	4700	12400	19500	8800	38200	20900	2500
河北	9500	938	1211	998	279	736	1158	523	2268	1241	148
内蒙古	5000	493	638	525	147	388	609	275	1194	653	78

---

① 《大数据:近三年重点高校属地招生比例详解》,2016 年 5 月、18 日,见 http://edu.sina.com.cn/zl/edu/2016-05-18/09543640.shtml。

② 教育部、国家发展改革委:《教育部、国家发展改革委关于做好 2016 年普通高等教育招生计划编制和管理工作的通知(教发[2016]7 号)》,2016 年 5 月 4日,见 http://www.moe.edu.cn/srcsite/A03/s180/s3011/201605/t20160504_241872.html。

续表

生源计划调出省、自治区、市	生源计划调出总数	生源计划调入省区及调入数									
		山西	江西	河南	湖南	广东	广西	四川	贵州	云南	西藏
辽宁	5000	493	638	525	147	388	609	275	1194	653	78
吉林	13000	1284	1657	1365	382	1008	1584	715	3104	1698	203
黑龙江	13000	1284	1657	1365	382	1008	1584	715	3104	1698	203
上海	5000	494	637	525	147	388	609	275	1194	653	78
江苏	38000	3753	4845	3989	1116	2945	4631	2090	9073	4964	594
浙江	18000	1778	2295	1890	528	1395	2194	990	4298	2351	281
福建	5300	523	676	557	156	410	646	292	1265	692	83
湖北	40000	3950	5100	4200	1175	3100	4875	2200	9550	5225	625
陕西	5600	553	714	588	165	432	684	308	1336	732	88
青海	2600	257	332	273	76	202	317	142	620	340	41

由表9—10可知,该调出计划主要是从高校数较多的江苏、湖北、陕西、辽宁、上海等调出到中西部高校数较少、录取率相对较低的山西、江西、河南、广东、广西、贵州、云南等省份,是为了国家层面上的高等教育入学机会的公平而制定的调整方案,今年不是第一次执行,只是第一次公布具体的跨省计划调控方案。由于是首次公布,加上信息不对称,因此该计划一出,马上遭到江苏(承担调出计划的3.84万名指标)、湖北(承担调出计划的4万名指标)等调出招生计划数较大省考生家长的一致反对,直至上街游行上访,最后两省教育厅厅长亲自出来澄清其中的细节,教育部也进一步进行了解释说明,才平息了考生家长的愤怒情绪。该通知的初衷是从高等教育资源丰富、2016年升学压力较小的上海、江苏、浙江、福建等12个省(市),将向中西部10个省区调剂共16万生源

计划。但是由于通知的突然发布，而考生家长却处于信息不对称方，对具体高考的招生计划很多细节都不清楚，只是简单地认为从本省调出招生计划就必定会减少本省考生的升学机会，于是就都上街游行去了。如果教育行政主管部门在发布该通知时，同时把近几年该生的高考考生报名情况、全国高校在本省的招生计划情况、本省的各类高校的高考录取率等相关信息一并公布，考生家长看到这些信息一比较只要是当年的招生比例不下降，考生家长就不至于到地教育局门口打出了"反对减招"的标语了。最后江苏省教育厅回应，2016 年江苏省高考报名人数 36.04 万，较 2015 年减少 3.25 万，根据往年招生录取情况等因素测算，尽管需要承担38000 人的省内招生名额调出计划，预计今年江苏省高考录取比例将不低于去年，甚至略有提高。湖北省教育厅回应称，省教育厅将一如既往地既支持中西部地区教育，也维护本省考生的切身利益，将继续在确保省属高校出省计划与去年大致持平的前提下，进一步优化本科、专科出省计划结构，弹性执行该计划①。

　　其实，在湖北、江苏学生家长因本省高招指标输出支援中西部地区而向当地主管部门集体陈情的背后，隐藏着十分复杂的高招指标调配机制。据中国教育科学研究院研究员储朝晖认为，这 12个调出省份有一个共性特点，即高校比较多，但本省的生源不够，过去历年都需要进行跨省招生，否则要么生源不够，要么生源质量不好，所以在外省招生是必然现象。而今年公布的调控数据实际上也延续了过去的调控状况。据公开数据，湖北和江苏两省，2016年高考报名人数均出现下降，分别较上年减少 7000 人和 3.25 万

---

① 《12 省市调剂 16 万高考生源引家长不满　教育部门回应》,2016 年 5 月 14日,见 http://learning.sohu.com/20160514/n449421583.shtml。

人。湖北教育厅发展规划处相关人员称"2008 年到 2010 年,湖北省生源数达到了高峰,但随着近几年生源减少,部分高校招不满,但学校也不能撤销。"在生源减少的大背景下,专科报考意愿低、民办高校收费高等因素,令部分高校的生源危机"雪上加霜",面对如此巨大的生源危机(如湖北省 2015 年有 2 万多的专科计划没有完成)只能跨省从高校少的中西部地区招收学生①。

二、增加农村学生、弱势阶层学生及少数民族学生进入本科及重点大学的录取机会

由于我国高等教育的入学机会在城乡间、阶层间存在较大差距,农村学生及社会地位较低的非优势阶层学生和少数民族学生等处于较弱势地位,这些学生多只能上高职高专及普通本科院校,进入重点高校及层次较高的高校的机会较少。因此要增加对农村学生、弱势阶层学生以及少数民族学生被本科院校以及重点高校录取的机会,以减少高等教育机会尤其是本科及以上层次院校和重点高校对这些弱势阶层学生的入学机会的分配不公的状况,通过教育机会的获得来帮助他们获得将来更好的就业起点,从而打破高等教育现存的对社会阶层及身份的固化与代际传递现象,从比较公平的教育机会的获得来改变学生的身份与阶层限制,实现社会阶层向上的正向流动。近年来,农村考生等弱势阶层的学生在重点高校的录取机会有下降的趋势,因此政府在这方面的政策应进一步加大力度,真正做到提高弱势阶层子女在本科以上院校及优质高校中的上学机会。

---

① 孟庆伟:《12 省输出 16 万高招指标背后逻辑:本省生源不足》,2016 年 5 月 21 日,见 http://edu.sina.com.cn/gaokao/2016-05-21/doc-ifxsktkr5850906.shtml。

比较来看,在增加弱势群体的高等教育入学机会上,英国政府通过对弱势群体学生的资助、鼓励、帮助他们申请到符合自身实际情况的大学①。当美国政府把注意力转移到贫困生身上并且愿意为他们提供更多的资助时,不同群体间的入学机会差距将会趋于缩小,反之,差距则会徘徊不前甚至有所扩大②。

在我国,杨东平、梁晨、李中清、刘云杉等人的研究成果陆续发表,重点大学里农村学生比例不断滑落的现象引起了社会的广泛关注。尽管城乡人口结构的变化自然会导致重点大学里农村学生比例下降,然而目前农村城市化的进度远远低于农村生源重点大学录取率下降的速度。但是,高考的制度设计尤其是考试内容及之前的基础教育的课程内容明显有利于城市学生,造成农村学生与城市学生在竞争高等教育的入学机会上始终处于弱势地位,"寒门难出贵子"的拷问深深刺痛了人们关于教育与社会公平的脆弱神经,进而推动了政府和大学出台相关"逆向歧视"政策③。

以北京大学为例,据统计,1978 年至 1998 年,农村生源比例约占三成,而 2000 年至 2011 年,农村生源只占一成左右,2013 年农村生源为 14.2%④。清华大学、北京师范大学、南开大学、北京理工大学等重点大学近几年的统计显示,农村新生比例最高时不

---

① 王伟宜:《高等教育入学机会变迁研究》,清华大学出版社 2015 年版,第 44 页。

② 王伟宜:《高等教育入学机会变迁研究》,清华大学出版社 2015 年版,第 86—87 页。

③ 秦春华:《重点大学农村学生比例为何上不去》,《光明日报》2015 年 9 月 8 日。

④ 刘云杉、王志明、杨晓芳:《精英的选拔:身份、地域与资本的视角——跨入北京大学的农家子弟(1978—2005)》,《清华大学教育研究》2009 年第 5 期。

超过三成。即便是以农村生源为特色的中国农业大学也不例外，1999 年至 2001 年间农村新生比例均在 39% 左右，但自 2002 年起农村新生比例开始下降，到 2007 年最低仅为 31.2%①。

为了增加中西部地区及农村地区考生的招生计划，国家出台了相关的多项招生专项计划。如早在 1987 年当时国家教委制定了《普通高等学校招生来源计划编制工作暂行规定》要求："编制国家任务招生来源计划，应贯彻择优的原则，在考生较多、质量较好的地区多安排一些名额，根据国家经济和社会发展规划，逐步增加在边疆、少数民族地区的招生人数。"②另外，2000 年颁布的《关于西部大开发若干政策措施的实施意见》对《生源计划》做出了如下规定："逐年增加中央部属高校在西部地区招生数量，扩大东、中部地区高校在西部地区的招生规模，提高西部地区应届高中毕业生升学比例。"③在这方面最有成效的具体政策就是 2008 年起每年都实施的"支援中西部地区招生协作计划"。

早在 2007 年时，由于全国各地的高考录取率差距比较大，全国录取率最低的省份只有 39%，比全国平均水平低 17 个百分点，而最高的却达到 79%，面对如此悬殊的差距，党中央、国务院要求缩小各省之间高考录取率的差距，于是教育部出台了旨在增加中西部地区高考录取率"支援中西部地区招生协作计划"，教育部于 2008 年开始实施该计划。该计划要求在全国普通高校招生计划

---

① 赵婀娜、田豆豆：《重点高校农村学生越来越少》，《兵团党校学报》2009 年第 1 期。

② 窦心浩：《高等教育机会地区差的社会经济学——关于中日两国的比较研究》，上海交通大学出版社 2014 年版，第 139 页。

③ 窦心浩：《高等教育机会地区差的社会经济学——关于中日两国的比较研究》，上海交通大学出版社 2014 年版，第 142 页。

中设立专项计划,从全国的年度招生计划增量中,专门拿出一部分来支持中西部高等学校数量较少、录取率较低的省份,这些增量计划主要从高等学校数量较多、录取率较高的省份调剂出招生指标,并且这些增量招生计划指标全部安排给公立高校,以减轻学生家庭的经济负担,其中面向国家贫困地区安排定向专项招生计划,由中央部门和地方"211"高校为主的本科一批招生高校承担。到2014年《国务院关于深化考试招生制度改革的实施意见》明确提出至2017年录取率最低省份与全国平均水平的差距从2013年的6个百分点缩小至4个百分点以内①。

此外,针对提高农村学生进入本科院校尤其是重点高校的就读机会,教育部从2012年起实施了"面向贫困地区定向招生专项计划",在普通高校招生计划中专门安排适量招生计划,面向集中连片特殊困难地区生源,实行定向招生,该计划要求在十二五期间,每年在全国招生计划中专门安排1万名左右专项计划,以本科一批招生计划为主,本科计划由中央部门高校和在本科一批招生的地方高校共同承担②。

与2012年刚启动的专项计划相比,2013年的专项计划中扩大了规模、扩大了区域、增加了高校、鼓励地方采取措施。(1)以农林、水利、地矿、机械、师范、医学及其他适农涉农等农村经济社会发展急需专业为主,总招生规模扩大至32100名。(2)覆盖区

---

① 柴葳:《教育部为何要实施支援中西部地区招生协作计划》,《中国教育报》2016年6月6日。

② 教育部、国家发展改革委、财政部、人力资源社会保障部、国务院扶贫办:《关于实施面向贫困地区定向招生专项计划的通知(教学[2012]2号)》,2012年3月19日,见http://www.moe.edu.cn/publicfiles/business/html-files/moe/A15_zcwj/201204/xxgk_134392.html。

域将在 2012 年面向 680 个集中连片特殊困难县的基础上,扩大到 832 个县,以及重点高校录取比例相对较低的河北、山西、安徽、河南、广东、广西、四川、贵州、云南、甘肃等省、区。(3)承担专项计划本科任务的高校由去年的 222 所扩大到 263 所,覆盖所有"211"高校和 108 所中央部属高校。承担专项计划任务的中央部门高校,2013 年录取农村学生比例比上一年至少提高 2 个百分点。(4)鼓励地方政府制订地方所属重点高校进一步提高招收农村学生比例的政策措施①。

2014 年的专项计划招生规模扩大至 5 万名,有关高校特别是中央部门所属高校要统筹好招生计划的增量安排和存量调整,将招生计划增量、属地招生计划调减量及减少的保送生名额等优先安排扩大专项计划等招生。2014 年的专项计划专门针对拓宽农村学生就读重点高校的升学渠道要求,(1)实施农村学生单独招生。教育部直属高校和其他自主选拔录取改革试点高校安排不低于年度本科招生规模 2%的招生计划,主要选拔边远、贫困、民族地区县及县以下中学勤奋好学、成绩优良的农村学生。(2)实施地方重点高校招收农村学生专项计划。各省(区、市)要安排一定数量的本地所属重点高校招生名额,实施招收本省(区、市)农村学生的地方重点高校专项计划②。2016 年安排招生计划 6 万名,比 2015 年增加 1 万名。地方专项计划定向招收各省(区、市)实施

---

① 教育部:《教育部关于 2013 年扩大实施农村贫困地区定向招生专项计划的通知(教学[2013]5 号)》,2013 年 5 月 30 日,见 http://www.moe.gov.cn/publicfiles/business/htmlfiles/moe/s3258/201306/xxgk_152897.html。

② 教育部:《教育部关于 2014 年扩大实施农村贫困地区定向招生专项计划的通知(教学[2014]2 号)》,2014 年 3 月 7 日,见 http://www.moe.edu.cn/publicfiles/business/htmlfiles/moe/s3258/201404/167124.html。

区域的农村学生,由各省(区、市)所属重点高校承担,安排招生计划原则上不少于有关高校年度本科一批招生规模的3%[1]。

综上可见,为解决高等教育机会地区差问题,中央政府可以采取以下两种手段:一是在升学率低的地区扩大当地大学的招生人数,二是在升学率高的地区抑制当地大学的扩招[2]。在解决农村学生的升学机会相对较低问题,减少先赋性因素如籍贯、家庭出身、性别、年龄、种族、体质容貌、社会制度等对其入学机会的不利影响,需要通过补偿性甚至是纠偏性的招生政策来弥补这些弱势地位群体的子女的高等教育入学机会。为此,中央政府通过专项计划增加了对农村地区及少数民族学生进入重点大学的机会,以此来改进高等教育机会分配的区域与阶层差距。在缩小我国各阶层子女高等教育入学机会差异的现实策略主要有:一是高等教育规模的持续扩张是缩小各阶层子女入学机会差异的前提条件;二是多样化的高等教育体系是缩小各阶层子女高等教育入学机会差异的制度保障;三是当前可选择公办高职高专院校作为缩小各阶层子女入学机会差异的突破口;最后是增加农业劳动者阶层子女接受高中教育的机会[3]。

总之,我国高等教育机会分配不公平的主要表现在:一是高等教育资源分布在地区间的不平等,二是学生就学机会的不平等,具体表现在不同阶层的学生所入学的层次、类型、质量上的差异方

① 教育部:《教育部关于做好 2016 年重点高校招收农村和贫困地区学生工作的通知(教学[2016]6 号)》,2016 年 3 月 25 日,见 http://www.ahedu.gov.cn/163/view/18026.shtml。
② 窦心浩:《高等教育机会地区差的社会经济学——关于中日两国的比较研究》,上海交通大学出版社 2014 年版,第 136 页。
③ 王伟宜:《高等教育入学机会研究:社会阶层的视角》,广东高等教育出版社 2011 年版,第 273—287 页。

面,三是在学生所缴纳学费上也存在一定的差异。而高等教育机会分配不公平,所造成的原因有外在的和内在的,外在的两大主要原因:一是历史形成的发展性差距,如城乡差距、地区差距;二是制度性的原因,如支持教育系统内高等教育机会分配的教育公共政策、制度安排的不同取向,往往会加剧现实中业已存在的教育不公①。内在的三大主要原因:一是教育结构单一,脱离群众实际,二是招生与分配制度不合理,三是教育投资及其分配制度不完善②。

而且这种不公平甚至可能在教育发展相当长的一个阶段内都得不到改善,不公平的程度仍然呈现增大趋势,不过当高等教育的录取率达到相当高的程度,基本完全普及化高等教育的时候,高等教育不公平的状况才可能逐渐得到改善和提高。即在高等教育机会分配公平的发展过程中存在一个类似于库兹涅茨倒 U 曲线的变化过程,在高等教育发展的前期不公平程度呈增加趋势,达到一定高度后保持平稳状态,再发展到一定程度后不公平程度又呈下降趋势,这也是高等教育机会分配公平发展的一个基本规律③。此外,高等教育机会的分配公平性问题,不仅仅是教育系统内部的公平问题,而是整个教育系统与社会体系相比较的社会公平问题,牵涉到的是对关涉高等教育机会分配相关的资源与权利、政策与制度的分配与调整改革的过程,是社会公平的重要一环④。因此,

---

① 杨东平:《2020:中国教育改革方略》,人民出版社 2010 年版,第 49 页。
② 吴德刚:《中国全民教育研究——兼论教育机会平等问题》,教育科学出版社 2011 年版,第 202 页。
③ 谢维和等:《中国的教育公平与教育发展(1990—2005)》,教育科学出版社 2008 年版,第 4 页。
④ 吕星宇:《教育过程公平:教育活动的内在品性》,华东师范大学出版社 2013 年版,第 65—66 页。

高等教育机会分配的公平程度不仅取决于教育发展本身,更重要的是取决于社会经济的发展和整个社会的公平与平等,外在的经济与社会的不平等又反过来影响教育的公平发展,因此,需要从教育制度(如高考改革制度、高校招生制度)改革以外,配以社会经济、政治的改革才能从根本上改变高等教育机会分配不公平的状态①。

---

① 谢维和等:《中国的教育公平与教育发展(1990—2005)》,教育科学出版社2008 年版,第 207 页。

参 考 文 献

一、中文文献

1.译著

[澳大利亚]安德鲁·文森特:《现代政治意识形态》,袁久红等译,江苏人民出版社2005年版。

[古希腊]亚里士多德:《尼各马可伦理学》苗力田译,中国社会科学出版社1990年版。

[美]阿拉斯戴尔·麦金泰尔:《德性之后》,龚群等译,中国社会科学出版社1995年版。

[美]阿拉斯戴尔·麦金泰尔:《谁之正义?何种合理性?》,万俊人等译,当代中国出版社1996年版。

[美]阿瑟·奥肯:《平等与效率——重大的权衡》,王忠民等译,四川人民出版社1988年版。

[美]艾伦·布坎南:《伦理学、效率与市场》,廖申白等译,中国社会科学出版社1991年版。

[美]保罗·萨缪尔森、威廉·诺德豪斯:《经济学(第十六版)》,萧琛等译,华夏出版社1999年版。

[美]罗伯特·诺齐克:《无政府、国家与乌托邦》,何怀宏等译,中国社会科学出版社1991年版。

[美]罗纳德·德沃金:《至上的美德——平等的理论与实践》,冯克利译,江苏人民出版社2003年版。

[美]迈克尔·沃尔泽:《正义诸领域:为多元主义与平等一辩》,褚松燕译,译林出版社2002年版。

[美]威廉·帕·克莱默:《理念与公正——心理学、相对主义和政治》,周征环等译,东方出版社1996年版。

[美]亚历克斯·卡利尼克斯:《平等》,徐朝友译,江苏人民出版社2003年版。

[美]约翰·罗尔斯:《正义论》,何怀宏等译,中国社会科学出版社1988年版。

[美]詹姆斯·M.布坎南:《自由、市场与国家——80年代的政治经济学》,平新乔等译,上海三联书店1988年版。

[美]詹姆斯·科尔曼:《教育机会均等的观念》,载张人杰主编:《国外教育社会学基本文选(修订版)》,华东师范大学出版社2009年版。

[瑞典]托尔斯顿·胡森:《平等——学校和社会政策的目标》,载张人杰主编:《国外教育社会学基本文选》,华东师范大学出版社2009年版。

[印度]阿马蒂亚·森:《后果评价与实践理性》,应奇译,东方出版社2006年版。

[印度]阿马蒂亚·森:《贫困与饥荒——论权利与剥夺》,王宇等译,商务印书馆2001年版。

[印度]阿马蒂亚·森:《以自由看待发展》,任赜等译,中国人民大学出版社2002年版。

[英]A.J.M.米尔恩:《人的权利与人的多样性——人权哲学》,夏勇等译,中国大百科全书出版社1995年版。

[英]安东尼·吉登斯:《第三条道路及其批评》,孙相东译,中共中央党校出版社2002年版。

[英]安东尼·吉登斯:《第三条道路——社会民主主义的复兴》,郑戈译,北京大学出版社2000年版。

[英]戴维·米勒:《社会正义原则》,应奇译,江苏人民出版社2001年版。

[英]伦纳德·霍布豪斯:《社会正义要素》,孔兆政译,吉林人民出版社2006年版。

[英]休谟:《道德原则研究》,曾晓平译,商务印书馆2001年版。

2.中文专著

慈继伟:《正义的两面》,生活·读书·新知三联书店2001年版。

董云川、张建新:《高等教育机会与社会阶层》,科学出版社2008年版。

窦心浩:《高等教育机会地区差的社会经济学——关于中日两国的比

较研究》,上海交通大学出版社 2014 年版。

樊纲:《平等、公平与经济发展》,载姚洋主编:《转轨中国:审视社会公正和平等》,中国人民大学出版社 2004 年版。

范先佐:《教育投资体制改革的理论与实践问题研究》,华中师范大学出版社 2003 年版。

何怀宏:《公平的正义:解读罗尔斯〈正义论〉》,山东人民出版社 2002 年版。

何建华:《经济正义论》,上海人民出版社 2004 年版。

胡海波:《正义的追寻——人类发展的理想境界》,东北师范大学出版社 1997 年版。

教育部财政司、国家统计局社会科技和文化产业统计司:《中国教育经费统计年鉴·2015》,中国统计出版社 2016 年版。

雷弢:《反思公平:社会学者对社会的警告》,中国妇女出版社 1989 年版。

李春玲:《社会政治变迁与教育机会不平等——家庭背景及制度因素对教育获得的影响》,载李培林等主编:《中国社会分层》,社会科学文献出版社 2004 年版。

李廉水、吴立保:《和谐社会视野下高等教育公平的制度设计研究》,科学出版社 2010 年版。

李文胜:《中国高等教育入学机会的公平性研究》,北京大学出版社 2008 年版。

联合国教科文组织教育发展委员会:《学会生存:教育世界的今天和明天》,教育科学出版社 1996 年版。

刘精明等:《教育公平与社会分层》,中国人民大学出版社 2016 年版。

吕绍清:《留守还是流动——民工潮中的儿童研究》,中国农业出版社 2007 年版。

吕星宇:《教育过程公平:教育活动的内在品性》,华东师范大学出版社 2013 年版。

马凤岐:《教育政治学》,人民教育出版社 2002 年版。

万光侠:《效率与公平——法律价值的人学分析》,人民出版社 2000 年版。

王海明:《公正、平等、人道——社会治理的道德原则体系》,北京大学出版社 2000 年版。

王伟宜:《高等教育入学机会变迁研究》,清华大学出版社 2015 年版。

王香丽:《我国高等教育入学机会差异研究——以高中阶段教育为视角》,世界图书出版广东有限公司 2011 年版。

王一涛:《农村教育与农民的社会流动——基于英县的个案分析》,社会科学文献出版社 2008 年版。

王玉崑:《教育经济学(第二版)》,华文出版社 2005 年版。

夏文斌:《走向正义之路》,黑龙江教育出版社 2000 年版。

谢维和等:《中国的教育公平与教育发展(1990—2005)》,教育科学出版社 2008 年版。

杨葆焜、范先佐:《教育经济学新论》,江苏教育出版社 1995 年版。

杨东平:《2020:中国教育改革方略》,人民出版社 2010 年版。

杨东平:《中国教育公平的理想与现实》,北京大学出版社 2006 年版。

杨莹:《教育机会均等——教育社会学的探索》,台北师大书苑有限公司 1995 年版。

余秀兰:《中国教育的城乡差异:一种文化再生产现象的分析》,教育科学出版社 2004 年版。

袁振国:《论中国教育政策的转变:对我国重点中学平等与效益的个案研究》,广东教育出版社 1999 年版。

张书琛等:《社会主义市场经济中的社会公正问题》,广东人民出版社 2002 年版。

张曙光:《经济学(家)如何讲公平》,载姚洋主编:《转轨中国:审视社会公正和平等》,中国人民大学出版社 2004 年版。

张玉堂:《中国高等教育公平问题研究》,中国书籍出版社 2015 年版。

中华人民共和国教育部发展规划司:《中国教育统计年鉴·2014》,人民教育出版社 2015 年版。

3.论文和相关报道

《12 省市调剂 16 万高考生源引家长不满　教育部门回应》,2016 年 5 月 14 日,见柴葳:《教育部为何要实施支援中西部地区招生协作计划》,《中国教育报》2016 年 6 月 6 日。

陈晓宇:《谁更有机会进入好大学——我国不同质量高等教育机会分配的实证研究》,《高等教育研究》2012 年第 2 期。

崔娟:《广西少数民族流动儿童的社会化研究——以柳州市 XZ 农民工子弟学校为例》,广西师范大学 2010 年硕士学位论文。

《大数据:近三年重点高校属地招生比例详解》,2016 年 5 月 18 日,见 http://edu.sina.com.cn/zl/edu/2016-05-18/09543640.shtml。

邓勇:《农村留守儿童教育问题的思考与对策》,四川大学 2007 年硕士学位论文。

丁小浩、梁彦:《中国高等教育入学机会均等化程度的变化》,《高等教育研究》2010 年第 2 期。

董奇:《高考改革调整分值不如革新内容与方法》,《教育与职业》2009 年第 12 期。

杜桂英:《家庭背景对我国高等教育入学机会的影响——基于 2009 年高校毕业生的调研报告》,《国家教育行政学院学报》2010 年第 10 期。

杜瑞军:《高等教育入学机会分配中的政府角色研究——基于对新中国成立以来高等教育入学政策变迁的历史分析》,北京师范大学 2008 年博士学位论文。

范先佐:《农村"留守儿童"教育面临的问题与对策》,《国家教育行政学院学报》2005 年第 7 期。

范元伟:《流动儿童与本地学生相互融合研究》,《当代青年研究》2008 年第 6 期。

冯帮:《经济排斥与流动儿童的教育公平》,《教育与经济》2011 年第 1 期。

付尧、孟大虎:《农民工子女义务教育供给研究——基于成本分担理论的分析》,《教育发展研究》2008 年第 17 期。

高建民:《美国基础教育财政发展史研究》,河北大学 2004 年博士学位论文。

贾滕:《基础教育"课程公平"研究的回顾与反思》,《教育探索》2015 年第 4 期。

教育部、国家发展改革委、财政部、人力资源社会保障部、国务院扶贫办:《关于实施面向贫困地区定向招生专项计划的通知(教学[2012]2

号)》,2012 年 3 月 19 日,见 http://www.moe.edu.cn/publicfiles/business/ht-mlfiles/moe/A15_zcwj/201204/xxgk_134392.html。

教育部、国家发展改革委:《教育部、国家发展改革委关于做好 2016 年普通高等教育招生计划编制和管理工作的通知(教发〔2016〕7 号)》,2016 年 5 月 4 日,见 http://www.moe.edu.cn/srcsite/A03/s180/s3011/201605/t20160504_241872.html。

教育部:《教育部关于 2013 年扩大实施农村贫困地区定向招生专项计划的通知(教学〔2013〕5 号)》,2013 年 5 月 30 日,见 http://www.moe.gov.cn/publicfiles/business/htmlfiles/moe/s3258/201306/xxgk_152897.html。

教育部:《教育部关于 2014 年扩大实施农村贫困地区定向招生专项计划的通知(教学〔2014〕2 号)》2014 年 3 月 7 日,见 http://www.moe.edu.cn/publicfiles/business/htmlfiles/moe/s3258/201404/167124.html。

教育部:《教育部关于做好 2016 年重点高校招收农村和贫困地区学生工作的通知(教学〔2016〕6 号)》,2016 年 3 月 25 日,见 http://www.ahedu.gov.cn/163/view/18026.shtml。

《教育部:2014 年部属高校将降低属地招生比例》,2014 年 3 月 29 日,见 http://gaokao.eol.cn/bkzc_2915/20140329/t20140329_1091978.shtml。

李剑平:《纪宝成:市长市委书记孩子几乎不上职业院校》,《中国青年报》2013 年 4 月 15 日。

李兰兰:《初中学生对高中阶段入学选择实证研究》,《职教论坛》2009年 8 月(上)。

厉以宁:《关于教育产品的性质和对教育的经营》,《教育发展研究》1999 年第 10 期。

刘蓓蓉:《试析我国高等教育入学机会的不均等化》,《当代教育科学》2011 年第 19 期。

刘海峰:《高考改革的思路、原则与政策建议》,《教育研究》2009 年第7 期。

刘海峰:《理性认识高考制度　稳步推进高考改革》,《中国高等教育》2013 年 7 期。

刘云杉、王志明、杨晓芳:《精英的选拔:身份、地域与资本的视角——跨入北京大学的农家子弟(1978—2005)》,《清华大学教育研究》2009 年第

5 期。

龙安邦:《基础教育课程改革中的效率与公平》,西南大学 2013 年博士学位论文。

陆根书:《高等教育机会均等与社会平等:高等教育扩展的影响》,《高等教育研究》1998 年第 4 期。

马早明:《西方"教育机会均等"研究述评》,《教育导刊》2001 年第 15—16 期。

孟庆伟:《12 省输出 16 万高招指标背后逻辑:本省生源不足》,2016 年 5 月 21 日,见 http://edu.sina.com.cn/gaokao/2016 - 05 - 21/doc - ifxskt-kr5850906.shtml。

谯欣怡、沈有禄:《正义理论的历史回顾:模式化抑或多元主义》,《延边大学学报(社会科学版)》2011 年第 2 期。

秦春华:《重点大学农村学生比例为何上不去》,《光明日报》2015 年 9 月 8 日。

上海市教育科学研究院、麦可思研究院:《2012 中国高等职业教育人才培养质量年度报告》,《中国教育报》2012 年 10 月 17 日。

沈有禄、谯欣怡:《欧盟教育制度公平测度指导原则简述》,《比较教育研究》2009 年第 10 期。

沈有禄:《教育政策的执行过程分析与价值分析——兼论"两免一补"政策及其改进》,《教育科学研究》2008 年第 1 期。

沈有禄:《作为避免基本可行能力剥夺的基础教育资源配置平等》,《辽宁教育研究》2007 年第 10 期。

宋韬:《中国高等教育入学机会差异问题研究》,光明日报出版社 2015 年版。

宋映泉、罗朴尚、魏建国:《农村初中生的分流意向、教育选择及影响因素》,2011 年 5 月 12 日,见 http://ciefr.pku.edu.cn/publishsinfo_330.html。

谭敏:《中国少数民族高等教育入学机会研究——基于家庭背景的分析》,福建教育出版社 2012 年版。

唐卫民、姜育兄:《家庭收入对高等教育入学机会的影响——以辽宁省六所不同类型院校为例》,《现代教育管理》2010 年第 7 期。

唐喜梅、卢清:《农村留守儿童亲子教育缺失问题及对策研究》,《江西教育科研》2006 年第 9 期。

陶美重、耿静静:《高等教育入学机会城乡差异的家庭因素分析——基于河南省 W 市的实证调查》,《徐州工程学院学报(社会科学版)》2015 年第 5 期。

王伟宜:《我国城乡子女高等教育入学机会差距变化研究(1982—2010)——基于四川省的实证调查》,《教育发展研究》2013 年第 1 期。

王香丽:《我国高等教育入学机会的城乡差异研究——高中阶段教育的视角》,《高教探索》2011 年第 1 期。

王勇鹏:《应得与公平——课程公平的研究》,湖南师范大学 2008 年博士学位论文。

文东茅:《高考改革方案对"唯分数论"的超越》,《中国高教研究》2014 年第 10 期。

翁文艳:《教育公平的多元分析》,《教育发展研究》2001 年第 3 期。

吴德刚:《中国全民教育研究——兼论教育机会平等问题》,教育科学出版社 2011 年版。

吴支奎:《论课程公平及其实现路径》,《教育导刊》2014 年第 12 期。

吴支奎:《制度突破:农村留守儿童教育问题的出路》,《教育导刊》2010 年第 6 期。

辛向阳:《实现中国梦就要破解"中国难题"》,《中国青年报》2013 年 6 月 24 日。

徐骞、尧新瑜:《江苏等四省市 2009 年高考改革方案之比较》,《教育理论与实践》2010 年第 10 期。

徐玲、白文飞:《流动儿童社会排斥的制度性因素分析》,《当代教育科学》2009 年第 1 期。

徐阳:《农村留守儿童教育问题研究》,华东师范大学 2006 年博士学位论文。

杨江华:《我国高等教育入学机会的区域差异及其变迁》,《高等教育研究》2014 年第 12 期。

杨倩:《家庭背景对高等教育入学机会的影响》,《现代教育管理》2011 年第 7 期。

应朝帅:《招生公平新探索:促进招生关系主体间的公平——浙江高考

改革方案评析》,《中国高教研究》2016 年第 5 期。

于洪娇:《学生选择中职学校原因的实证研究》,《职业技术教育》2010
年第 22 期。

余保华:《学校课堂中教育机会平等的文化分析》,北京师范大学 2008
年博士学位论文。

张济洲:《"高考工厂"现象折射社会底层的不满与期待》,《中国教育
学刊》2015 年第 11 期。

张继平、董泽芳:《优质高等教育入学机会不公平的多向度分析》,《华
中师范大学学报(人文社会科学版)》2012 年第 2 期。

张力:《政府在教育发展中的责任》,《中国党政干部论坛》2005 年第
7 期。

赵婀娜、田豆豆:《重点高校农村学生越来越少》,《兵团党校学报》
2009 年第 1 期。

郑晓华:《广西来宾市义务教育课程开设问题与政策建议》,《人力资
源管理》2013 年第 9 期。

《中央部属高校"去本地化"之困》,2016 年 3 月 18 日,见 http://edu.
qq.com/zt2011/jysd03/。

周国华、翁启文:《流动儿童教育问题文献研究述评》,《人口与发展》
2007 年第 5 期。

二、英文文献

Denis Meuret.,"A System of Equity Indicators for Educational System",in
In Pursuit of Equity in Education：Using International Indicators to Compare Equity Policies,Walo Hutmacher,Douglas Cochrane and Norberto Bottani (eds.).,
Dordrecht/Boston/London：Kluwer Academic Publishers,2001.

Denis Meuret,"School Equity as a Matter of Justice",in *In Pursuit of Equity in Education：Using International Indicators to Compare Equity Policies*,
Walo Hutmacher, Douglas Cochrane and Norberto Bottani (eds.) , Dordrecht/
Boston/London：Kluwer Academic Publishers,2001.

Friedman,M,*Capitalism and Freedom*,Chicago：The University of Chicago
Press,1962.

James S. Coleman, *Equality and Achievement in Education* Boulder, San Francisco and London: Westview Press, 1990.

Joel D. Sherman, Jeffrey M. Poirier, *Educational equity and public policy: comparing results from 16 countries*, Montreal: UNESCO Institute for Statistics, 2007.

Marc Demeuse, Marcel Crahay & Christian Monseur, "Efficiency and equity" in *In Pursuit of Equity in Education: Using International Indicators to Compare Equity Policies*, Walo Hutmacher, Douglas Cochrane and Norberto Bottani (eds.), Dordrecht/Boston/London: Kluwer Academic Publishers, 2001.

Robert Berne, Leanna Stiefel, *The Measurement of Equity in School Finance with an Expenditure Disparity Measure*, New York: Graduate School of Publich Administration New York University, 1978.

Robert Berne, Leanna Stiefe, "Concepts of School Finance Equity: 1970 to the Present", in *Equity and Adequacy in Education Finance: Issues and Perspectives*, Helen F. Ladd, Rosemary Chalk, & Janet S. Hansen (eds.), Washington, D. C.: National Academy Press, 1999.

附　　录

附录一　《教育机会分配的公平性问题研究》调查问卷

编号_____　_____省(区)_____县(市)　　_____(镇、城市社区)_____学校(大学/学院)

《教育机会分配的公平性问题研究》调查问卷
(学生卷)

尊敬的同学:您好!

为了全面了解我国教育机会分配的公平性问题的真实情况,受全国哲学社会科学规划办的委托我们特意组织这次调查,希望能得到您的积极配合。本次调查是以匿名的形式填答,所有信息仅供参考研究使用。请您在您同意的答案后打"√"或在　上填写相关信息,谢谢您的支持。

全国哲学社会科学规划项目
《教育机会分配的公平性问题研究》课题组

1.您的基本情况是:

1)您的性别　①男　②女

2)您是家里的　①唯一一个孩子　②老大(家里有两个及以

上孩子）　③老二及以后（家里有两个及以上孩子）

3）您的年龄_____岁

4）您的身份：

①小学生　②初中生　③高中生（含中职中专生）　④大专生（含高职高专生）　⑤本科生　⑥研究生（含硕士、博士及以上）

5）您的家庭住所

①农村　②乡政府或镇政府所在地　③县城　④地级市及以上的大城市

6）您父亲的职业是（如果家里是母亲的职业或社会地位比父亲的高就请填写母亲的职业，即只填写父亲或母亲职业社会地位最高的一方的职业，该题请**只填写一个**选项）：

①农民　②工人（含农民工）　③个体工商户　④小型私/民营企业主（雇员在1—10人之间）　⑤其他私/民营企业主（雇员在10人以上）　⑥教师　⑦国有企业、合资企业、政府机构、事业单位（除教师行业以外）里的普通职员　⑧政府机构或事业单位及国有企业副科级（副乡长、副镇长、县里的副局长）　⑨政府机构或事业单位及国有企业正科级（乡长、镇长、县里的局长）　⑩政府机构或事业单位及国有企业副处级以上（县里的副县长及以上、地级市及以上级别市里的副处长及以上）

7）您**母亲**的受教育程度

①小学　②初中　③高中（含中职中专）　④大专（含高职高专）　⑤本科　⑥研究生（含硕士、博士及以上）　⑦文盲

2.您的家庭年收入是：

①1万元以下　②1—3万元之间　③3—5万元之间　④5—8万元之间　⑤8万元及以上

3.您所在学校位于:

①大城市(省会及以上) ②城区(地级市) ③县城 ④小城镇 ⑤丘陵 ⑥山区 ⑦平原 ⑧其他(牧区、矿区、湖库区)

4.您认为**教育机会**应该包括的是:(可多选)

①有学可上(只要是个人就能到与其身体和智商相对应的学校读书) ②上学过程中如教师资源的配置及其他软硬件的教育资源投入如经费、设备、办学条件、管理政策等教育投入 ③上学过程中教师对学生的心理期望和课堂上如排学生座位及要学生回答问题时的对待及在考试成绩及期末评语上的对待

④父母对您的学习及将来职业的期望和在对您学习上的管理、支持或帮助 ⑤念完本阶段的学校后有升入高一级学校就读的机会 ⑥念完您想上的最高阶段(含高中及中职中专、大专及高职高专、大学本科、研究生及以上)的学校后能进入比您父母现在职业更高的社会地位职位去工作的机会 ⑦接受完您想上并具有支付能力最高阶段教育后能挣得较高的收入,实现社会、经济、政治地位的向上流动(升迁)

5.在理解教育机会的内涵后您认为教育机会均等/平等或公平应该包括的是:(可多选)

①上学(就读)机会的平等 ②上学过程中的教师、经费、办学条件、政府管理政策等投入的平等

③上学过程中教师、学校对学生的期望和对待的平等 ④父母对您的期望和对待的平等 ⑤升入高一级学校就读机会的平等

⑥接受教育后获得工作机会或前景的平等 ⑦接受教育后实现自己社会经济与政治地位向上流动的机会的平等

6.您认为教育机会均等的最主要表现(具体表现见上述第5题所述)是: (请选择最重要的三个表现,依次排序)

第一位最重要的表现	第二位最重要的表现	第三位最重要的表现

7.您认为目前教育机会不均等的最主要表现是：

①上学(就读)机会的不平等　②上学过程中的教师、经费、办学条件、政府管理政策等投入的不平等

③上学过程中教师、学校对学生的期望和对待的不平等　④父母对您的期望和对待的不平等

⑤升入高一级学校就读机会的不平等　⑥接受教育后获得工作机会或前景的不平等　⑦接受教育后实现自己社会经济与政治地位向上流动的机会的不平等　（请选择最重要的三个表现，依次排序）

第一位最不平等的表现	第二位最不平等的表现	第三位最不平等的表现

8.您对目前政府致力于教育机会分配的公平性方面的改革态度是：

①非常赞成　②赞成　③无所谓　④不赞成　⑤非常不赞成

9.您认为教育机会分配的公平性改革的最大阻力来自：

①政府官员　②教职工　③学校领导　④学生家长　⑤用人单位　⑥目前各类不平等的政策及影响因素（如上学的户籍就近原则，升学（尤其是高考）的地域、民族差异政策，就业上的户籍、性别、工作经验等方面的歧视性要求等）（请选择最重要的三个阻力，依次排序）

第一位阻力	第二位阻力	第三位阻力

10.您所在地区是怎样推进教育机会分配的公平性的？（可多选）

①加大政府教育经费投入力度　②加快薄弱学校建设　③加强教师队伍建设(包括培训、交流等)及均衡配置　④要求教师、家长在教育过程中对学生平等对待　⑤保持或加强对少数民族、边远地区、低收入家庭的学生经济补助　⑥保持或加强对少数民族、特长学生的升学照顾力度　⑦提高教师的经济待遇　⑧提高毕业生的待遇及就业率　⑨政府、社会共同努力减小升学及就业方面的歧视对待　⑩其他

11.为了使教育机会分配得更加公平,您希望政府及社会在哪些方面进一步加大改革力度?（可多选）

①取消重点校、重点班　②加大对贫困地区学校和困难群体子女上学的支持力度　③取消初中升高中考试,高中招生指标平等分配到各初中　④加快高考制度改革,全国统一一张试卷考试,各地录取分数线不应差别太大　⑤保持或加强对少数民族、特长学生的升学优惠政策　⑥取消高考招生中各种竞赛或兴趣考证学生的加分政策　⑦提高教师的经济待遇　⑧提高毕业生的待遇及就业率　⑨政府、社会共同努力减小升学及就业方面的歧视对待　⑩教师、家长对学生公平对待　⑪教育资源投入要均衡分配　⑫其他

12.您认为政府和社会致力于教育机会分配的公平性改革最迫切需要的措施(具体改革措施见上述第11题所述)是：（请选

择最迫切需要改革的三个措施,依次排序)

第一位迫切需要的措施	第二位迫切需要的措施	第三位迫切需要的措施

13.您认为学生中学毕业后选择上职业院校是：（可多选）

①与学生自己的考试成绩相匹配的　②职业院校资助多,学费相对要少些,家庭教育成本低些

③职业院校能教会学生某项职业技能,将来更容易就业　④源于政府和社会的压力(如政府的普通教育与职业教育的"双轨"分流机制的影响,要求职业教育与普通教育的在校生规模要相当等)而造成的学校及老师动员学生积极报考职业院校　（问卷结束,衷心感谢您的支持与合作）

附录二　城市"流动儿童"受教育问题
学生调查问卷(3—9年级)

问卷编号□□□□　南宁市西乡塘区_____街道（乡）_____学校

城市"流动儿童"受教育问题学生调查问卷(3—9年级)

亲爱的同学,为了解你在学习和生活中的真实信息,我们设计了这份问卷。问卷以不记名方式进行,请你在"□"中打"√"或在"____"上填数字。谢谢!

"流动儿童"指的是离开自己爸爸/妈妈户籍所在地,而且跟着爸爸/妈妈外出到他们工作的地方学习,而且在父母打工所在地**学习半年及以上**时间的儿童。

1.你是"流动儿童"吗？　①□是　②□否

2.你的性别　①□男　②□女

3.你的年龄是_____岁

4.你的民族　①□汉族　②□少数民族

5.你今年上__**年级**(初一至初三请分别用"7""8"或"9"填写)

6.你目前就读的学校的性质是？　①□公办学校　②□民办学校

7.你所在学校的规模:①□一个很小的学校(200学生以下)　②□一个比较小的学校(200—1000学生)　③□中等规模学校(1000—3000学生)　④□很大的学校(3000学生以上)

8.你现在和谁住在一起？

①□爸爸　②□妈妈　③□爸爸和妈妈　④□爷爷/奶奶或外公/外婆　⑤□其他

9.总体来说,现在负责照顾你日常生活的人(简称**监护人**)对你的态度:

①□特别好　②□比较好　③□一般　④□比较差　⑤□很差

10.在家里(或居住地)有人辅导或检查你的家庭作业吗？①□有　②□没有

11.到学校去是否有人接送？　①□爸爸或妈妈接送　②□爸妈以外的亲戚接送　③□没人接送

12.截至目前,你已经随你爸爸或妈妈在他们现在工作的地方居住的时间大约是:

①□半年以内　②□0.5—1 年　③□1—2 年　④□2—3 年
⑤□3 年及以上

13.截至目前,你已经在你现在上学的学校学习的时间大约是:

①□半年以内　②□0.5—1 年　③□1—2 年　④□2—3 年
⑤□3 年及以上

14.截至目前,随你爸爸/妈妈入城以后你已经转学过几所学校(包括你现在就读的学校):

①□1 所　②□2 所　③□3 所　④□4 所　⑤□5 所及以上

15.你爸爸/妈妈户籍所在地在哪里?

①□本城区/县城内　②□省内其他地方　③□省外

16.随你爸爸/妈妈外出工作进入当地学校后与你没有流动前相比你的学习成绩?

①□下降了　②□没有变化　③□提高了

17.你的成绩在全班排名:①□前十名　②□中间左右
③□比较落后,还需要努力

18.平时与爸爸/妈妈沟通交流,你们主要谈些什么(可多选)

①□学习情况　②□饮食健康与安全　③□心理问题
④□父/母工作和生活　⑤□其他

19.家里每周给你的零花钱是多少?

①□没有　②□1—10 元　③□10—30 元　④□30—50 元
⑤□50 元以上

20.你喜欢上学吗?　①□特别喜欢　②□比较喜欢　③□无所谓　④□讨厌上学　⑤□非常讨厌

21.你认为读书　①□非常重要　②□比较重要　③□无所谓
④□不太重要　⑤□根本不重要

22.你上学　①□经常迟到　②□偶尔迟到　③□很少迟到
④□从不迟到

23.在学校里,老师关心你的学习和生活？①□从不关心
②□很少关心　③□经常关心

24.学校老师家访情况：　①□从不家访　②□有时家访
③□经常家访

25.在学习上遇到困难,你常常向谁寻求帮助？（可多选）

①□老师　②□好朋友或同学　③□爸爸/妈妈　④□爸妈之
外的亲戚　⑤□其他

26.在生活上遇到困难,你常常向谁寻求帮助？（可多选）

①□老师　②□好朋友或同学　③□爸爸/妈妈　④□爸妈之
外的亲戚　⑤□其他

27.放学后,你花费时间比较多的活动依次是：_____ _____
_____（按照从多到少顺序,在下面序号中选择三项）

①□做家庭作业　②□看课外书　③□参加各种兴趣或特长
班　④□做家务　⑤□和小伙伴玩　⑥□打游戏　⑦□看电视
⑧□其他

28.在学校或放学后你有没有受到过下面各类型的侵害：
（按照从多到少顺序,在下面序号中选择三项）

①□被同学或社会人员威胁或殴打或辱骂　②□被监护人殴
打或辱骂　③□被老师殴打或辱骂　④□被性侵犯或猥亵
⑤□其他

29.在你或你同学的周围有没有发生过下面各类型的事故：
_____ _____ _____（按照从多到少顺序,在下面序号中选择三
项）

①□游泳溺亡　②□交通事故受伤或死亡　③□主动与别人

打架斗殴而造成的受伤或死亡　④□被社会上的混混打斗造成的
受伤或死亡　⑤□把或被监护人打伤打死的　⑥□其他

30.在你的学习和生活当中得到最多的关怀来自：_____
_____ _____（按照从多到少顺序,在下面序号中选择三项）

①□老师　②□同学　③□爸爸/妈妈　④□爸爸妈妈以外的
亲戚　⑤□其他

31.你期待学校或政府及社会能为你做些什么？_____
_____ _____（按照你最期望的程度从多到少顺序,在下面序号
中选择三项）

①□老师多些学习指导和生活关怀　②□能多得到些同学的
帮助和关怀　③□爸爸/妈妈多些关怀与指导　④□学校或政府
多些物质关怀　⑤□学校多些精神关怀　⑥□社会公益组织等社
会力量多一些到学校慰问或给予物质关怀　⑦□多得到一些来自
政府、学校、社会心理上的关爱与支持　⑧□在流入地进入公办学
校就读时不再看"六证齐全",只要有爸爸或妈妈的居民身份证即
可　⑨□在流入地进入公办学校就读时不再看"六证齐全",最多
只要有爸爸或妈妈的居民身份证、居住证、工作证这"三证"即可
⑩□其他

	请在以下选项中 表明你个人的看法：	非常 不同意 1	不同意 2	不确定 3	同意 4	非常 同意 5
32	1.我感到我是一个有价值的人,至少与其他人在同一水平上	□	□	□	□	□
33	归根结底,我倾向于觉得自己是一个失败者	□	□	□	□	□

续表

	请在以下选项中 表明你个人的看法:	非常 不同意 1	不同意 2	不确定 3	同意 4	非常 同意 5
34	我经常不听管教	□	□	□	□	□
35	我时常说谎	□	□	□	□	□
36	我欺负别的孩子	□	□	□	□	□
37	我容易哭泣	□	□	□	□	□
38	我感到害怕	□	□	□	□	□
39	我不能控制地大发脾气	□	□	□	□	□
40	在学校交新朋友对我很容易	□	□	□	□	□
41	我和小伙伴一起时很少说话	□	□	□	□	□
42	我感到我什么事也做不好	□	□	□	□	□
43	与同学相比,我感到自己必须学习更努力,才能取得和他们一样的成绩	□	□	□	□	□
44	与同龄儿童相比,我的词语理解能力非常差	□	□	□	□	□
45	我对同学的交谈理解差,注意力也不集中	□	□	□	□	□

(问卷结束,衷心感谢您的支持与合作!)

附录三　农村"留守儿童"受教育问题
学生调查问卷（3—9 年级）

问卷编号□□□□　南宁市西乡塘区＿＿＿＿街道（乡）
＿＿＿＿＿＿学校

农村"留守儿童"受教育问题学生调查问卷（3—9 年级）

亲爱的同学，为了解你在学习和生活中的真实信息，我们设计了这份问卷。问卷以不记名方式进行，请你在"□"中打"√"或在"＿＿"上填数字。谢谢！

"留守儿童"指的是留在自己爸爸/妈妈户籍所在地，而且没有跟着爸爸/妈妈外出到他们工作的地方学习，而是留在家乡学习半年及以上时间的儿童。

1.你是"留守儿童"吗？　①□是　②□否

2.你的性别　①□男　②□女

3.你的年龄是＿＿＿＿＿岁

4.你的民族　①□汉族　②□少数民族

5.你今年上＿＿＿＿＿年级（初一至初三请分别用"7""8"或"9"填写）

6.你是否在校住宿？①□在校住宿　②□不在校住宿

7.今年你爸爸或妈妈外出工作的情况是

①□爸爸一人外出工作　②□妈妈一人外出工作　③□爸妈都外出工作　④□爸妈都在家

8.你现在和谁住在一起？

①□爸爸或妈妈　②□爸爸妈妈　③□爷爷/奶奶或外公/外婆　④□其他亲戚　⑤□其他

9.你现在的学习和生活主要由谁负责和照顾？

①□爸爸或妈妈　②□爸爸妈妈一起负责　③□爷爷/奶奶或外公/外婆　④□其他亲戚　⑤□其他

10.总体来说,现在负责照顾你日常生活的人(简称监护人)对你的态度:

①□特别好　②□比较好　③□一般　④□比较差　⑤□很差

11.在家里有人辅导或检查你的家庭作业吗？　①□有②□没有

12.到学校去是否有人接送？

①□爸爸或妈妈接送　②□爸妈以外的亲戚接送　③□没人接送

13.爸爸或妈妈每年外出工作的时间大约是:

①□6个月以内　②□6—9个月　③□9—12个月

14.你爸爸/妈妈今年在哪里工作？

①□本城区/县城内　②□省内其他地方　③□省外

15.父/母外出工作后你的学习成绩？　①□下降了　②□没有变化　③□提高了

16.你的成绩在全班排名:①□前十名　②□中间左右③□比较落后,还需要努力

17.父/母外出工作对你家庭的经济条件有无改善？　①□有②□不清楚　③□没有

18.平均每个月,你与外出工作的父/母联系多少次？

①□没有联系　②□1—2 次　③□3—4 次　④□4 次以上

19.外出工作的父/母跟你联系,主要谈些什么(可以多选)

①□学习情况　②□饮食健康与安全　③□心理问题

④□父/母工作和生活　⑤□其他

20.家里每周给你的零花钱是多少?

①□没有　②□1—10 元　③□10—20 元　④□20 元以上

21.你喜欢上学吗?①□特别喜欢　②□比较喜欢　③□无所谓　④□讨厌上学　⑤□非常讨厌

22.你认为读书:①□非常重要　②□比较重要　③□无所谓　④□不太重要　⑤□根本不重要

23.你上学:　①□经常迟到　②□偶尔迟到　③□很少迟到　④□从不迟到

24.在学校里,老师关心你的学习和生活?①□从不关心　②□很少关心　③□经常关心

25.学校老师家访情况:　①□从不家访　②□有时家访　③□经常家访

26.在学习上遇到困难,你常常向谁寻求帮助?(可多选)

①□老师　②□好朋友或同学　③□爸爸/妈妈　④□爸妈之外的亲戚　⑤□其他

27.在生活上遇到困难,你常常向谁寻求帮助?(可多选)

①□老师　②□好朋友或同学　③□爸爸/妈妈　④□爸妈之外的亲戚　⑤□其他

28.放学后,你花费时间比较多的活动依次是:_____　_____　_____(按照从多到少顺序,在下面序号中选择三项)

①□做家庭作业　②□看课外书　③□参加各种兴趣或特长班　④□做家务　⑤□和小伙伴玩　⑥□打游戏　⑦□看电视

⑧□其他

29.在学校或放学后你有没有受到过下面各类型的侵害：_____ _____ _____(按照从多到少顺序,在下面序号中选择三项)

①□被同学或社会人员威胁或殴打或辱骂　②□被监护人殴打或辱骂　③□被老师殴打或辱骂　④□被性侵犯或猥亵
⑤□其他

30.在你或你同学的周围有没有发生过下面各类型的事故：_____ _____ _____(按照从多到少顺序,在下面序号中选择三项)

①□游泳溺亡　②□交通事故受伤或死亡　③□主动与别人打架斗殴而造成的受伤或死亡　④□被社会上的混混打架斗殴造成的受伤或死亡　⑤□把或被监护人打伤打死的　⑥□因发生泥石流、台风、地震等自然灾害而造成的受伤或死亡　⑦□其他

31.在你的学习和生活当中得到最多的关怀来自：_____ _____ _____(按照从多到少顺序,在下面序号中选择三项)

①□老师　②□同学　③□爸爸/妈妈　④□监护人　⑤□监护人及爸妈以外的亲戚　⑥□其他

32.你期待学校或政府及社会能为你做些什么? _____ _____ _____(按照你最期望的程度从多到少顺序,在下面序号中选择三项)

①□老师多些学习指导和生活关怀　②□能多得到些同学的帮助和关怀　③□爸爸/妈妈能常回家看看我　④□监护人能更多地关爱和理解我　⑤□政府和学校为我指派某一亲情家庭,参与到这一亲情家庭的生活或得到他们家的关爱　⑥□社会公益组织等社会力量多一些到学校慰问或给予物质关怀　⑦□学校或政府多些物质关怀　⑧□多得到一些来自政府、学校、社会心理上的关爱与支持　⑨□其他

	请在以下选项中 表明你个人的看法：	非常 不同意 1	不同意 2	不确定 3	同意 4	非常 同意 5
33	1.我感到我是一个有价值的人，至少与其他人在同一水平上	□	□	□	□	□
34	归根结底，我倾向于觉得自己是一个失败者	□	□	□	□	□
35	我经常不听管教	□	□	□	□	□
36	我时常说谎	□	□	□	□	□
37	我欺负别的孩子	□	□	□	□	□
38	我容易哭泣	□	□	□	□	□
39	我感到害怕	□	□	□	□	□
40	我不能控制地大发脾气	□	□	□	□	□
41	在学校交新朋友对我很容易	□	□	□	□	□
42	我和小伙伴一起时很少说话	□	□	□	□	□
43	我感到我什么事也做不好	□	□	□	□	□
44	与同学相比，我感到自己必须学习更努力，才能取得和他们一样的成绩	□	□	□	□	□
45	与同龄儿童相比，我的词语理解能力非常差	□	□	□	□	□
46	我对同学的交谈理解差，注意力也不集中	□	□	□	□	□

（问卷结束，衷心感谢您的支持与合作！）

致　谢

　　本课题在研究过程中参考了诸多前人的研究成果,在此表示感谢。本课题在问卷的发放、回收、数据录入、资料分析中也得到了诸位同学和朋友的帮助,非常感谢各位的辛勤劳作与真诚配合,才使得课题得以顺利开展,获得了宝贵的第一手资料,作为课题成果的重要支撑力量,使得本课题的研究成果更具有科学性和真实性。

　　在此要特别感谢以下各位在课题问卷发放与回收中给予的帮助,他们分别是:安民兵、陈志芳、陈支那、邓帮林、邓启武、董世华、范淑琴、顾浩月、韩军延、黄放章、黄娟、黄智、阚阅、李昂、李发源、李桂荣、李蕾、李薇薇、梁栋、刘沐洁、刘欣、刘延云、刘阳、卢启文、罗建河、马继迁、米亚萍、乔美英、覃莹、邱菊、邱小健、阮艺华、沈晶、沈小奎、沈应碧、沈友伦、史鹏霜、宋异俭、苏金山、孙德芳、孙夏子、孙远太、腾植生、田行钊、田丽娟、田小红、童宏宝、王芳实、王亚鹏、王一涛、吴华、吴卓平、夏焰、肖庆华、谢友平、熊洋、杨东梅、杨江峰、姚春安、姚文峰、叶臻、于书娟、翟小会、张宝臣、张江林、张金平、张丽、张龙安、张烨、张翼、赵丹、郑晓华、周国华、周星、周游、周长森、周志发、朱平。还要感谢在问卷输入中给予帮助的李毅云、刘琼、刘亚琼、于小淋等同学。感谢广西大学社科处的徐莉莉老师、陆毅青老师在工作上给予的关怀与照顾。

　　再次感谢在此次课题中参与工作的所有相关人员以及被参考引用的各位作者,谨以此成果表达对各位的谢意!

责任编辑:翟金明

图书在版编目(CIP)数据

教育机会分配的公平性问题研究/沈有禄 著. —北京:
　人民出版社,2018.8
ISBN 978－7－01－019549－0

Ⅰ.①教… Ⅱ.①沈… Ⅲ.①教育制度-研究-中国
Ⅳ.①G522

中国版本图书馆 CIP 数据核字(2018)第 155745 号

教育机会分配的公平性问题研究
JIAOYU JIHUI FENPEI DE GONGPINGXING WENTI YANJIU

沈有禄　著

人民出版社 出版发行
(100706　北京市东城区隆福寺街 99 号)

环球东方(北京)印务有限公司印刷　新华书店经销

2018 年 8 月第 1 版　2018 年 8 月北京第 1 次印刷
开本:880 毫米×1230 毫米 1/32　印张:13.25
字数:308 千字

ISBN 978－7－01－019549－0　定价:39.00 元

邮购地址 100706　北京市东城区隆福寺街 99 号
人民东方图书销售中心　电话 (010)65250042　65289539